Renate Florl

# Via Gebennensis

## Jakobsweg von Genf nach Le Puy-en-Velay

Alle Etappen – mit Sehenswürdigkeiten und Infrastruktur

ROTHER
BERGVERLAG

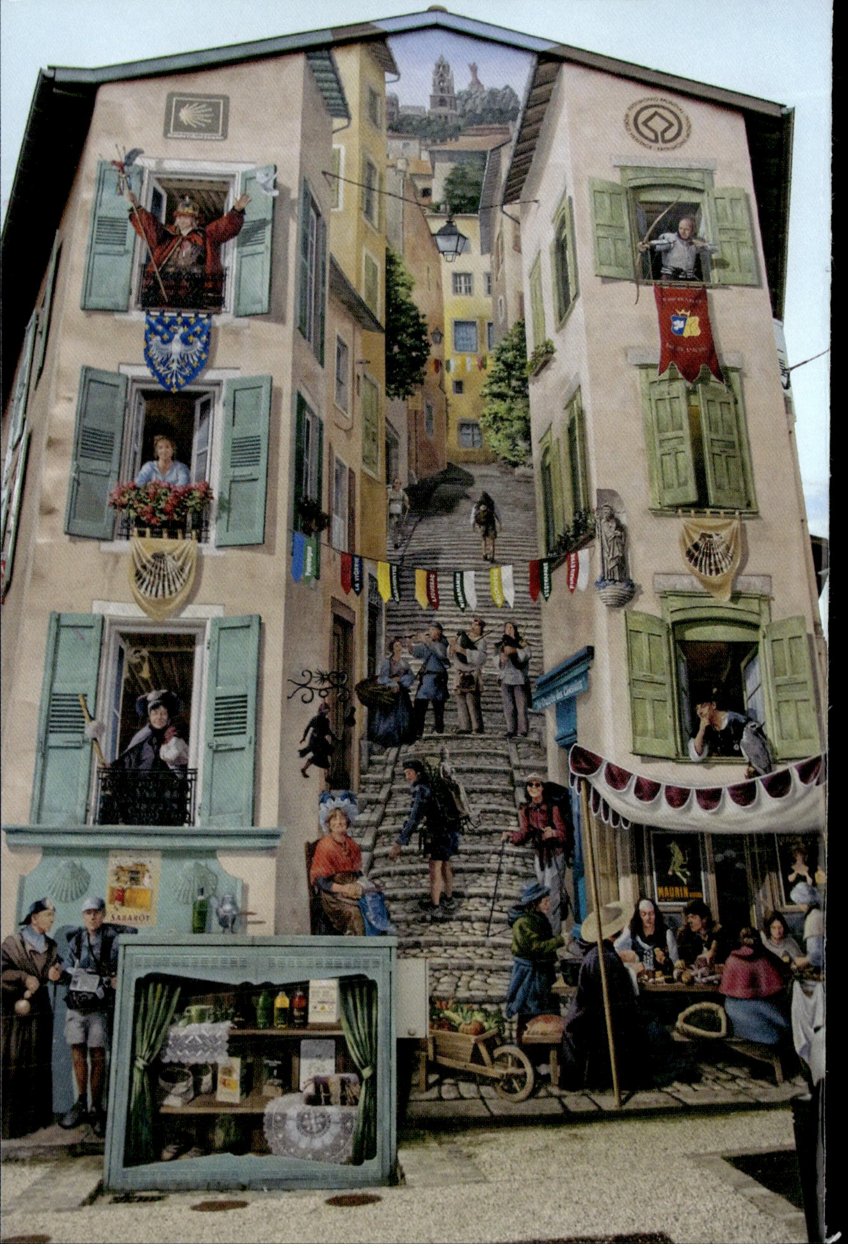
SABAROT
MAURIN

# Vorwort

Liebe Pilgerin, lieber Pilger!
Herzlich willkommen auf der Via Gebennensis, dem Jakobsweg von Genf bis zum uralten Treff- und Sammelpunkt der Pilger in der bemerkenswerten Stadt inmitten der Vulkanhügel: Le Puy-en-Velay!
Da sich Pilger auf dem Jakobsweg nur mit dem Vornamen vorstellen und untereinander ohne größere Nachfrage »per Du« sind, möchte ich diesen Brauch im Wanderführer beibehalten – danke für dein Einverständnis.
Hast du vielleicht in letzter Zeit das Bedürfnis gespürt, mal wieder tief durchzuatmen, neue Energie zu tanken, kurzum, den inneren »Akku« wieder aufzuladen? Dann kann ich dich nur ermuntern: Unternimm diese Wanderung auf dem Jakobsweg!
Wir werden auf der Strecke vom Genfer See in der Schweiz bis nach Le Puy-en-Velay ganz unterschiedliche Regionen durchwandern und kennenlernen. Freue dich auf den Start in Genf: Die großartige Basilika Notre-Dame, das glitzernde Wasser des Genfer Sees mit dem hoch aufragenden Jet d'eau und die faszinierende Kathedrale Saint-Pierre, in der uns ein großer Jakobus grüßt, ergibt eine ganz besondere Stimmung für den Aufbruch.
Genieße dann aus vollem Herzen die Wege über aussichtsreiche Höhenlagen mit herrlich weiten Fernsichten, durch ebene Flusstäler und durch mittelalterlich wirkende Ortschaften.
Ruhe dich in den Klöstern und Herbergen entlang des Jakobsweges aus, lasse die Seele baumeln und dich von der ausgezeichneten französischen Küche verwöhnen. Und nicht zuletzt, lerne in zahlreichen Begegnungen Land und Leute (besser) kennen.
Ein Höhepunkt ist die überwältigende Ankunft in Le Puy-en-Velay: Urplötzlich stehen wir in der Stadt der Vulkanhügel am Fuß der Treppe der Kathedrale Notre-Dame-du-Puy und haben wenige Stufen und Schritte später unser großes Ziel erreicht!
Auf dieser Wegstrecke werden dir immer wieder Pilger aus Deutschland, Österreich und der Schweiz begegnen. Das ist sicher vor allem für diejenigen gut zu wissen, die nur wenig oder gar kein Französisch sprechen.
Ich bin den Weg mit offenem Herzen und offenen Augen gegangen. Für diesen Wanderführer habe ich vieles an Information im wahrsten Sinne des Wortes zusammen»getragen«, damit du auf deiner Pilgertour den größtmöglichen Nutzen daraus ziehen kannst.
Ich möchte dir eine stille Begleiterin sein: informativ, unterhaltsam oder auch aufmunternd und ermutigend. Habe die Gewissheit: »Irgendwie geht es immer weiter. Du packst das schon!«
Ich wünsche dir immer einen guten Weg – Bon courage et bonne route!

Auenwald, im Frühjahr 2023 Renate Florl

# Inhaltsverzeichnis



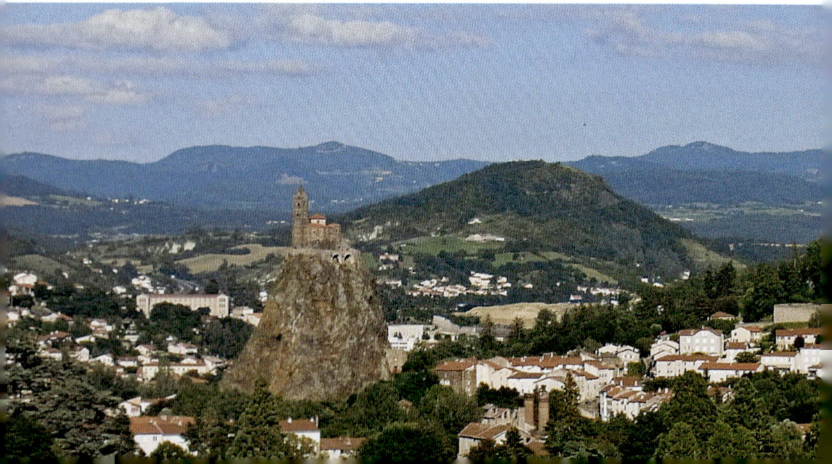

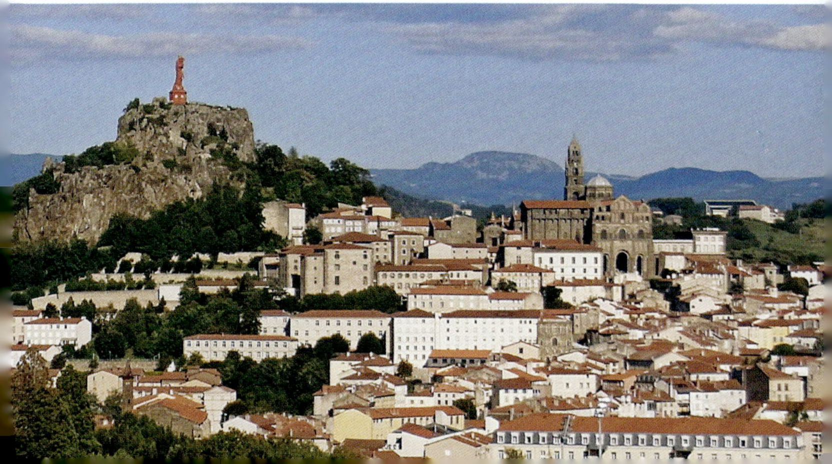

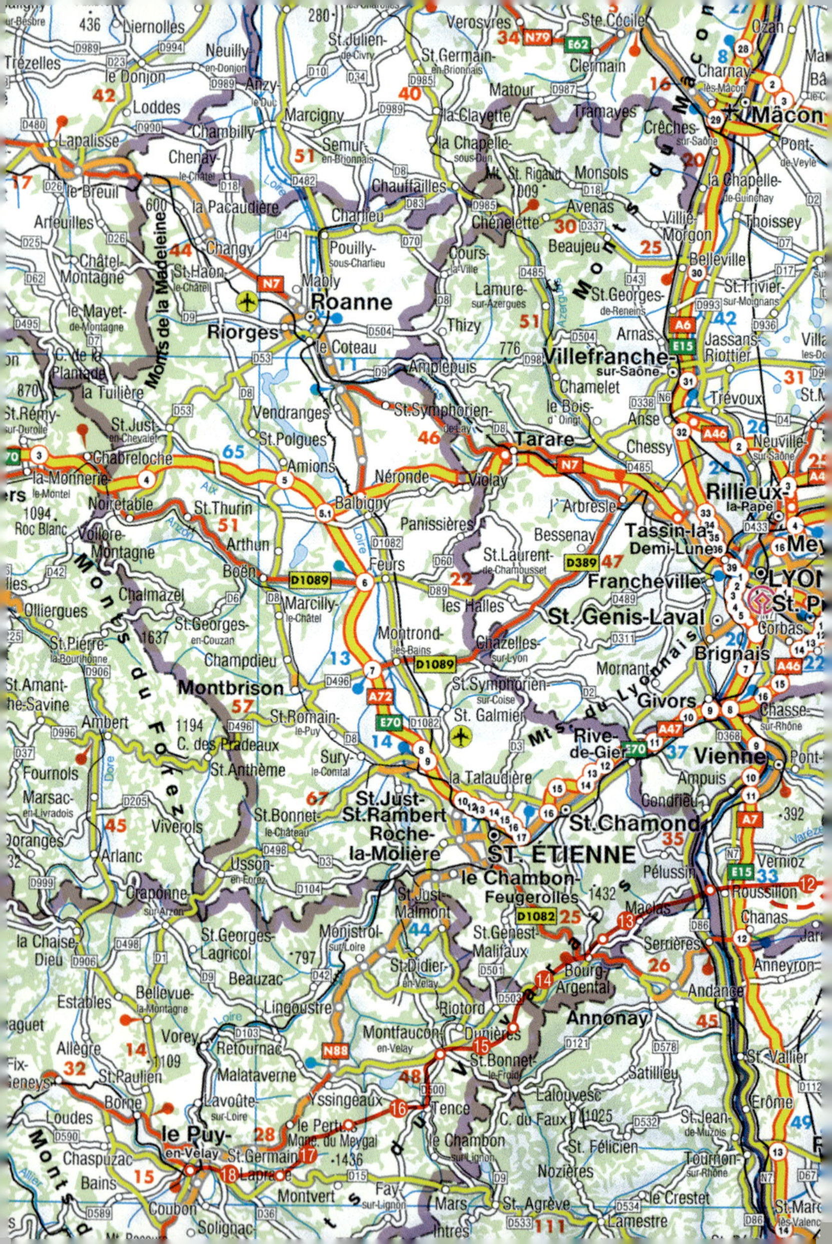

Liernolles
Neuilly-en-Donjon
Trézelles
le Donjon
Loddes
Lapalisse
Chambilly
Anzy-le-Duc
Marcigny
Semur-en-Brionnais
St.Julien-de-Civry
St.Germain-en-Brionnais
Verosvres
Ste.Cécile
Clermain
Matour
la Clayette
Tramayes
la Chapelle-sous-Dun
Mâcon
Charnay-lès-Mâcon
Crêches-sur-Saône
Pont-de-Veyle
la Chapelle-de-Guinchay
Chenay-le-Châtel
le Breuil
la Pacaudière
Chauffailles
Mt. St. Rigaud
Monsols
Avenas
Arfeuilles
Charlieu
Chênelette
Villié-Morgon
Thoissey
Châtel-Montagne
Changy
Pouilly-sous-Charlieu
Cours-la-Ville
Beaujeu
Belleville
St.Haon-le-Châtel
Mably
Roanne
Riorges
le Coteau
Lamure-sur-Azergues
St.Georges-de-Reneins
St.Trivier-sur-Moignans
le Mayet-de-Montagne
Thizy
Arnas
Jassans-Riottier
Villefranche-sur-Saône
Amplepuis
Chamelet
Trévoux
C. de la Plantade
la Tuilière
Monts de la Madeleine
St.Rémy-sur-Durolle
St.Just-en-Chevalet
Vendranges
St.Polgues
St.Symphorien-de-Lay
Tarare
le Bois-d'Oingt
Anse
Chessy
Neuville-sur-Saône
Chabreloche
la Monnerie-le-Montel
Amions
Néronde
Violay
Noirétable
St.Thurin
Balbigny
l'Arbresle
Rillieux-la-Pape
1094 Roc Blanc
Vollore-Montagne
Arthun
Panissières
Bessenay
Tassin-la-Demi-Lune
Boën
Feurs
St.Laurent-de-Chamousset
Francheville
LYON
Chalmazel
Marcilly-le-Châtel
les Halles
St.Genis-Laval
Olliergues
St.Georges-en-Couzan
Corbas
St.Pierre-la-Bourlhonne
1637
Champdieu
Montrond-les-Bains
Chazelles-sur-Lyon
Mornant
Brignais
St.Amant-Roche-Savine
Montbrison
St.Symphorien-sur-Coise
Givors
Ambert
Monts du Forez
St.Romain-le-Puy
St. Galmier
Mts du Lyonnais
Chasse-sur-Rhône
1194 C. des Pradeaux
Rive-de-Gier
Vienne
Fournols
St.Anthème
Sury-le-Comtal
la Talaudière
Ampuis
Marsac-en-Livradois
St.Just-St.Rambert
Condrieu
Viverols
St.Bonnet-le-Château
St.Chamond
Arlanc
Roche-la-Molière
ST. ÉTIENNE
Usson-en-Forez
le Chambon-Feugerolles
Pélussin
Vernioz
Craponne-sur-Arzon
St.Just-Malmont
1432
Roussillon
Maclas
la Chaise-Dieu
St.Georges-Lagricol
Monistrol-sur-Loire
St.Genest-Malifaux
Chanas
797
St.Didier-en-Velay
Serrières
Beauzac
Bourg-Argental
Anneyron
Bellevue-la-Montagne
Andance
Estables
Lingoustre
Riotord
Annonay
Vorey
Montfaucon-en-Velay
Dunières
Allègre
Retournac
St.Bonnet-le-Froid
St.Vallier
1109
Malataverne
Satillieu
St.Paulien
Yssingeaux
Lalouvesc
Fix-St.Geneys
Tence
C. du Faux
1025
Erôme
Borne
Loudes
le Pertuis
Mgne. du Meygal
St.Jean-de-Muzols
Lavoûte-sur-Loire
le Puy-en-Velay
le Chambon-sur-Lignon
St. Félicien
Chaspuzac
St.Germain-Laprade
1436
Tournon-sur-Rhône
Bains
Nozières
Fay-sur-Lignon
Montvert
le Crestet
Coubon
Mars
St. Agrève
Solignac
Intres
Lamastre
St.Marcel-lès-Valence
Monts du Vivarais
Loire
Allier
Azergues
Dore

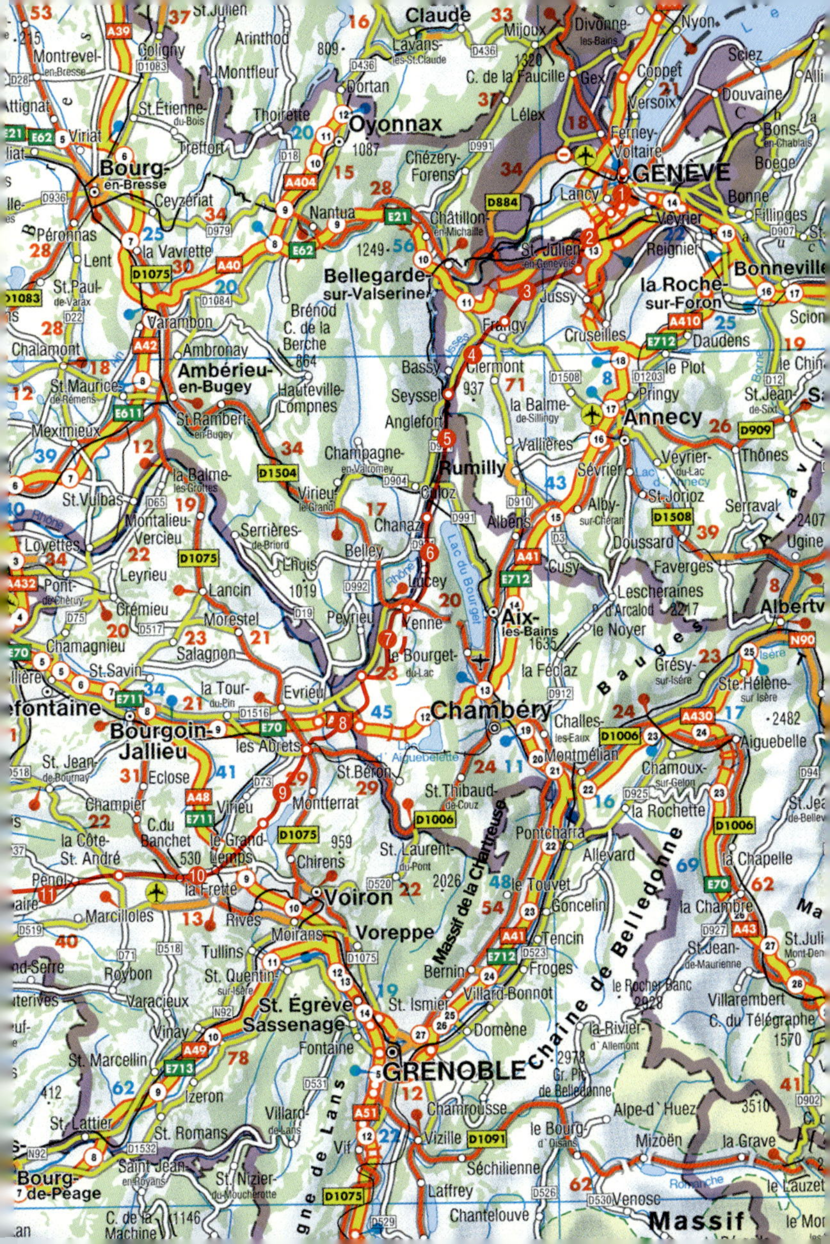

St.Julien
Claude
Mijoux
Divonne-les-Bains
Nyon
Montrevel-en-Bresse
Coligny
Arinthod
Lavans-les-St.Claude
Montfleur
Dortan
C. de la Faucille
Gex
Coppet
Sciez
Douvaine
Attignat
St.Étienne-du-Bois
Thoirette
Oyonnax
Lélex
Versoix
Ferney-Voltaire
Viriat
Treffort
Chézery-Forens
Bons-en-Chablais
Bourg-en-Bresse
Boege
GENÈVE
Ceyzériat
Nantua
Châtillon-en-Michaille
Lancy
Bonne
Péronnas
Veyrier
Fillinges
la Vavrette
St.Julien-en-Genevois
Reignier
Lent
Bellegarde-sur-Valserine
Bonneville
St.Paul-de-Varax
Jussy
la Roche-sur-Foron
Varambon
Brénod
Frangy
Scionzier
C. de la Berche
Cruseilles
Chalamont
Ambronay
Daudens
Clermont
Ambérieu-en-Bugey
Bassy
le Plot
St.Maurice-de-Rémens
Hauteville-Lompnes
Seyssel
la Balme-de-Sillingy
Pringy
St.Jean-de-Sixt
Meximieux
St.Rambert-en-Bugey
Anglefort
Annecy
Thônes
Champagne-en-Valromey
Vallières
Rumilly
Veyrier-du-Lac
St.Vulbas
la Balme-les-Grottes
Virieu-le-Grand
Culoz
Sévrier
Lac d'Annecy
St.Jorioz
Serraval
Montalieu-Vercieu
Chanaz
Albens
Alby-sur-Chéran
Rhône
Serrières-de-Briord
Belley
Lac du Bourget
Doussard
Ugine
Loyettes
Cusy
Faverges
Leyrieu
Lhuis
Lucey
Lescheraines
Pont-de-Chéruy
Lancin
Aix-les-Bains
d'Arcalod
Albertville
Crémieu
Peyrieu
Yenne
le Noyer
Morestel
Chamagnieu
Salagnon
le Bourget-du-Lac
la Féclaz
Grésy-sur-Isère
St.Savin
Bauges
Isère
Ste.Hélène-sur Isère
la Tour-du-Pin
Evrieu
Chambéry
Challes-les-Eaux
Bourgoin-Jallieu
les Abrets
Lac d'Aiguebelette
Montmélian
Aiguebelle
St.Jean-de-Bournay
Eclose
St.Béron
Chamoux-sur-Gelon
Champier
Virieu
Montferrat
St.Thibaud-de-Couz
la Rochette
St.Jean-de-Belleville
C.du Banchet
le Grand-Lemps
Pontcharra
la Côte-St. André
Chirens
St. Laurent-du-Pont
Allevard
la Chapelle
Penol
la Frette
Voiron
le Touvet
Massif de la Chartreuse
Chaîne de Belledonne
Marcilloles
Rives
Goncelin
la Chambre
Moirans
Voreppe
Tencin
St.Jean-de-Maurienne
St.Julien-Mont-Denis
Tullins
Froges
Roybon
St. Quentin-sur-Isère
Bernin
le Rocher Blanc
Villard-Bonnot
Villarembert
Varacieux
St. Égrève
St. Ismier
C. du Télégraphe
Sassenage
Domène
Vinay
la Rivier-d'Allemont
Fontaine
St. Marcellin
GRENOBLE
Gr. Pic de Belledonne
Izeron
Chamrousse
Alpe-d'Huez
Villard-de-Lans
St. Lattier
St. Romans
Vizille
le Bourg-d'Oisans
Mizoën
la Grave
Vif
Saint Jean-en-Royans
Séchilienne
Romanche
le Lauzet
Bourg-de-Péage
St. Nizier-du-Moucherotte
Laffrey
Venosc
C. de la Machine
Chantelouve
Massif
le Monêtier

# Allgemeine Hinweise

## Zum Gebrauch des Wanderführers

In jeder Etappenbeschreibung findest du im Steckbrief vorangestellt die wichtigsten Infos zur jeweiligen Strecke wie die Angabe der Herbergen, Unterkünfte usw. So bekommst du rasch einen Überblick. Anschließend folgt die ausführliche Beschreibung des Wegverlaufs. Die gelb hinterlegten Texte geben Informationen zu den durchwanderten Orten und Städten, Sehenswürdigkeiten oder kulturhistorischen Hintergründen.
In den Karten (Norden ist immer oben) sind neben dem Routenverlauf in roter Farbe (Variantenrouten sind gestrichelt dargestellt) die wichtigsten Symbole zur Infrastruktur eingetragen.
Die Höhenprofile geben nicht nur das Relief der aktuellen Etappe wieder, sondern auch die anschließenden Abschnitte der vorherigen und nachfolgenden Strecke. Das erleichtert die Einteilung eigener Etappenlängen. Aus den Profilen lassen sich neben markanten Geländemerkmalen auch die Zeitabstände und Wegstrecken zwischen den größeren Orten entlang der Route ablesen. Zudem findest du wichtige Infrastrukturangaben wie z. B. Übernachtungs- und Einkehrmöglichkeiten.
Im Stichwortverzeichnis am Ende des Buches sind alle größeren Orte, Etappenziele und Sehenswürdigkeiten alphabetisch aufgelistet.

## GPS

Für die ganze Strecke stehen GPS-Daten zum Download bereit. Diese wurden im Gelände aufgezeichnet. Diese Tracks, die auch die Grundlage für die

### GPS-Tracks und Koordinaten der Ausgangspunkte

Auf **gps.rother.de** stehen zu diesem Wanderführer GPS-Tracks und die Koordinaten der Ausgangspunkte zum kostenlosen Download bereit. Dieser QR-Code führt direkt zum Download.
2. Auflage, Passwort: 447502kov
Die GPS-Tracks können in die **Rother App** importiert werden. In der App kann man unterwegs stets sehen, wo man gerade ist und wo es langgeht. **Anleitungen dazu: rother.de/gps**
Trotz sorgfältiger Prüfung können wir Fehler und zwischenzeitliche Veränderungen nicht ausschließen. Verlassen Sie sich für die Orientierung niemals einzig und allein auf die GPS-Daten, sondern beurteilen Sie die Verhältnisse vor Ort.

## Zeichenerklärung und Abkürzungen

| | | | |
|---|---|---|---|
| | Trinkwasser, Brunnen | | Busanbindung |
| | Café, Bar | | Bahnanschluss |
| | Einkehr (Restaurant, Pizzeria) | | Tourist-Information |
| | Einkaufsmöglichkeit | )( | Brücke |
| | Herberge | † | Wegkreuz |
| | Unterkunft, Hotel, Pension | | Kirche, Kapelle, Kloster |
| | Campingplatz | | Mühle |
| A | Apotheke | | Aussichtsplatz |
| € | Bank(automat) | | Schutzhütte/Rastplatz |
| + | Krankenhaus | | Abzweig links bzw. rechts |

### Abkürzungen

| | | | |
|---|---|---|---|
| B | Betten | Zi | Zimmer |
| CH | Chambres d'hôtes | EZ/DZ | Einzel-/Doppelzimmer |
| Ü | Übernachtung | EW | Einwohner |
| F | Frühstück | CHF | Schweizer Franken |

Kilometerangaben bilden, stellen sicher die kürzestmögliche Weglänge der Route dar. Alle »Schlenker« zum Verweilen, Fotografieren, Einkaufen, die kurzen Abstecher zu den Kirchen und alle anderen zusätzliche Wege wurden nachträglich entfernt.
Die Wegpunkte aus diesen Tracks findest du zur besseren Verknüpfung auch in den Tourenbeschreibungen, Profilen und Karten.

## Herbergen

Das Thema Übernachtung ist jeden Tag aufs Neue aktuell. Unter der Überschrift »Herbergen« werden die Pilgerherbergen und Gîtes d'Etape, Jugendherbergen/Hostels aufgeführt (Accueils Jacquaires (AJ) leider nicht mehr, s. nächste Seiten).
Für die meisten Übernachtungen gilt: Eine rechtzeitige Anmeldung ist

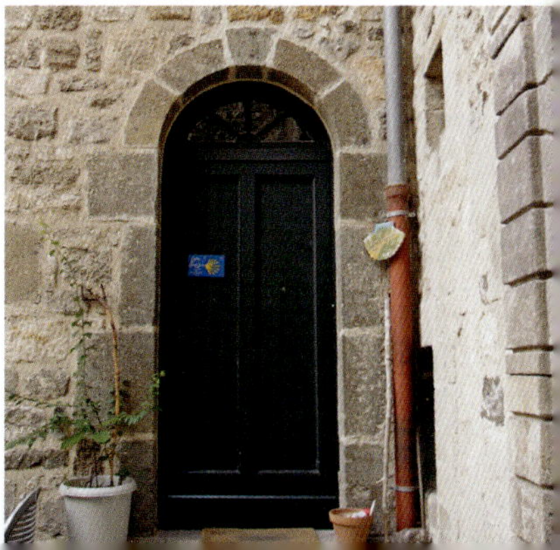

*In vielen Pilgerherbergen wirst du freundlich empfangen.*

ratsam. In den Sommermonaten nehmen manche Privatpersonen, die Pilger beherbergen, ebenfalls Urlaub. Vor April und nach September/Oktober sind zudem nicht mehr alle Quartiere verfügbar.

***Hinweis:*** *Es gibt den »gelben Führer« der »Association Rhône-Alpes des Amis de Saint-Jacques«, der Jakobusgesellschaft der Region Rhône-Alpes. Dieses zweisprachige Büchlein (fr./dt.) wird jährlich aktualisiert und listet alle Unterkünfte auf (siehe unter »Der Jakobsweg im Internet, Frankreich« auf Seite 24).*

**Pilgerherbergen, Klöster**
Auf diesem Wegabschnitt in Frankreich gibt es eine ganze Reihe von ehrenamtlich betreuten Pilgerherbergen. Auch einige (ehemalige) Klöster sind für Pilger eingerichtet. Hierbei wird oft ein ermäßigter Tarif erhoben, dafür ist jedoch ein Pilgerausweis/*credential* erforderlich. Für die Pilgerherbergen benötigt man einen leichten (Seiden-)Schlafsack und eigene (Funktions-) Handtücher.

**Gîtes d'Etapes**
Gîtes d'Etape sind spezielle Wanderherbergen, nicht nur für Pilger. Sie sind von der Ausstattung mit Jugendherbergen vergleichbar. Manchmal gibt es Zweibettzimmer, zumeist sind es jedoch Mehrbettzimmer. Decken sind vorhanden, man benötigt jedoch eigene Bettwäsche *(draps)* und Handtücher (teilweise kann Bettwäsche gegen Gebühr geliehen werden). Die Gîtes sind eine preisgünstige Alternative zu den Chambres d'hôtes, die im Preis etwas höher liegen.

**Jugendherbergen/Hostels**
Jugendherbergen bieten preiswerte Übernachtungen an, der Pilgerausweis wird meist anerkannt. Hostels findet man in größeren Städten, sie bieten ebenfalls preiswerte Übernachtungen.

**Accueils Jacquaires**
Das sind Übernachtungen bei Privatpersonen, die Pilgern freundlich gesonnen sind und sie unterstützen. Diese Form der Übernachtung ist so individuell und unterschiedlich, wie es die jeweiligen Gastgeber sind. Ein leichter (Seiden-)Schlafsack und eigene Handtücher werden gerne gesehen oder sind obligatorisch. Die Vorlage des Pilgerausweises wird gefordert. Der Preis für Halbpension liegt bei einer angemessenen freiwilligen Spende, kann jedoch auch bis über 40 € betragen. Rechtzeitige vorherige Anmeldung ist zumeist erforderlich, damit die Gastgeber Bescheid wissen und sich darauf einrichten können. Der Herausgeber des »gelben Führers« hat allerdings dem Verlag und der Autorin untersagt, diese zu erwähnen – auch wenn man selbst einige davon kennengelernt hat. Die Adressen kannst du aus dem »gelben Führer« beziehen (s. oben und S. 24).

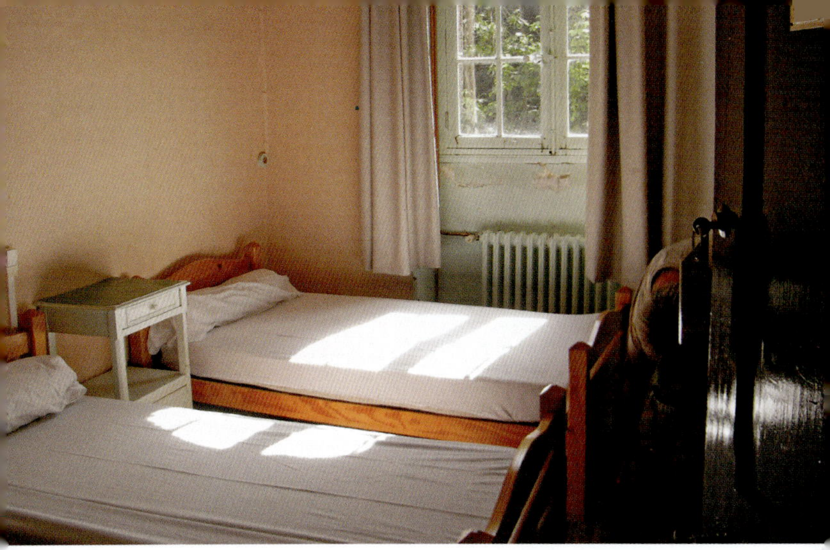

*Jeden Tag aufs Neue: Ankommen und dankbar sein für ein Bett.*

## Unterkunft

In vielen Orten findet man Hotels und Gästezimmer/Chambres d'hôtes (in allen Preisklassen), die jeweiligen Tourist-Informationen geben gerne ausführlich Auskunft. Einige werden im Wanderführer erwähnt, doch würde es den Rahmen sprengen, wollte man alle angeben.

### Chambres d'hôtes

Chambres d'hôtes sind Gästezimmer/Privatzimmer bei Familien. Die Zimmer verfügen meist über eine gute Ausstattung, mit Bettwäsche und Handtüchern. Das Abendessen *(repas)* besteht aus einem mehrgängigen Menü, man sollte sich jedoch vorher nach dem Preis erkundigen. Es ist üblich, dass man mit den anderen Gästen und der Gastgeberin an einem Tisch sitzt. Manchmal gibt es für Pilger spezielle Tarife, fragen lohnt sich!

## Die Strecke, Höhenunterschied und kritische Stellen

Im Steckbrief wird die Wegbeschaffenheit der jeweiligen Etappenstrecke kurz charakterisiert.
Die Werte für die Höhenunterschiede sind jeweils als Summe für die ganze Etappe, jedoch getrennt nach bergauf und bergab, angegeben.
Unter dem Punkt »Kritische Stellen« findest du Hinweise auf Dinge, die leicht übersehen werden können, wie beispielsweise überraschende Abzweigungen. Wenn man etwas im Voraus weiß, lässt sich leichter darauf achten.

## Etappenübersicht

| Etappe (Werte gerundet) | | Strecke (km) | Gehzeit (Std.) | Auf-/Abstieg (Hm) |
|---|---|---|---|---|
| **Genf und der Jakobsweg in der Schweiz** | | | | |
| 1 | Genf – Compesières | 9,0 | 2.30 | 170/90 |
| **Region Rhône-Alpes / Hochsavoyen** | | | | |
| 2 | Compesières – Charly | 18,0 | 5.30 | 520/240 |
| 3 | Charly – Chaumont | 16,5 | 4.45 | 420/570 |
| 4 | Chaumont – Gîte l'Edelweiss / Seyssel | 16,5 | 5.00 | 380/540 |
| **Savoyen / Savoie** | | | | |
| 5 | Gîte l'Edelweiss / Seyssel – Chanaz | 20,5 | 5.45 | 120/330 |
| 6 | Chanaz – Yenne | 17,5 | 5.15 | 440/440 |
| 7 | Yenne – Saint-Genix-sur-Guiers | 25,0 | 7.45 | 800/800 |
| **Isère** | | | | |
| 8 | Saint-Genix-sur-Guiers – Les Abrets | 14,0 | 3.45 | 350/180 |
| 9 | Les Abrets – Le Pin | 16,0 | 4.15 | 430/310 |
| 10 | Le Pin – La Côte-Saint-André | 25,5 | 6.45 | 420/560 |
| 11 | La Côte-Saint-André – Revel-Tourdan | 22,0 | 6.00 | 350/340 |
| 12 | Revel-Tourdan – Clonas-sur-Varèze | 26,5 | 7.00 | 380/590 |
| **Loire** | | | | |
| 13 | Clonas – Saint-Julien-Molin-Molette | 25,0 | 7.00 | 770/370 |
| 14 | Saint-Julien-Molin-Molette – Les Sétoux | 24,5 | 7.15 | 880/310 |
| **Region Auvergne / Haute-Loire** | | | | |
| 15 | Les Sétoux – Montfaucon-en-Velay | 17,0 | 4.30 | 420/650 |
| 16 | Montfaucon-en-Velay – Saint-Jeures | 19,0 | 5.15 | 450/320 |
| 17 | Saint-Jeures – Saint-Julien-Chapteuil | 18,5 | 5.00 | 450/680 |
| 18 | Saint-Julien-Chapteuil – Le Puy-en-Velay | 19,0 | 5.00 | 220/400 |

## Gehzeiten

Die Gehzeiten basieren auf einem Durchschnittstempo von etwa 3,5 bis 4 km pro Stunde. Ganz wichtig: Es sind keine Pausen mit eingerechnet. Je nach Verweildauer bei den Aufenthalten kann die tatsächliche Zeit des Unterwegs-Seins ganz beträchtlich über der Gehzeit liegen. Die Kilometer und die Gehzeiten sieht man unten am Balken des Höhenprofils.

## Pausen

Gemütliches Verweilen, Schauen und Genießen sind wichtige Elemente beim Pilgern. Ob in der Natur, in Kirchen und Kapellen, beim Einkaufen und Essen – diese Momente, die das Gehen unterbrechen, bei denen man ent-

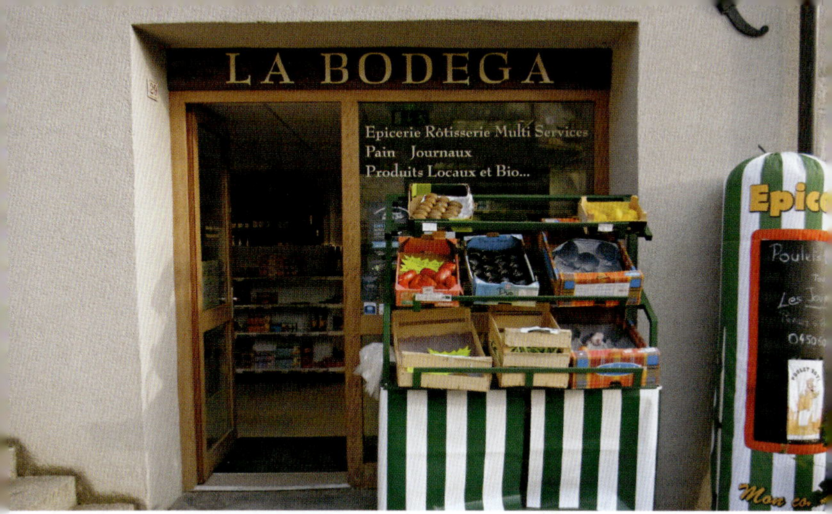


*Auch in kleinen Läden findet man viel Leckeres!*

spannt, bleiben oft lange in Erinnerung. Eine Landschaft tief in sich aufzunehmen ist eine wunderbare Erholung, man könnte solch ein Schauen auch Seelennahrung nennen.

## Infrastruktur

Zu jedem Ort oder jeder Stadt gibt es Hinweise auf die für Pilger interessante Infrastruktur, angezeigt durch ein entsprechendes Symbol. Wenn es in einem Ort nur diejenige Nächtigungsmöglichkeit gibt, die bereits unter »Herberge« oder »Unterkunft« angeführt ist, dann steht bei »Infrastruktur« kein Symbol dafür. Wenn es hingegen noch weitere Unterkünfte (z. B. teurere) gibt, dann wird dies durch das Haus-Symbol angzeigt.
Zum großen Teil sind die Infrastruktur-Symbole auch in den Höhenprofilen und Karten eingezeichnet. Die Symbole und Abkürzungen werden in der Tafel auf Seite 9 erläutert.

## Anmerkungen

Sehenswertes, Beachtenswertes und Wichtiges zur vorgestellten Wegstrecke sowie Hinweise auf Abstecher oder weitere interessante Details der Etappe gibt es unter dem Stichwort »Anmerkungen«.

## Varianten

Es gibt einige Abschnitte, an denen im Verlauf des Jakobsweges Varianten beschildert sind; an dieser Stelle findest du erste Informationen dazu.

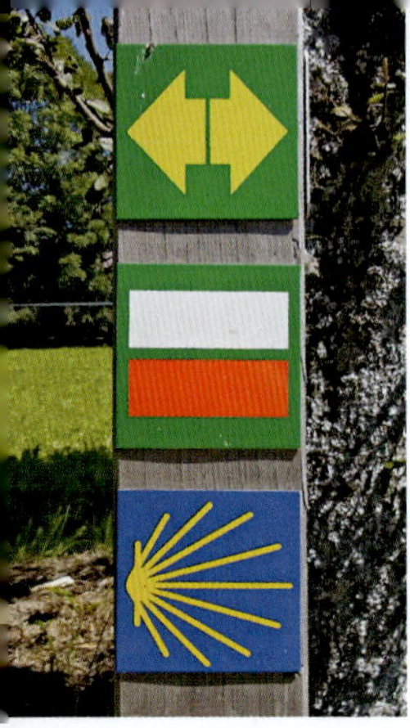

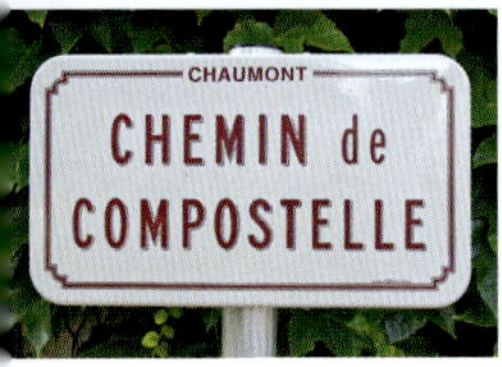


## Etappenlängen

Bitte betrachte die Einteilung der Etappen in diesem Wanderführer nur als eine Möglichkeit von vielen. Es ist nicht der Sinn dieses Buches, dass alle Pilger, die damit unterwegs sind, an den exakt gleichen Stellen übernachten.
Wähle zu Beginn eher etwas kürzere Wegstrecken, um dem Körper Zeit zu geben, sich an die stundenlange Bewegung zu gewöhnen. Du wirst vielleicht merken, wie Kondition und Ausdauer von Tag zu Tag zunehmen. Am Ziel angekommen, ist es übrigens ganz unwichtig, ob man 15 oder 50 Kilometer am Tag gewandert ist.

## Änderungen von Wegen, Übernachtungen und Preisen

Auch bei bester Recherche sind Änderungen in vielen Bereichen möglich: Wegverläufe können sich ändern, Übernachtungen sind nicht mehr möglich oder es gibt neue Anbieter, Läden werden geschlossen oder eröffnet und natürlich gelten die angegebenen Preise auch nicht für alle Ewigkeit. Gerne dürfen Änderungen und Aktualisierungen an den Verlag gesendet werden.

## Wegbeschilderung und Straßenbezeichnungen

Der Jakobsweg ist mit dem blau-gelben Muschelsymbol und dem rot-weißen Balken des Grande Randonnée GR 65 gut markiert. In der Schweiz und in Frankreich (und hier auch in den einzelnen Departements) gibt es jedoch feine Unterschiede in der Art der Markierung. Hinweise dazu stehen auch bei den jeweiligen Regionen oder Departements. Die Straßenschilder sind oft hübsch verziert, mit dem jeweiligen Stadtwappen oder geometrischen Formen sehen sie fast wie kleine Kunstwerke aus.
Viele Gemeinden haben als Wertschätzung der Pilger und als sichtbares Zeichen der Verbundenheit mit dem traditionellen Pilgerweg entlang der Route eine Straße oder einen Weg »Chemin Saint-Jacques de Compostelle« benannt.

## Das Gehen auf Straßen

Das Gehen auf den meist wenig befahrenen Landstraßen in Frankreich ist nicht mit dem Gehen auf Straßen in Deutschland vergleichbar. Als Fußgänger sollte man wie immer die linke Straßenseite benützen.

## Besonderheit nach Regentagen

Wer länger zu Fuß unterwegs ist, wird auch einmal einen Regentag erleben. Regenwetter hat auf uns Pilger noch eine zusätzliche Auswirkung, die nicht

so angenehm ist: Bei entsprechendem Gefälle sucht sich das herabfließende Wasser nämlich sehr oft die Wanderwege als geeignetes »Bachbett« aus. Daher kann es vorkommen, dass man meint, mitten in einem Bach unterwegs zu sein.
Achtung, manche Wege und Steige weisen bei Nässe Schwierigkeiten auf, die man bei trockenen Bedingungen nicht vermuten würde.

## Pflanzen und Tierwelt

Wer sich den ganzen Tag in der Natur bewegt, nimmt die Flora und Fauna am Wegesrand wahr. Ganz auffällig ist beispielsweise im Frühsommer der intensiv gelbe Ginster. Um die Orchideen zu sehen, diese kleinen faszinierenden Naturkunstwerke, muss man schon etwas aufmerksamer hinschauen. Wer sich auskennt, wird im Sommer immer wieder den wilden Thymian entdecken, der lecker zu Brot und Käse schmeckt oder aus dem man einen Tee zubereiten kann. Auch die mineralstoffreichen zarten Blätter und später die Samen der Brennnesseln können verspeist werden: Dabei die obersten Blätter etwas zwischen den Fingern verreiben, damit sie nicht brennen. Der Saft von Spitzwegerichblättern hilft bei Insektenstichen, Brom- und andere Beeren ergeben »natürliche« Nachtische. In den Hochlagen sehen wir die kleine Variante unserer Stiefmütterchen, die Hornveilchen.
An manchen Stellen hüpfen Kaninchen über den Weg, Eidechsen huschen davon oder es erfreuen uns Schmetterlinge. Das als Anregung für viele wei-

*Le Puy-en-Velay, Rue des Tables: morgens Pilgerweg, abends Freiluft-Lokal.*

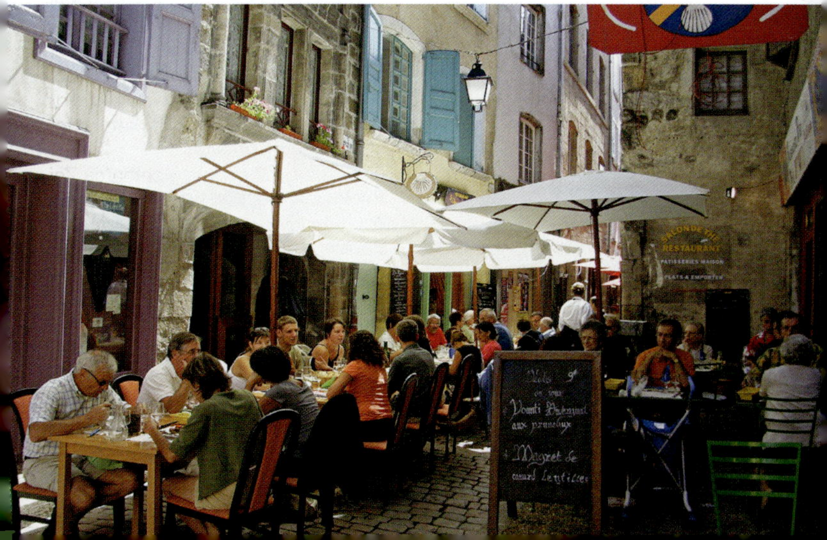

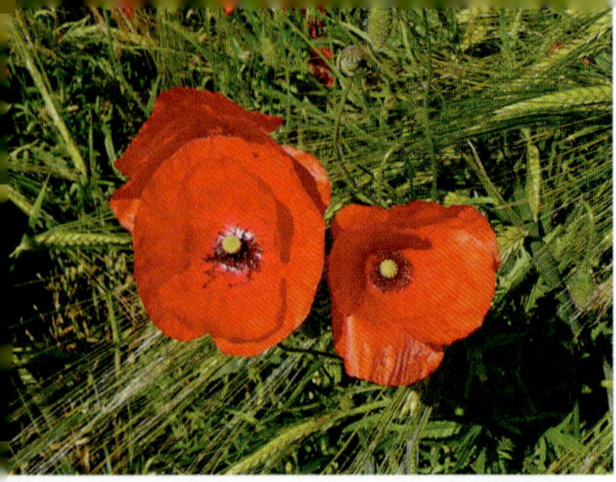
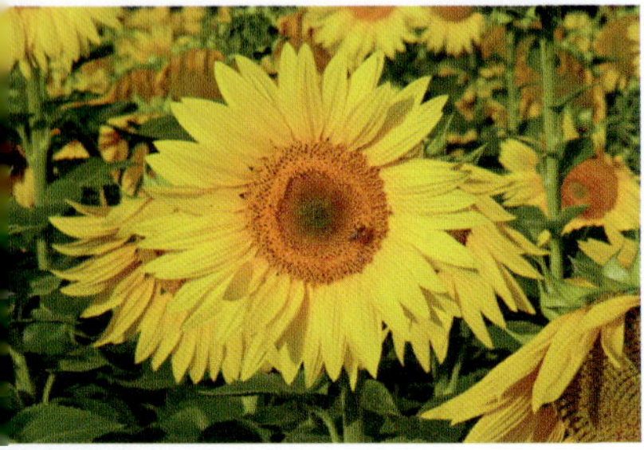
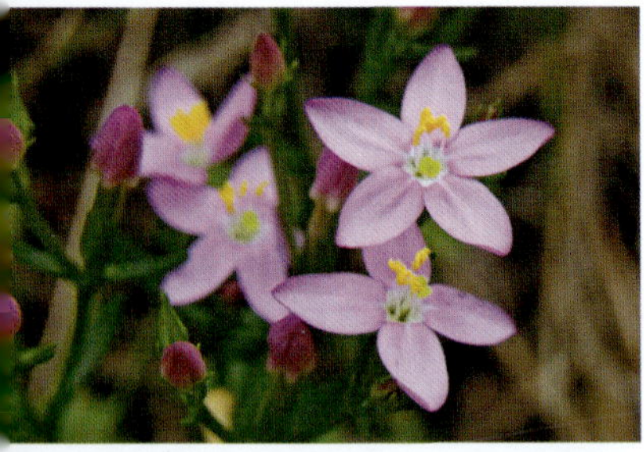
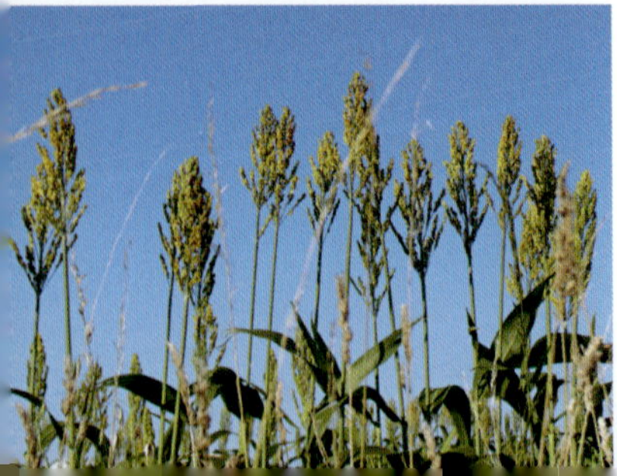

tere sowie den Weg bereichernde eigene Beobachtungen und Entdeckungen!

## Hunde

Das Thema »Hunde« ist auf dem Jakobsweg immer wieder Gegenstand von Unterhaltungen oder gar Befürchtungen. Frankreich ist für seine zahlreichen Hunde bekannt. Frei umherlaufende Hunde gibt es jedoch eher selten. Die meisten Häuser haben einen großen umzäunten Garten, in dem sich die Tiere frei bewegen können. Wenn Pilger vorbeiwandern, bellen sie meist laut. Eine Hundesteuer ist in Frankreich übrigens unbekannt.

## Praktische Tipps für die Ausrüstung

Jeder, der schon mehrere Tage unterwegs war, hat eigene Erfahrungen gesammelt und weiß, was er mitnehmen möchte. Die folgenden Tipps sind für diejenigen gedacht, die sich zum ersten Mal auf den Weg machen. Bei der Liste wurde Wert auf eine sparsame Zusammenstellung der Ausrüstung gelegt, nach dem Motto: Nur was man zu Hause lässt, muss man nicht tragen!

### Rucksack, Schuhe und Bekleidung

Wichtig: Diesen Ausrüstungsgegenständen solltest du die größte Aufmerksamkeit schenken. Bei Neukauf eines Rucksacks ist eine kompetente Beratung empfehlenswert; Becken- bzw. Hüftgurt sowie Außentaschen

*Farbenfrohe Tupfer am Wegesrand und auf den Feldern: Klatschmohn, Sonnenblumen, Tausendgüldenkraut und Hirse.*

*Je kleiner der Rucksack ist, desto weniger packst du ein und umso weniger musst du tragen!*

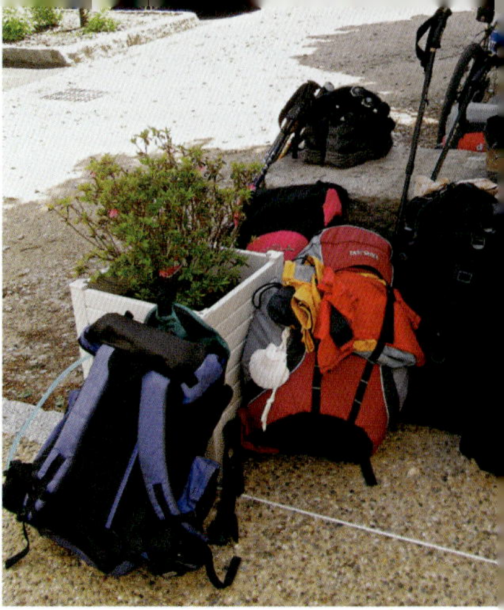

sind praktische Details. 30 bis max. 45 Liter Fassungsvermögen reichen aus, bei größeren Rucksäcken besteht die Gefahr, dass man zu viel mitnimmt. Es empfiehlt sich, vorab mit dem gepackten Rucksack eine Probewanderung zu unternehmen. Hier wird schnell ersichtlich, dass man mit weniger Gepäck leichter geht.

Die Schuhe und die passenden Socken sind ein ganz individuelles Thema. Der eine schwört auf knöchelhohe Schuhe, der nächste kann mit Walkingschuhen bestens gehen. Bitte besonders darauf achten, dass die Schuhe groß genug sind. Eine Fingerbreite sollte bei Wanderschuhen vorne Platz sein. Ob es ein Modell mit Wasser abweisenden Materialien sein soll, hängt sicher auch von der Jahreszeit ab, in der man gehen möchte.

***Tipp:*** *Die meisten Schuhe haben eine herausnehmbare Innensohle (die man auch zum schnelleren Trocknen herausnimmt). Daran lässt sich die Größe und die Zehenfreiheit schon im Schuhgeschäft ganz gut erkennen.*

Ein zweites Paar leichte Schuhe (Trekkingsandalen, leichte Badeschuhe oder Crocs) sind empfehlenswert.

Mit dem Aufkommen der leichten und schnell trocknenden Fasern für Bekleidung, Unterwäsche und Handtücher hat man drei enorme Vorteile: Der Körper bleibt weitgehend trocken, die Stücke bringen wenig Gewicht auf die Waage und die Reservekleidung lässt sich auf ein Minimum reduzieren. Es

*Oder anders herum ausgedrückt: Die oft wiederkehrende Frage: »Was nehme ich mit?« lässt sich auf die Frage erweitern »Was brauche ich wirklich?« und damit nähern wir uns rasch dem spirituellen Aspekt des Pilgerns. Damit öffnet sich ein weites Feld der Entdeckungen ...*

*Sich auf den Weg zu machen, auf dem Weg zu sein, das sind wir, im übertragenen Sinne, unser ganzes Leben lang. Das Pilgern auf dem Jakobsweg ist eine von vielen Möglichkeiten, dies auf ganz konkrete Art und Weise umzusetzen.*

*Welchen Reiz übt der Jakobsweg auf dich aus, wenn du ihn – wie viele Pilger vor dir – heutzutage begehst? Beim Unterwegssein in der Natur, durch die Dörfer und Städte, wird jeder für sich spannende Parallelen zwischen dem Lebensweg und dem Pilgerweg entdecken.*

## Tipps für die Ausrüstung

**Liste als Drandenk-Hilfe**

- Seiden- oder Hüttenschlafsack
- ggf. Regenschutz für Rucksack
- Regenkleidung, evtl. Schirm
- evtl. Wanderstöcke
- gut eingelaufene Wander- oder Trekkingschuhe
- Trekkingsandalen bzw. andere leichte Schuhe oder Badeschlappen
- bequeme, strapazierfähige Kleidung, der Jahreszeit angemessen
- evtl. Halstuch, leichte Handschuhe
- Kopfbedeckung, Sonnenbrille
- Sonnenschutz (lange leichte Kleidung oder Sonnencreme)
- (kleines) Mikrofaserhandtuch (oder preisgünstiger: ein neues Bodentuch)
- Handwaschmittel
- Toilettenartikel, evtl. Ohrenstöpsel
- evtl. kleines Nähzeug
- Wäscheklammern oder Sicherheitsnadeln (zum Trocknen der Kleidung am Rucksack beim Gehen)
- wer mag: Mobiltelefon oder Fotoapparat mit Ladegerät (die kleinen Stecker passen ohne Adapter)
- evtl. Taschenmesser
- Taschenlampe oder evtl. Stirnlampe
- Wasserflaschen, mindestens 1–1,5 Liter, ein Trinkschlauch hat sich bewährt
- evtl. Tagebuch und Schreibstift
- evtl. kleines Sitzkissen als Unterlage

**Worauf man verzichten kann**

- Zelt + warmer Schlafsack, Matte
- Campingkocher und Zubehör
- dicke Schmöker
- Schlafanzug – lieber Leggings und T-Shirt

**Tipps für die Reiseapotheke**

- Pflaster, spezielle Blasenpflaster, Leukoplast
- Mullbinde
- Desinfektionsmittel für Wunden
- persönliche Medikamente
- evtl. Salbe für Sonnenbrand und Insektenstiche
- Mineralstoffe (Magnesium etc.)

**Wichtige Dokumente**

- Personalausweis oder Reisepass
- Pilgerausweis
- EHIC-Karte (European Health Insurance Card)
- EC- oder Kreditkarte

ist wichtig, dass sich die Kleidung auf der Haut angenehm anfühlt. Ausprobieren!

Sonnencreme, Sonnenhut, Anorak bzw. Regenjacke/Regenschutz (plus Schirm oder Poncho) und Fleecejacke sind – je nach Jahreszeit – unentbehrliche Begleiter für unterwegs. Wanderstöcke, die in der Länge variabel einzustellen sind, haben sich bewährt.

Soll ich dir ein Geheimnis verraten? Dein Wandergenuss wird umso größer sein, je leichter dein Rucksack ist. Man glaubt gar nicht, auf wie viel (Ersatz-) Kleidung man verzichten kann, wenn man stattdessen ein kleines Reisewaschmittel im Gepäck hat.

## Proviant

Der Proviant ist jeden Tag ein Thema und wird wohl bei jedem anders aussehen. Der eine hat tagsüber großen Hunger, jemand anderem reichen ein paar Nüsse, Riegel oder Studentenfutter als Proviant. Kleine Bäckereien oder Bars

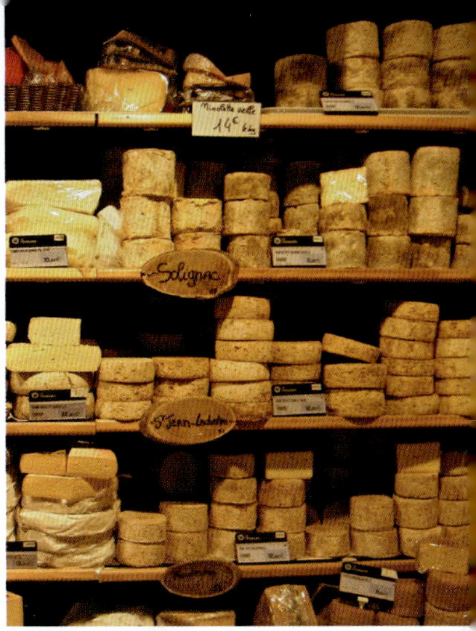


*Frankreich ist bekannt für seinen leckeren Käse, der oft noch von kleinen Betrieben in Handarbeit gefertigt wird.*

mit einem »Depot de Pain« gibt es manchmal auch in kleineren Ortschaften. Doch auf manchen Strecken findet sich kilometerweit auch mal gar keine Möglichkeit für einen Einkauf. Daher bitte Vorsorge treffen; siehe »Versorgung mit Lebensmitteln« auf Seite 20.
Genügend Flüssigkeit ist ebenfalls wichtig, die Flaschen müssen ja nicht immer alle gefüllt sein! 1–1,5 Liter sind ein guter Anhaltspunkt, im Sommer kann sich der Bedarf an Flüssigem jedoch enorm erhöhen.

## Druckstellen und Blasen

Eine Druckstelle sollte man möglichst rasch mit Leukoplast tapen, auch beginnende Blasen lassen sich auf diese Art und Weise gut erstbehandeln. Ist es schon zu spät dafür, hilft ein Blasenpflaster (Verwendungshinweise beachten).

## Ladegeräte und WLAN

Die (kleinen) Stecker der Ladegeräte für Digitalkamera und Mobiltelefon passen sowohl in der Schweiz als auch in Frankreich und können ohne Adapter verwendet werden.
WLAN ist an vielen Stellen (Bars, Restaurants, Unterkünfte und Tourist-Informationen) kostenlos verfügbar.

*Eines ist gewiss: Du wirst auf der Pilgertour mit vielen neuen Eindrücken beschenkt werden, die dir noch lange nach deiner Heimkehr in Erinnerung bleiben.*

## Sprachkenntnisse

Es kommt schon vor, dass man in Frankreich auf Menschen trifft, die Deutsch (oder Englisch) verstehen und vielleicht auch sprechen können. Im Allgemeinen kann man es jedoch nicht voraussetzen. Wer einige Worte oder Sätze in der Landessprache sprechen und verstehen kann, ist immer im Vorteil. Sprachbegabte erweitern ihren Wortschatz durch den täglichen Smalltalk, andere verwenden ein kleines Lexikon.

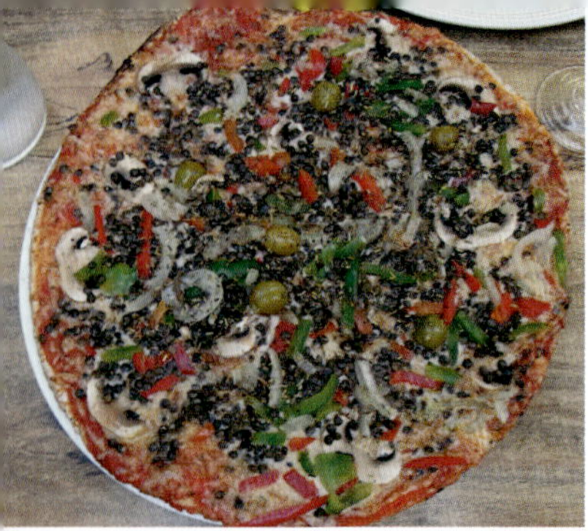

Linsen sind typisch für Le Puy

## Versorgung mit Lebensmitteln für den täglichen Bedarf

In Frankreich findet man in den kleinen Lebensmittelläden meist ein ansprechendes Angebot für den täglichen Bedarf. Allerdings werden diese Läden immer mehr von den großen Discountern verdrängt. In den Bäckereien gibt es neben frischem Brot auch allerhand Süßes und leckeres Salziges, das sich hervorragend als Proviant für unterwegs eignet. In den kleineren Orten schließen jedoch auch in Frankreich viele Läden und Bäckereien. Allerdings kommt kein Franzose ohne sein tägliches frisches Baguette aus. In manchen Ortschaften wurden daher in den letzten Jahren »Brotautomaten« aufgestellt, die von den regionalen Bäckern befüllt werden.
Das Frühstück fällt in Frankreich meist deutlich einfacher aus, als wir es von Deutschland gewohnt sind: Brot/Baguette mit Butter und Marmelade, manchmal auch ein Croissant, dazu einen Kaffee oder Tee, das war es dann schon.
Wichtiger Hinweis zum Thema Einkauf: Die Ladenbesitzer der kleinen Läden machen in den Sommerferien im August oft selbst Urlaub. Manche Ladenbesitzer hängen auch manchmal kurzerhand ein Schild an die Tür: »Laden heute geschlossen«. Bitte für solche unerwarteten Fälle Vorsorge treffen.

## Abendmenü

Abends wird meist ein drei-, manchmal auch ein viergängiges Menü serviert. Das Essen und die Gespräche dabei sind ein abendfüllendes Programm.

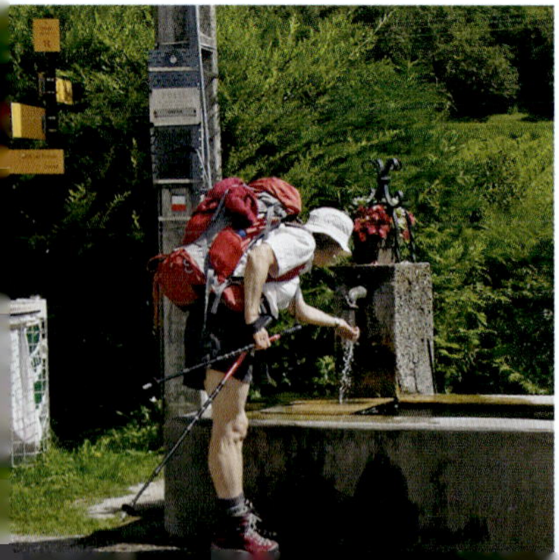

## Trinkwasser

Trinkwasser finden wir im Allgemeinen in regelmäßigen Abständen. Es gibt spezielle Trinkbrunnen, auch hat das Wasser auf den Friedhöfen Trinkwasserqualität. Die Menge des benötigten Trinkwassers ist stark abhängig von der Außentemperatur und den jeweiligen Bedürfnissen. Reicht an kühleren Tagen auch mal rund ein Liter aus, kann dies im

*Köstlich: Ein Schluck frisches Wasser!*

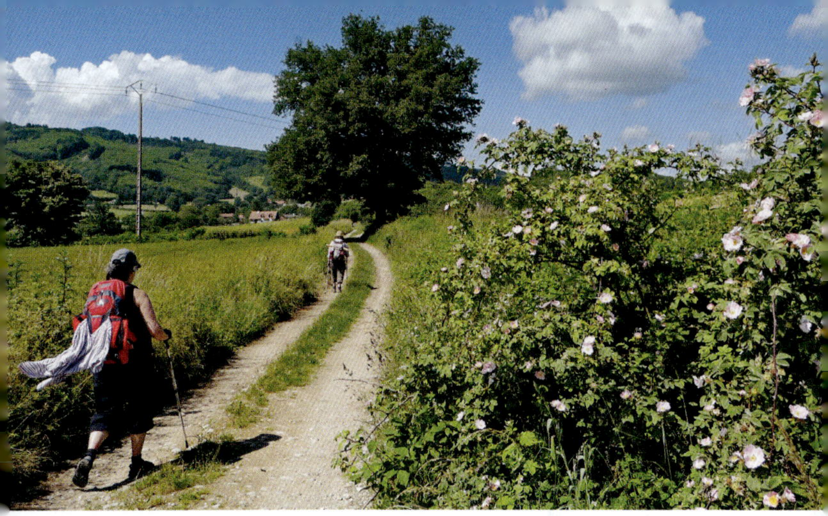

*Schritt für Schritt dem (Tages-)Ziel entgegen.*

Sommer locker bis zum Dreifachen der Menge ansteigen. Daher gilt: Vor allem bei warmer bis heißer Wetterlage sollte sich im Rucksack immer ein gewisser Vorrat an Wasser befinden.

## Hinweis für das kleine Geschäft zwischendurch

Manchmal lässt es sich unterwegs nicht vermeiden, dass man »ins Gebüsch« muss. Damit der Wald, die Landschaft und die Wegränder nicht darunter leiden, kann man etwas sehr Einfaches beachten: Statt Papiertaschentücher, die aufgrund ihrer speziellen Zusammensetzung deutlich länger zur Verrottung brauchen, benützt man mitgeführtes Toilettenpapier, das sich um einiges schneller auflöst.

## Öffentliche Verkehrsmittel

Die Schweiz ist für ihr außerordentlich gutes öffentliches Verkehrsnetz bekannt (Fahrplanauskunft: sbb.ch).
In Frankreich findet man unter sncf.com die Verbindungen der Streckennetzes der Bahn. Die Buslinien werden lokal betrieben, Auskünfte geben die jeweiligen Tourist-Informationen.
Bitte beachten: 1. Die Fahrkarten für die Bahn müssen vor Fahrtantritt in den Automaten am Bahnhof entwertet werden. 2. Kurios: Erst kurz vor der Abfahrt des Zuges wird auf einer Tafel das Gleis angegeben, auf dem er abfährt.
Für größere Entfernungen gibt es von Deutschland aus »Europa-Spezial«-Tickets zu reduzierten Preisen, je nach Verfügbarkeit.

# Der Umwelt zuliebe ...

Auch beim Wandern hinterlassen wir einen ökologischen Fußabdruck, aber im Einklang mit der Natur unterwegs zu sein, ist gar nicht so schwer!

## VORBEREITUNG UND ANFAHRT

- Sich vorab informieren, worauf in Bezug auf Natur und Umwelt in der jeweiligen Wanderregion besonders zu achten ist.
- Soweit möglich mit Bahn und Bus anreisen, Wander- und Rufbusse nutzen.
- Ist eine Anfahrt mit dem Auto nötig, Fahrgemeinschaften bilden.
- Bei weiten Anfahrten Mehrtagestouren planen oder von einem Quartier vor Ort aus mehrere Touren absolvieren.
- Flugreisen möglichst reduzieren und durch Beiträge zu Klimaschutzprojekten kompensieren.

## KLEIDUNG UND AUSRÜSTUNG

- Beim Kauf von Outdoor-Kleidung auf umweltfreundliche und faire Herstellung achten und Kleidungsstücke möglichst viele Jahre nutzen.
- Ausrüstung kann man eventuell auch gebraucht kaufen oder ausleihen.
- Reparieren statt neu kaufen.

## VERPFLEGUNG

- Beim Einkauf Bio-Ware, regionale und saisonale Erzeugnisse bevorzugen.
- Hütten und Gasthäuser auswählen, die regionale Produkte verwenden.
- Auf Einwegflaschen und Plastikverpackungen verzichten, stattdessen wiederverwendbare Trinkflaschen und Brotzeitboxen benutzen.

## ÜBERNACHTUNG

- Bei lokalen Anbietern buchen, damit Menschen vor Ort profitieren.
- Auf Hütten und in anderen Unterkünften Strom und Wasser sparen.

## UNTERWEGS

- Wege benutzen und Abkürzer vermeiden.
- Sperrungen von Wegen und Schutzgebieten respektieren.
- Keine Blumen pflücken und keine Pflanzen entnehmen.
- Waldbrandgefahr beachten.
- Müll wieder mit nach Hause nehmen und dort entsorgen.
- Toilettengänge in freier Natur möglichst vermeiden.
- Lärm vermeiden.
- Hunde an die Leine nehmen.

ROTHER
BERGVERLAG

# Informationen und Adressen

## Zahlungsmittel

In der Schweiz ist die Währung der Schweizer Franken (CHF). Doch kann man im Raum Genf fast überall mit Euro bezahlen (auch an Automaten) und bekommt das Restgeld in der Schweizer Währung zurück.
In Frankreich gilt der Euro. Mit EC-Karte und PIN-Nummer kann man in beiden Ländern an Bankautomaten Bargeld abheben.

## Feiertage

Frankreich: 1. Januar, Karfreitag (Elsass), Ostersonntag und -montag, 1. Mai, 8. Mai (Tag des Sieges), Christi Himmelfahrt, Pfingstsonntag und -montag, 14. Juli (Nationalfeiertag), 15. August (Mariä Himmelfahrt), 1. November, 11. November (Gedenktag zum Ende des Ersten Weltkriegs), 25. Dezember, 26. Dezember (Elsass).

## Notrufnummern

- Europäische Notrufnummer: 112.
- Schweiz: Polizei 117, Feuerwehr 118, Ambulanz 144
- Frankreich: Notarzt (SAMU) 15, Polizei (Police Secours) 17, Feuerwehr (Pompiers) 18.

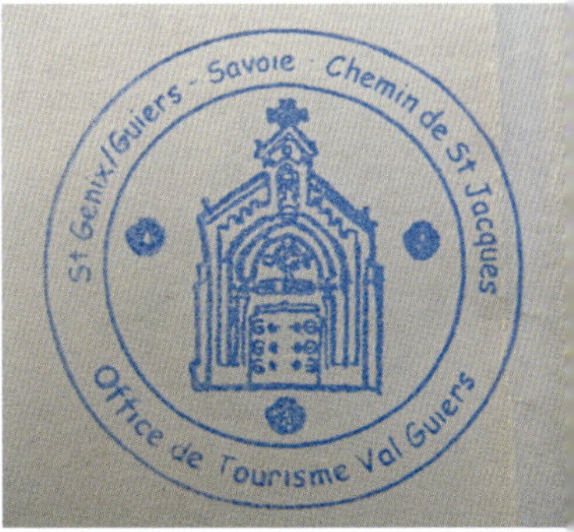


*Was sehr schön ist: In vielen Kirchen und Tourist-Informationen liegen Pilger-Gästebücher und -stempel aus.*

## Öffnungszeiten

Frankreich:
Geschäfte: Sie sind in der Regel 9–12 Uhr und 14/15–19 Uhr, abends oft auch länger geöffnet. Montags haben viele Geschäfte geschlossen. Sonntagmorgens sind viele Bäckereien und Lebensmittelläden (teilweise auch die Supermärkte) geöffnet.
Banken: Montag bis Freitag 9–12 Uhr und 14–16 Uhr, zum Teil auch samstags statt montags.
Kirchen: Manche Kirchen und Kapellen sind tagsüber geöffnet, leider sind sie in manchen Ortschaften außerhalb der Zeiten der Gottesdienste und Messen geschlossen. Was sehr schön ist: In vielen Kirchen liegen Pilger-Gästebücher aus.
Tourismus-Informationen: Diese sind in größeren Städten meist 9 (10)–18 Uhr, in kleineren Orten 9–12 Uhr und 15–18 Uhr geöffnet.

## Pilgerausweis

Den Pilgerausweis erhält man bei den verschiedenen Jakobusgesellschaften gegen eine geringe Gebühr ausgestellt. Es gibt diese Jakobusgesellschaften in Deutschland, in Österreich, in der Schweiz und in Frankreich. Der Pilgerausweis sollte rechtzeitig vor der geplanten Wanderung beantragt werden.

## Post

In Frankreich findet man in nahezu jedem Ort eine Post, daher wird in den einzelnen Kapiteln bei den Infrastrukturangaben nicht extra darauf hingewiesen. Die Öffnungszeiten sind in der Regel 9–19 Uhr, samstags 9–12 Uhr, in kleineren Ortschaften gibt es eine Mittagspause 12–14 Uhr und evtl. auch frühere Schließzeiten. Briefmarken sind auch in Tabakläden erhältlich.

## Öffentliche Telefone

In Frankreich muss die vollständige zehnstellige Nummer gewählt werden. Die ersten beiden Ziffern geben den Bereich, die nächsten beiden Ziffern das Departement an, erst dann folgt die individuelle Nummer. Öffentliche Telefone funktionieren meist nur mit Telefonkarten (50 oder 120 Einheiten, in Tabakläden, bei der Post und in manchen Bars und Cafés erhältlich). Das Symbol »blaue Glocke« bedeutet, dass man sich anrufen lassen kann.

Internationale Vorwahlnummern: Frankreich 0033, Deutschland 0049, Österreich 0043, Schweiz 0041, Spanien 0034. Nach der Ländervorwahl muss die erste Null der Ortsvorwahl weggelassen werden.

## Der Jakobsweg im Internet

### Schweiz

- Für die Schweiz gibt es ausführliche Informationen über den Jakobsweg unter jakobsweg.ch.

### Frankreich

- Allgemeine Informationen: france-voyage.com.
- Für das Departement Rhône-Alpes bietet die Association Rhône-Alpes des Amis de St-Jacques viele Informationen auf ihrer Homepage: amis-st-jacques.org. Diese Organisation der Jakobswegfreunde gibt zudem ein zweisprachiges Büchlein (fr./dt.) heraus, in dem alle Unterkünfte angegeben und jährlich aktualisiert werden. Für den Weg von Genf nach Le Puy-en-Velay ist es der »gelbe Führer«, den man in Lebensmittelläden, Tourist-Informationen und vielen weiteren Stellen entlang der Route kaufen kann.

*Der Montjoie, der Berg der Freude, kurz vor Le Puy-en-Velay.*

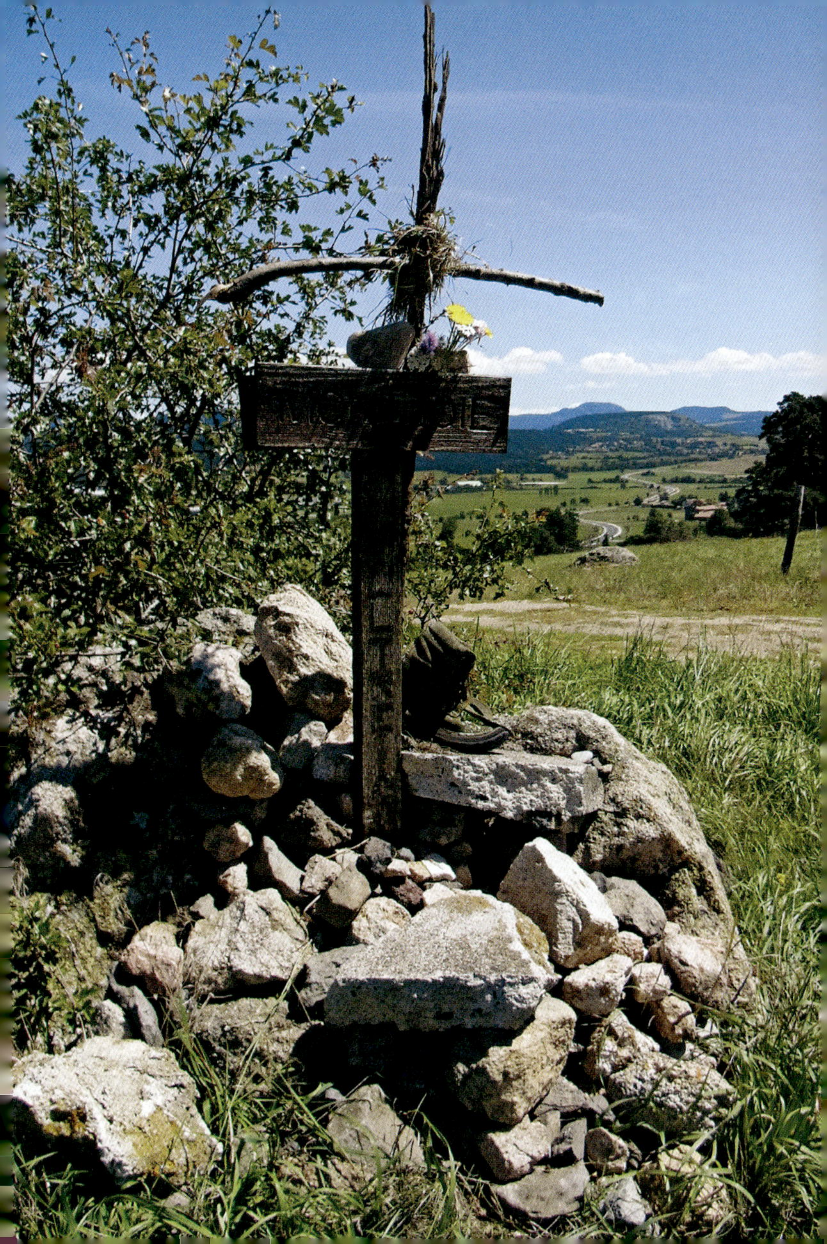

# Der Jakobsweg

Nach Santiago de Compostela, dem großen Pilgerziel in Nordwestspanien, ziehen schon seit mehr als 1000 Jahren Menschen aller Altersstufen, Gesellschaftsschichten und Nationalitäten.
Der Jakobsweg bewegt die Menschen und das im wahrsten Sinne des Wortes. Von Jahr zu Jahr entscheiden sich immer mehr Menschen für die betont einfache und langsame Art dieses Urlaubs. Zu Fuß eine längere Strecke und das auch noch mit Gepäck zurückzulegen, ist für viele eine neue Erfahrung.
»Wer gut geht, dem geht's gut«, dieses Motto gewinnt beim Pilgern eine neue, ganz elementare Bedeutung. Daher sollte man sich zu Beginn nicht zu viel zumuten. Jeder wird sich zudem bei seinem Unterwegs-Sein etwas andere Schwerpunkte – kulturell, meditativ, geistlich, sportlich, künstlerisch – setzen wollen.
In der Kathedrale in Genf und in der Kathedrale in Le Puy-en-Velay sowie in vielen weiteren Orten unterwegs begegnen wir Jakobus dem Älteren, »unserem« Pilgerheiligen auf dem Jakobsweg. Dargestellt mit Pilgergewand, Stab, Kalebasse, Muschel und Hut, oft auch mit Buch in der Hand, ist er jeweils gut zu erkennen. Auch Wendelin, der Schutzpatron der Viehzüchter und Hirten sowie der Pestheilige Rochus werden gerne mit Muscheln am Gewand dargestellt. Rochus kann man mit seinem eindeutigen Erkennungsmerkmal rasch einordnen: Er deutet auf seine Pestbeule am Oberschenkel.

## Oft wird die Frage gestellt: Wo beginnt der Jakobsweg?

Ganz Europa ist mit einem Netz von Jakobswegen überzogen. Wenn man sich überlegt, dass die Pilger früher nicht die Annehmlichkeiten der heutigen öffentlichen Verkehrsmittel hatten, ist die Antwort schnell klar und leuchtet ein: Der Jakobsweg begann damals jeweils an der eigenen Haustür.
Nach dem Start machte man sich früher auf zu den bekannten Treff- und Sammelpunkten wie Kirchen, Klöstern oder Hospizen. Diese Punkte haben sich oft über die Jahrhunderte erhalten und sind heute noch Stationen auf dem Jakobsweg. Dort tauschte man sich aus, erholte sich und sammelte Kraft für die nächste Etappe.

## Wer pilgerte und warum pilgerte man?

An der Vielzahl der Ausgangspunkte lässt sich erkennen, dass das Pilgern schon in früheren Jahrhunderten nicht nur die Angelegenheit von wenigen Auserwählten war, sondern dass der Weg europaweit eine Vielzahl von Menschen »bewegt« hat. Und das aus den unterschiedlichsten Motivationen. Von Kaisern, Königen und Bischöfen mit ihrem ganzen Gefolge bis hin zu Verbrechern waren alle Gesellschaftsschichten unterwegs.

In Santiago de Compostela (*Santiago* ist der spanische Name für den heiligen Jakobus) soll sich das Grab Jakobus' des Älteren befinden. Zahlreiche Legenden berichten, wie Jakobus nach Galicien gekommen sein soll: Im Jahre 44 nach Christus erlitt er in Jerusalem den Märtyrertod und sein Leichnam wurde von den Jüngern in einen Kahn gelegt, der dann – von Engelshand gesteuert – die Westküste Spaniens erreichte. Auch um das Auffinden des Grabes ranken sich etliche Sagen. Neuere wissenschaftliche Untersuchungen sollen jedoch das hohe Alter der Knochenfunde bestätigen.
Im Mittelalter hatte es eine besondere Bedeutung, zum Grab eines Apostels oder Heiligen zu pilgern. Man fühlte sich am Grab eines Heiligen selbst dem Himmel ein Stück näher. Man konnte Anteil nehmen an der besonderen Verbindung des einstigen Apostels zu Gott.
Tatsächlich wurde von vielen Wundern berichtet, die sich am Grab zugetragen haben und die dann ihrerseits für noch mehr Zustrom sorgten. Im 12. Jahrhundert entstand bereits ein erster Reiseführer, das von einem Mönch verfasste »Liber Sancti Jacobi«, in dem der Jakobsweg beschrieben wird.
Der Weg nach Westen, dem Weg der untergehenden Sonne folgend, und weiter bis hin zum äußersten Ende der damals bekannten Welt am Cap Finisterre (*finis* = Ende, *terra* = Erde) ist symbolisch mit dem Weg zum Tod hin vergleichbar. Wer von Santiago de Compostela wohlbehalten zurückkehrte

*Abends sitzt man gemeinsam am Tisch und genießt das Pilgermenü.*

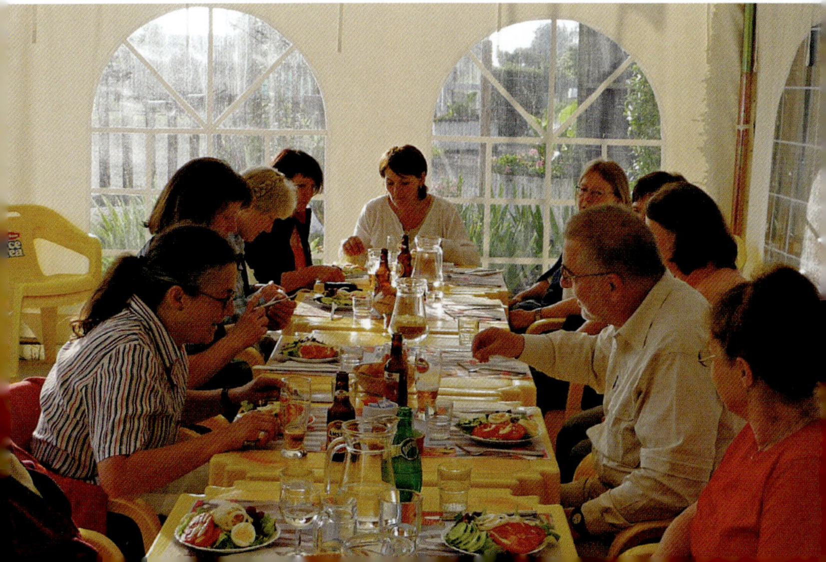

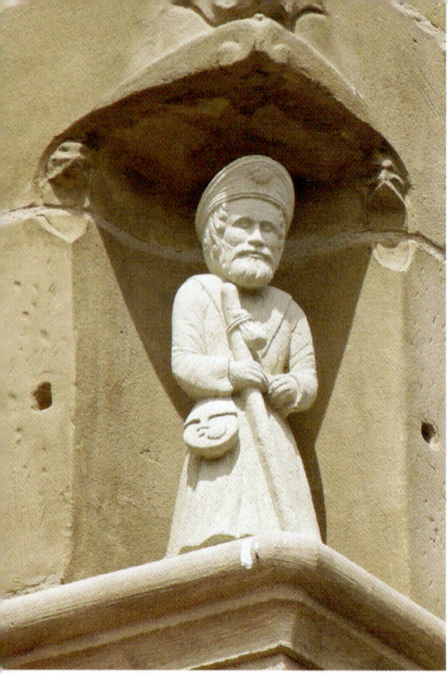

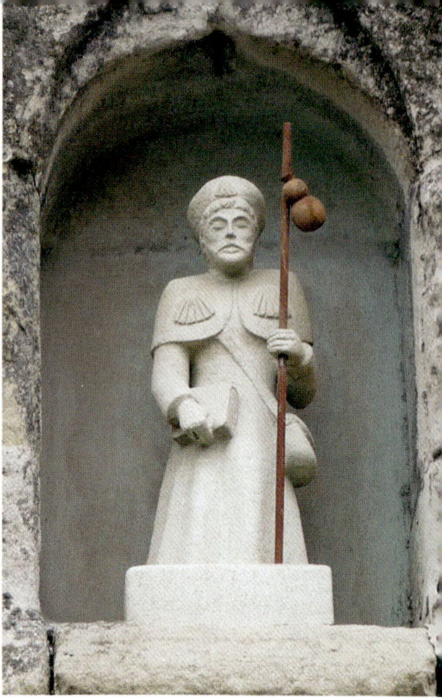

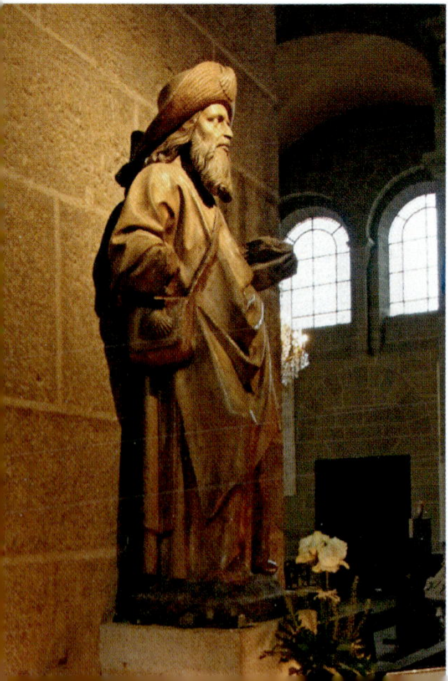

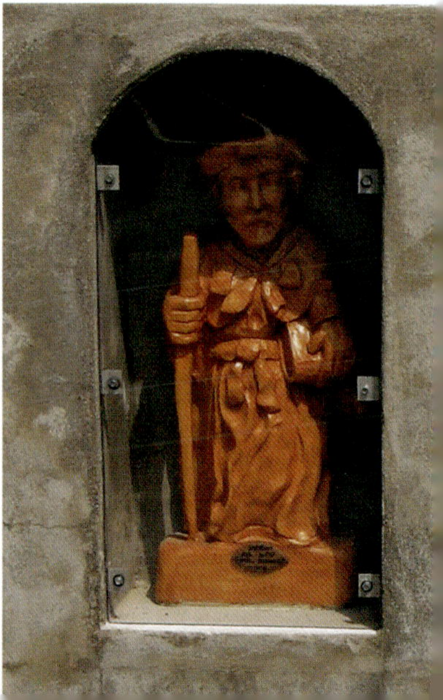

(damals immerhin ebenfalls zu Fuß!), war wie neu geboren, ein neuer Mensch. Bei Verbrechern war bei der Rückkehr in die Heimat das Vergehen gesühnt, sie konnten ein neues Leben beginnen.
Es gab auch viele Menschen, die diese enormen und teilweise jahrelangen Strapazen nicht überlebten, die unterwegs an den Anstrengungen starben oder auf andere Art und Weise, z.B. durch Überfälle, zu Tode kamen. In vielen Orten Europas kann man daher auf alten Grabsteinen auf Friedhöfen oder auf Gedenktafeln in Kirchen Erinnerungen an einstige Pilger finden. Früher wurde zudem den Toten die Jakobsmuschel mit ins Grab gegeben. So ist die Identifizierung als Pilger auch nach vielen Jahrhunderten noch möglich.

## Der Jakobsweg in Frankreich und in der Region Rhône-Alpes

Die Via Gebennensis wurde im Jahr 1993 als Jakobsweg markiert und verbindet die Schweizer Jakobswege mit der uralten Stadt am französischen Jakobsweg: Le Puy-en-Velay. Diese Stadt war und ist der Ausgangspunkt einer der vier historischen Wege durch Frankreich, der Via Podiensis.
Schon vor mehr als 1000 Jahren zogen Menschen zum Grab Jakobus' des Älteren. Einer der ersten nachgewiesenen Pilger war im Jahr 951 Bischof Godeschalk von Le Puy-en-Velay. Der Jakobsweg wurde in der nachfolgenden Zeit so beliebt, dass die Kathedrale von Le Puy-en-Velay im 11./12. Jahrhundert sogar vergrößert werden musste, um alle Pilger aufnehmen zu können.

### Der heutige Wegverlauf

Der Jakobsweg in Frankreich verläuft nach der Grenze kurz hinter Genf bis Le Puy-en-Velay zum größten Teil auf dem Grande Randonnée 65 (GR 65, übersetzt »großer Wanderweg«). Neben dem stilisierten blau-gelben Muschelsymbol des Jakobswegs haben wir daher als Markierung den rot-weißen Balken. Besondere Vorsicht ist angebracht, wenn andere Grandes Randonnées unsere Route kreuzen.
Eine sehr praktische und schnelle Hilfe für uns Wanderer ist es, dass es in Frankreich immer mehr üblich wird, nicht nur die Richtung zu kennzeichnen, in die man gehen soll, sondern auch die Wege zu markieren, die nicht die richtigen sind: Diese sind mit einem durchkreuzten Muschelsymbol versehen. Das sorgt an den Kreuzungen oder Abzweigungen für eine schnelle Orientierung – ohne jeweils in der Beschreibung nachlesen zu müssen. Eine nachahmenswerte und gute Idee!
Jedes Departement hat im Detail eine etwas andere Art der Markierung, das werden wir unterwegs feststellen: Mal ist die Jakobswegkennzeichnung etwas größer, mal kleiner, mal gibt es Entfernungsangaben, dann wieder keine.

*Jakobusdarstellungen in Revel-Tourdan, Charly, Le-Puy-en-Velay und Assieu.*

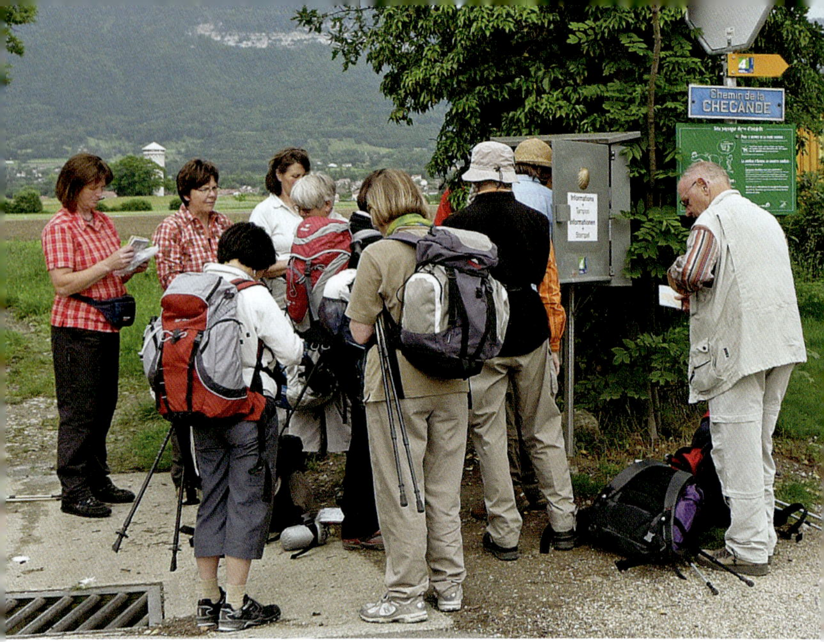


*Großer Andrang an der letzten Stempelstelle in der Schweiz.*

Übersichtliche Wegweiser ergänzen die Markierung, oft wird dabei auch die allgemeine Richtung Saint-Jacques de Compostelle verwendet.
Unterwegs gibt es ab und zu Bänke für eine Rast, auch Buswartehäuschen sind oft mit einer Bank ausgerüstet. Manchmal findet man sogar extra für Pilger eingerichtete Rastplätze.

## Moderne Pilger

Heutzutage trifft man Pilger aller Altersstufen und aus vielerlei Nationen mit sicher genauso vielen Motivationen. Es gibt Menschen, die sich nur eine kurze Auszeit nehmen wollen oder können, andere wandern auch heute noch nonstop bis nach Santiago de Compostela.
Auf dem Weg von Genf nach Le Puy-en-Velay sind in der Zeit vom Frühjahr bis in den Spätsommer regelmäßig Pilger unterwegs, die meisten davon sind deutschsprachig. Man trifft Einzelpersonen, Ehepaare, Pilger zu zweit, Familien oder auch mal eine Gruppe. Die Anzahl der Unterkünfte ist ausreichend, man braucht im Allgemeinen keine Sorge zu haben, für den Abend kein Bett zu finden (spezielle Festtage ausgenommen). Dennoch ist eine Anmeldung im Voraus ratsam.

## Die Jakobsmuscheln

Die Jakobsmuscheln sind eine Art der Kammmuscheln und lassen sich als Symbol für den Jakobsweg auf vielerlei Art und Weise deuten. Früher erhielt man übrigens seine Muschel erst am Ziel. Heute statten sich die meisten Pilger schon zu Hause damit aus, um sich als Jakobspilger zu erkennen zu geben.

Einige Beispiele für Deutungen des Muschelsymbols, beliebige mehr sind möglich:

- Die Muschel als Gefäß, in der das Wertvolle – die Perle – enthalten und gut geborgen ist.
- Die Muschel als Symbol für das Element Wasser, welches wiederum als Symbol für die Zeit auf Erden steht.
- Die Muschelform ergibt sich bei bestimmten Wolken- und Lichtverhältnissen manchmal »zwischen Himmel und Erde«. Davon wird man unterwegs besonders berührt und man spürt die Verbundenheit von Himmel und Erde. Oder gar der sichtbaren und unsichtbaren Welt?
- Der Knoten und die Strahlen des meist gelben Muschelsymbols können als Sinnbild und als Ausgangspunkt für die segnenden Strahlen stehen, die uns beschützen und leiten.
- Die Muschel kann man auch als Symbol für die vielen Wege anschauen, die alle auf das Ziel Santiago di Compostela – vergleichbar dem Knoten der Muschel – zulaufen.

*Verschiedene Möglichkeiten der Markierung.*

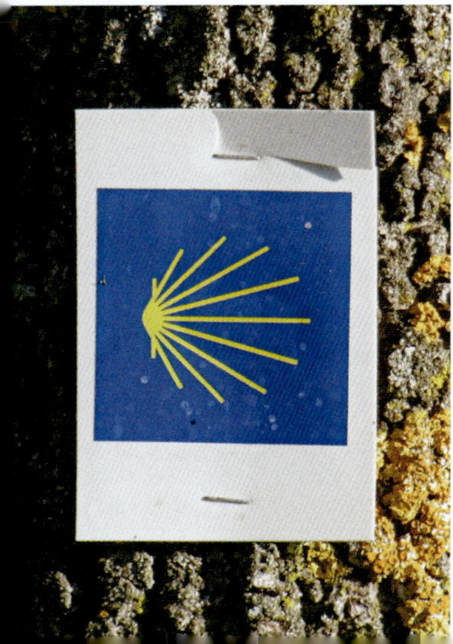

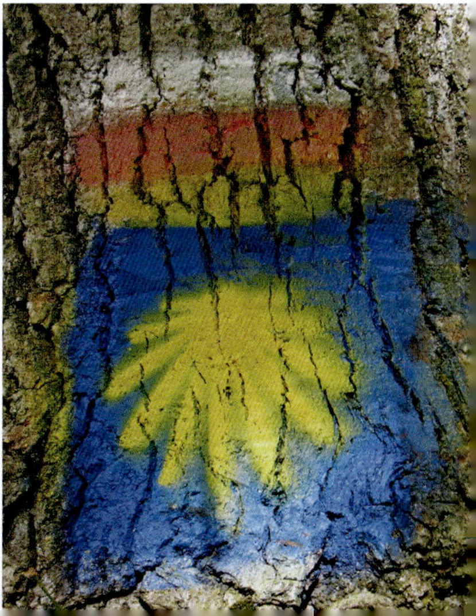

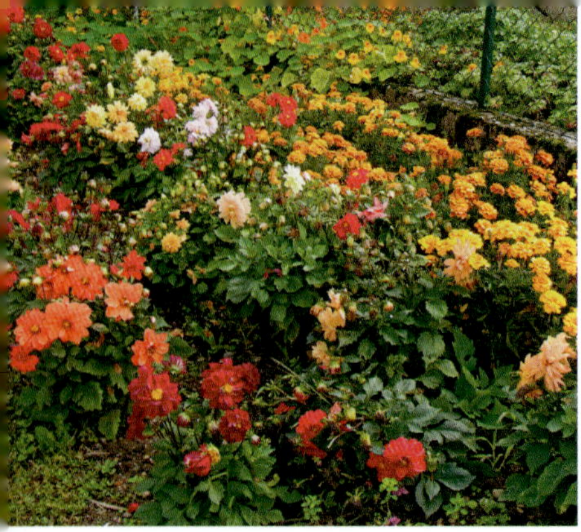

*Blumenpracht eines Gartens.*

## Spannende Parallelen zwischen Jakobsweg und Lebensweg

Was hat die Menschen aller Altersstufen, Gesellschaftsschichten und Nationalitäten vor 1000 Jahren be-»weg«t, nach Santiago de Compostela zu ziehen? Was bewegt uns heute? Spannende Parallelen zwischen dem Pilgerweg und dem Lebensweg werden bei den Überlegungen offenkundig. Die folgenden Stichworte sollen nur Anreize sein, sich selbst mehr damit zu befassen.

Die Parallelen können äußere Gegenstände und Symbole sein, wie beispielsweise

- Brunnen: Was erhält mich am Leben?
- Brücken: Was verbindet mich oder womit verbinde ich mich?
- Wegweiser: Wer oder was waren/sind in meinem Leben Wegweiser? Woran orientiere ich mich? Wer weist mir meinen Weg?
- Kreuzungen: Was hat meinen Weg durchkreuzt? Welche Richtung wähle ich? Welches Ziel habe ich?

Die äußeren Begebenheiten – wie das Wetter (mal sonnig, mal bedeckt), die Höhen und Tiefen, breite Wege mit weiter Aussicht und schmale Pfade, auf denen man kaum mehr als die nächsten Schritte sieht, das Licht und der Schatten – versinnbildlichen genauso innere Stimmungen und Lebenslagen.

Selbst in Redensarten ist oft vom »Weg« oder vom »Gehen« die Rede. »Wie geht's?« »Er wird seinen Weg schon gehen.« »Es geht wie geschmiert.« »Es kommt etwas in Gang.«

Manche Worte laden zu Gedankenspielereien ein. Zwei Beispiele:

1. Einen Weg zu gehen – wegzugehen. Wer (ich) oder was (Sorge, Krankheit) weg geht, bleibt dabei offen.
2. Der tägliche Aufbruch: Was möchte aufbrechen oder zum Vorschein kommen? Wovon möchte/muss ich Abschied nehmen?

- Auf dem Jakobsweg ist das Ziel klar. Sind meine Ziele im Leben genauso klar?
- Ich weiß, dass ich das Ziel nicht an einem Tag erreichen werde. Ich weiß jedoch, dass ich mich jeden Tag, sozusagen »Schritt für Schritt«, nähere. Ich lerne dabei Ausdauer, Geduld und Beharrlichkeit. Dies alles hilft mir, auch andere Ziele im Leben zu erreichen.

**Jeden Tag neu ...**
*Die Schuhe schüren und den Rucksack aufsetzen.*
*Voller Vertrauen aufbrechen.*
*Das Gepäck und die Verantwortung tragen für das eigene Tun.*
*Unsicherheiten, Zweifel und Ängste überwinden.*
*Mit Zuversicht weitergehen.*
*Sich aufgehoben fühlen zwischen Himmel und Erde.*

*Die einführenden Worte enden hier, ab jetzt beginnt dein eigenes Abenteuer auf dem Jakobsweg! Es klingt paradox und doch ist es so:*
*Der Jakobsweg kostet Kraft – der Jakobsweg gibt Kraft!*

*Le Puy-en-Velay: Die stimmungsvoll beleuchtete Westfassade der Kathedrale.*

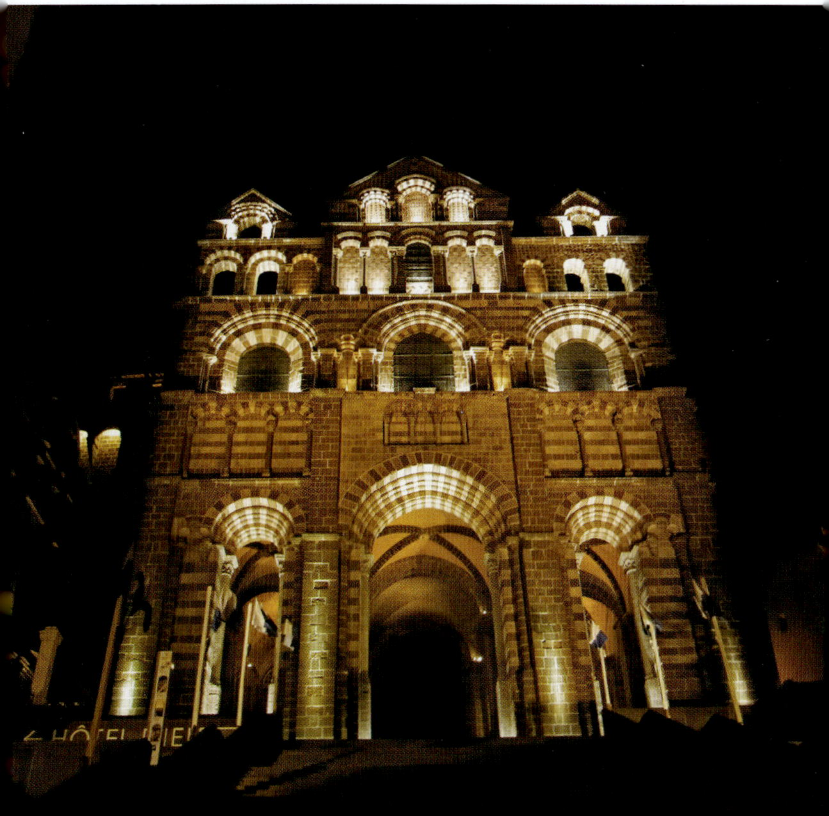

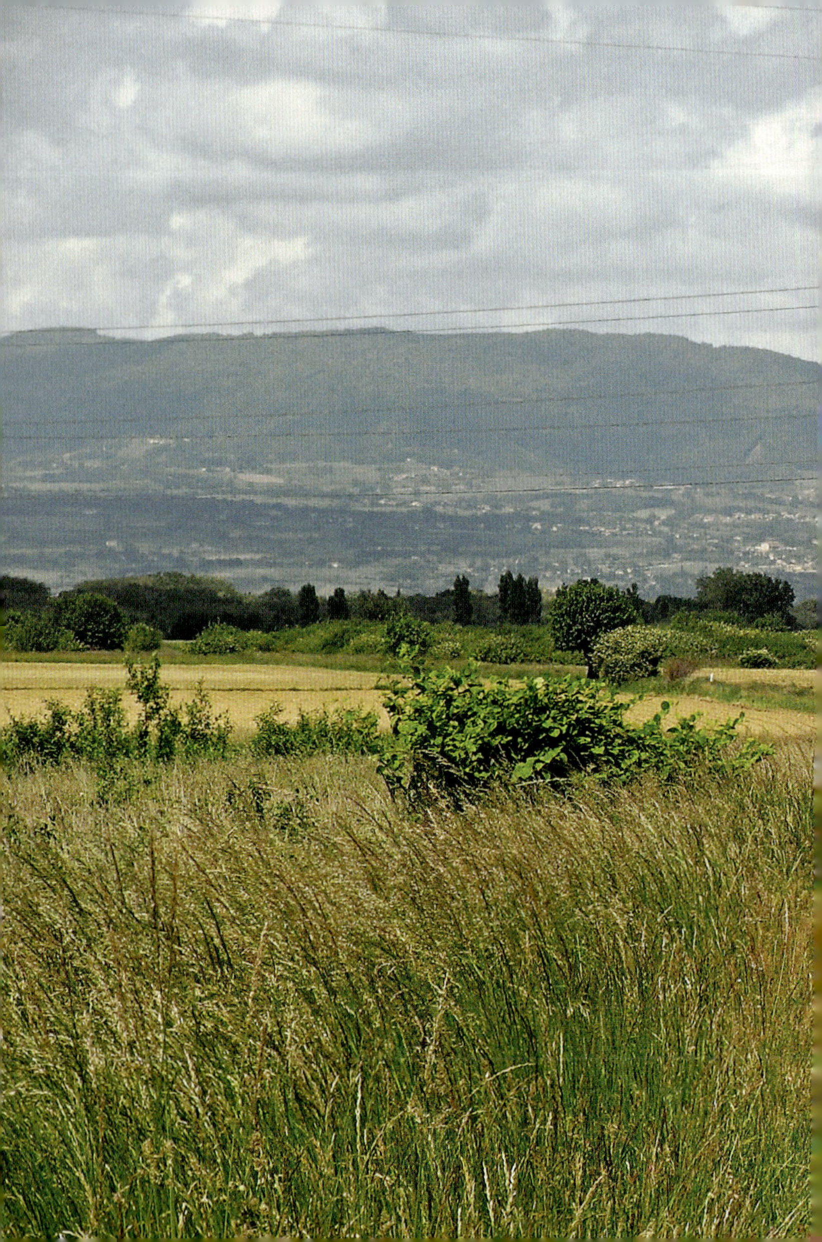

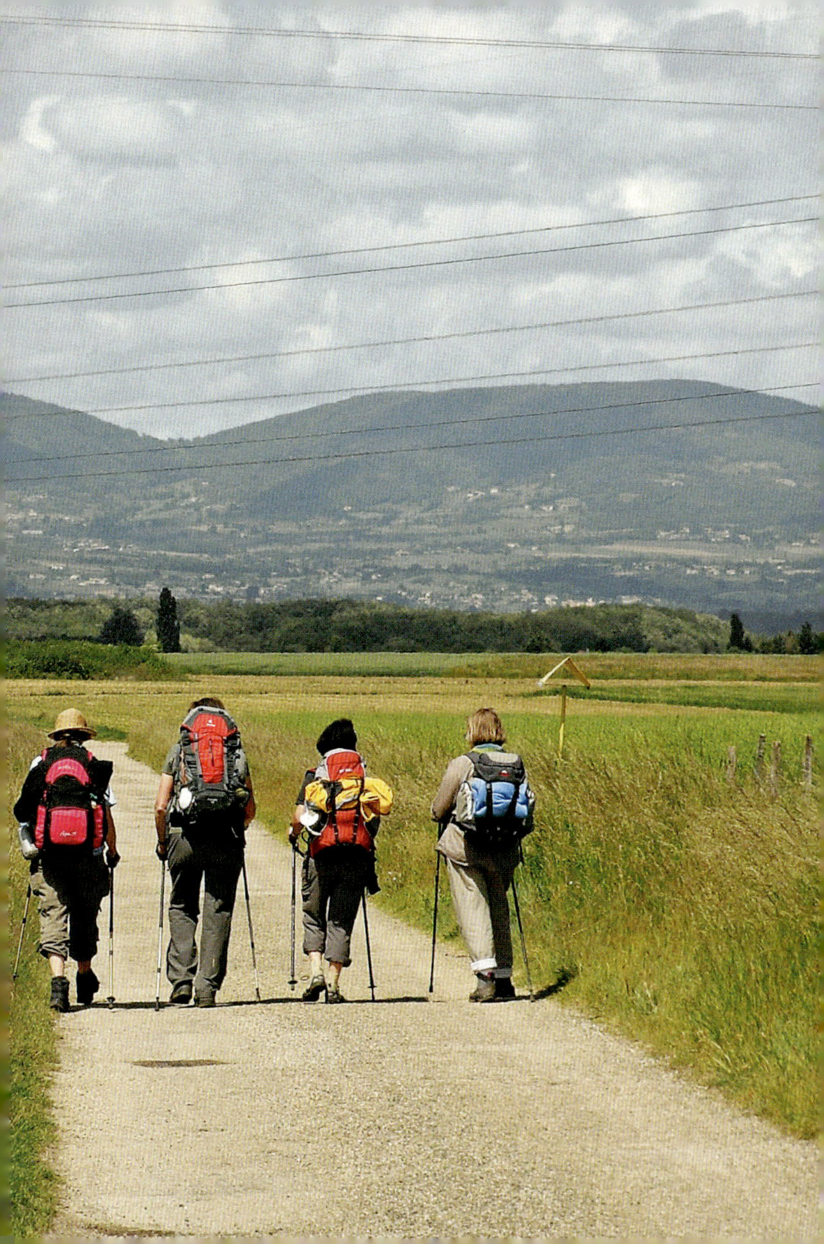

# Genf und der Jakobsweg in der Schweiz

Genf, die mondäne Stadt am Genfer See, liegt ganz im Südwesten des Alpenstaates. So wandern wir nur wenige Kilometer auf dem Jakobsweg in der Schweiz.

Ab dem Hauptbahnhof Cornavin in Genf sehen wir die Jakobsweg-Markierung »Weiße Vier« im grünen Feld, das blau umrandet ist und eine kleine gelbe Muschel aufweist.

Die historische Stadtmitte mit der Fußgängerzone um den meist belebten Platz »Place du Bourg de Four« in der Nähe der Kathedrale Saint-Pierre ist schon jahrhundertelang Sammel- und Treffpunkt für die Jakobspilger.

Genf liegt am südlichen Ende des Genfer Sees und die hoch aufragende Wasserfontäne Jet d'eau ist eines der vielen Markenzeichen der Stadt.

Tipp: Vom Turm der Kathedrale bietet sich uns ein herrlicher Blick auf die Stadt, den Genfer See sowie die über 130 m hohe Fontäne.

*Die Kathedrale Saint-Pierre ist seit Jahrhunderten Treffpunkt der Pilger.*

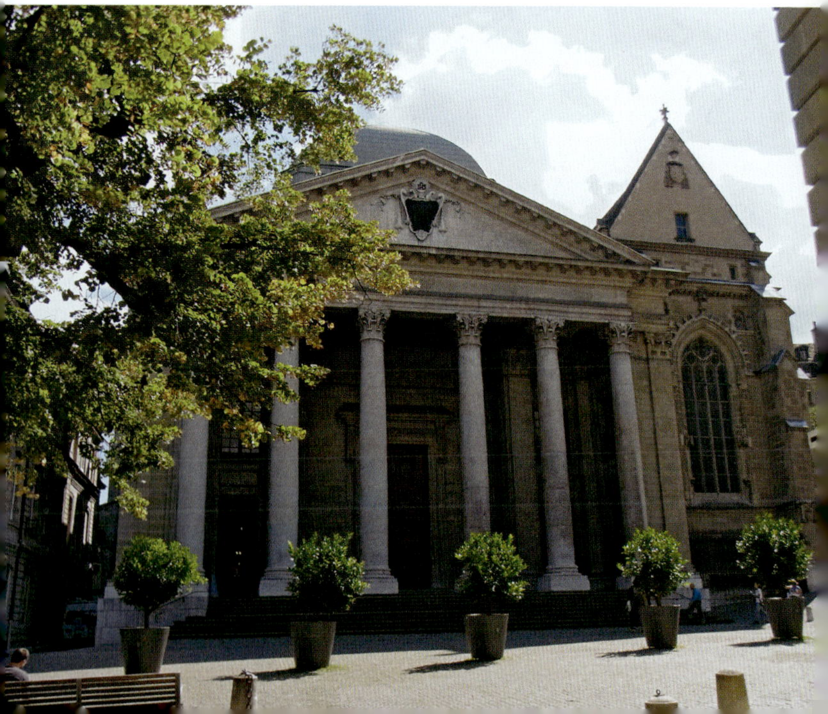

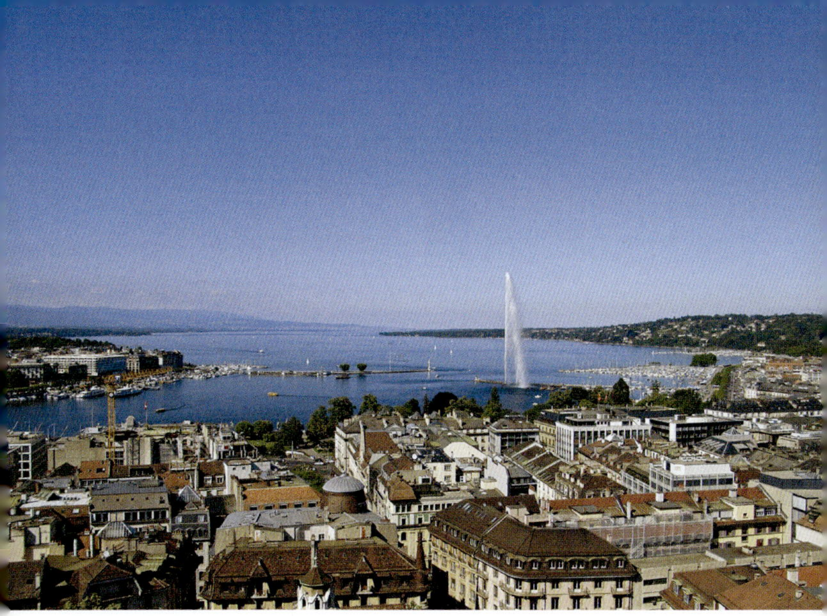

*Panoramablick vom Turm der Kathedrale auf Genf und den Jet d'eau.*

Nur wenige Schritte von diesem Platz entfernt befindet sich das Geburtshaus von Henry Dunant, dem Begründer des Roten Kreuzes. Er erblickte am 8. Mai 1828 hier das Licht der Welt. Im Jahre 1863 wurde das Internationale Komitee der Hilfsgesellschaften für die Verwundetenpflege gegründet, das 1876 den Namen Internationales Komitee vom Roten Kreuz erhielt. Der Gründer verbrachte seinen Lebensabend in Armut. Im Jahre 1901, neun Jahre vor seinem Tod, erhielt er den Friedensnobelpreis.
Genf ist als europäischer Standort der Vereinten Nationen/UNO, dem Zusammenschluss von mehr als 190 Staaten, die ihren Hauptsitz in New York haben, bekannt. Die Straßenbahn (Ziel »Nations«) hat direkt an diesem sehenswerten Platz »Place des Nations« eine Haltestelle. Vor dem großen umzäunten Gebäudekomplex fällt ein Kunstwerk auf: ein überdimensionaler »amputierter« Stuhl.
Weitere Entdeckungen oder Unternehmungen in Genf sind beispielsweise der Besuch des Botanischen Gartens (freier Eintritt), eine Fahrt mit den Mouettes (*mouette* bedeutet übersetzt Möwe), den kleinen Booten über den Genfer See hinweg, die ebenfalls zum öffentlichen Nahverkehr gehören, oder ein Abstecher zur Blumenuhr *(Horloge fleurie)*, die am Ufer des Genfer Sees auf den Ruf von Genf als weltbekannte Uhrenstadt hinweist.

# 1 Genf – Compesières

**2.30 Std.**
**9 km**

**Herbergen: Genf** (375 m, 191.500 EW): (1) Geneva Hostel, Rue Rothschild 30 (zu Fuß vom Bahnhof Cornavin erreichbar), 334 B/ÜF ab 42 CHF, Tel. +41 22 732 6260, genevahostel.ch. (2) City Hostel Geneva, 2 Rue Ferrier (zu Fuß vom Bahnhof Cornavin erreichbar), 98 B/Ü ab 33 CHF, Küche, Tel. +41 22 901 1500, cityhostel.ch. (3) Home St-Pierre/Petershöfli (bei der Kathedrale), Cour St-Pierre 4, 20 B/Ü ab 36 CHF, Tel. +41 22 310 3707, homestpierre.ch.

**Unterkunft: Genf** bietet Unterkünfte in allen Preisklassen, die Tourist-Information gibt gerne weitere Auskünfte.

**Die Strecke:** Wir sind zumeist auf befestigten Wegen überraschend abwechslungsreich durch Stadt- und Wohngebiete unterwegs, zum Ende hin gibt's kleinere Vororte und schöne Fußwege.

**Höhenunterschied:** 170 m im Aufstieg, 90 m im Abstieg.

**Kritische Stellen:** Keine.

**Landschaft:** Nach dem Verlassen des Stadtgebietes erwartet uns eine sanft hügelige Landschaft, von der aus wir nochmals schön auf den Genfer See und die Fontäne zurückblicken können. Auf den Feldern wird Gemüse angebaut.

**Infrastruktur:** Genf alles (außer Campingplatz); i Office de Tourisme, Quai du Mont Blanc 2, Tel. +41 22 909 7000.
Genf-Carouge (386 m, 20.000 EW) A €
La Chapelle
Saconnex d'Arve
Saconnex d'Arve Dessus
Compesières

**Anmerkungen:** (1) Bei der Übernachtung in Genf ist die Karte des Genfer Nahverkehrs inklusive. Wer noch etwas ohne den »ganzen Rucksack« gehen möchte, könnte mit leichtem Gepäck die Strecke bis Compesières wandern und anschließend mit dem öffentlichen Nahverkehr (sbb.ch) ab der Haltestelle Bardonnex, Compesières mit dem Bus 46 in die Stadt zurückfahren (z. B. zur Haltestelle Bel-Air). Am nächsten Tag startet man dann wieder ab Compesières.
(2) In Genf wurde der Weg neu mit Markierungen auf dem Boden gekennzeichnet.

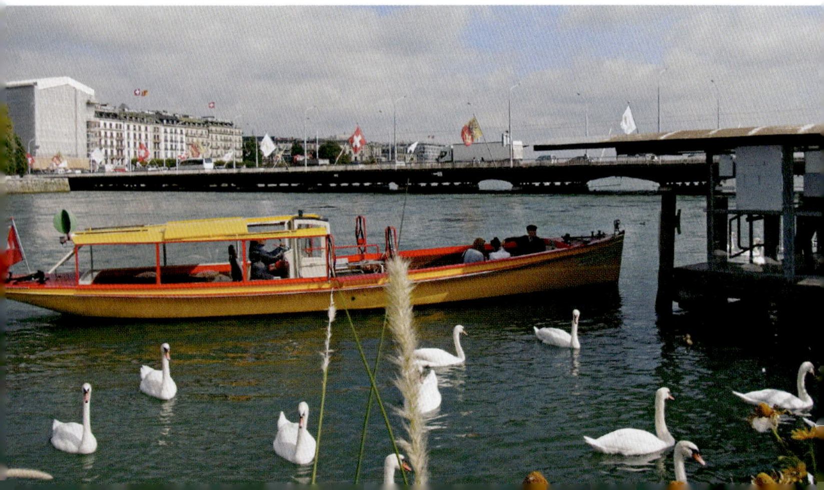

Wir verlassen den **Genfer Hauptbahnhof Cornavin (1)** nach rechts und orientieren uns zur Basilika Notre-Dame de Genève hin.

*Die **Basilika Notre-Dame de Genève** ist die römisch-katholische Hauptkirche der Stadt Genf. Bemerkenswert sind im Innern ihre reiche neugotische Ausstattung sowie die zahlreichen großen Glasfenster.*

Wir betreten die Kirche auf der dem Bahnhof zugewandten Seite und verlassen sie auf der anderen Seite. An der befahrenen Rue de Chantepoulet gehen wir 50 m links, dann biegen wir auf die zweite Straße, die Rue de Cornavin, rechts ab. Abwärts gelangen wir zum Place de Saint-Gervais und überqueren bei der Haltestelle Bel-Air den Fluss **Rhone**, der gerade erst den Genfer See verlassen hat.

*Die **Rhone** entspringt im Wallis und hat bis zur ihrer Mündung in der Camargue ins Mittelmeer eine Länge von etwas mehr als 800 km. Entlang dieses langen Flusslaufs ist Lyon die größte Stadt. Der Fluss war schon zu Zeiten des Römischen Reiches ein wichtiger Transportweg. Wir werden auf unserem Jakobsweg die Rhone aus verschiedenen Blickwinkeln erleben.*

Geradeaus weiter steigen wir in der Fußgängerzone die Rue de la Cité aufwärts, die anschließend als Grand-Rue weiterführt. Am Maison

*Die gelb-roten Mouettes sind Teil des öffentlichen Nahverkehrs.*

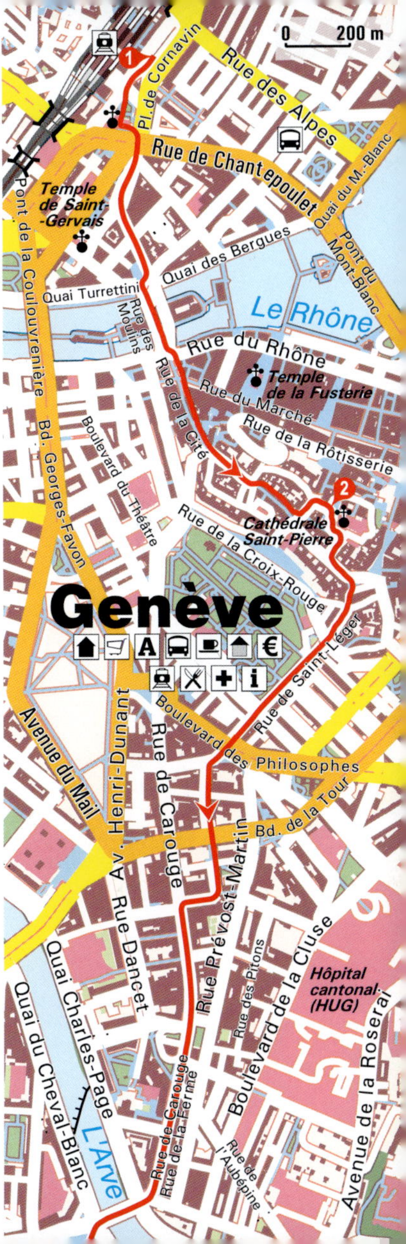

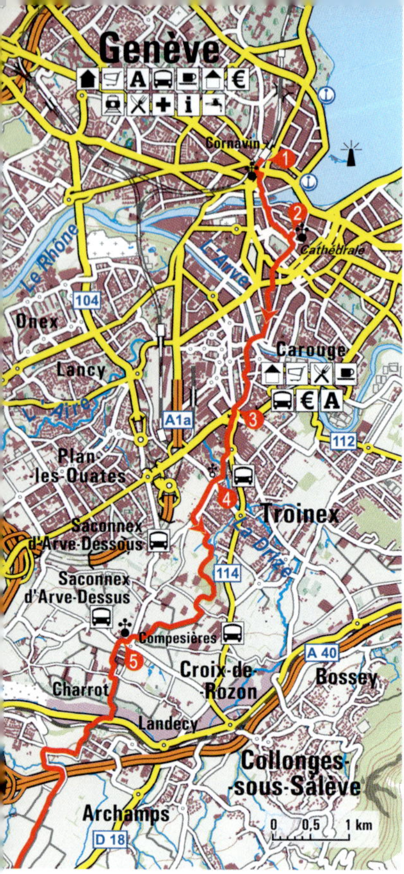


Tavel geht es auf der Rue du Puits-St-Pierre links, und im nächsten Gässchen nach rechts erreichen wir den Platz an der **Kathedrale Saint-Pierre (2)**.

*Die* ***Kathedrale Saint-Pierre*** *ist die reformierte Hauptkirche von Genf. Als Erstes sehen wir beim Näherkommen den klassizistischen Säulenportikus, den es erst seit dem 18. Jahrhundert gibt. Mit dem Bau der dreischiffigen Pfeilerbasilika wurde im 12. Jahrhundert, zunächst im Stil der Romanik, begonnen. Dann zogen sich die Bauarbeiten über ein Jahrhundert hin und damit kam der gotische Stil zum Zuge. Zu Beginn des 15. Jahrhunderts wurde das Gotteshaus um die Makkabäerkapelle erweitert, den Zugang dazu finden wir im Schiff hinten rechts. Der Turm der Kathedrale kann bestiegen werden, einen Stempel gibt es am Schriftenstand. Ein großer Jakobus befindet sich im Glasfenster im Chor, einen zweiten entdecken wir im Chorgestühl. Für Interessierte besteht die Möglichkeit, die archäologischen Ausgrabungen unter der Kirche zu besichtigen (Eingang außerhalb der Kathedrale).*

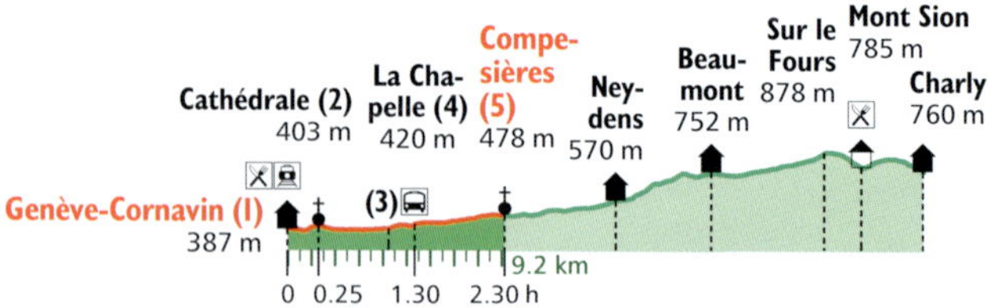

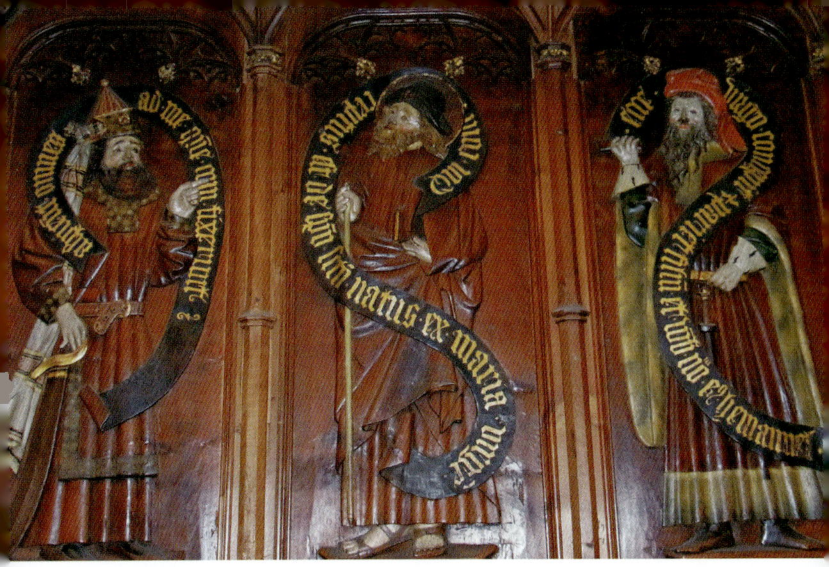


*Jakobus im Chorgestühl der Kathedrale in Genf.*

Mit Blick zur Kathedrale geht der Jakobsweg rechts weiter. Wir gehen also über den Place de la Taconnerie und dann auf der Rue de l'Hôtel de Ville nach links. So erreichen wir den hübschen und vor allem historischen Genfer Platz »Place du Bourg-de-Four«, von dem wir an der Fassade eines der unteren Häuser (über dem ersten Stock) eine große Muschel mit der Jahreszahl 1631 sehen. Nach rechts geht's die Treppe hinab und auf der Rue de Saint-Léger an der (meist geschlossenen) kleinen Kapelle St-Leger vorbei.
Wir überqueren den Boulevard des Philosophes und gehen 50 m später links (Rue de Voisins).
Immer geradeaus und dann rechts kommen wir zur belebten Einkaufsstraße Rue de Carouge, hier links. Geradeaus überqueren wir den breiten Fluss Arve auf der Brücke Pont de Carouge. Halblinks (Rue du Pont-Neuf) ist richtig. Links weiter auf der Rue Saint-Joseph erreichen wir den lang gestreckten Marktplatz und nach rechts die Kirche Sainte-Croix.

*i* *Seinen Namen hat* ***Carouge*** *von einer antiken oder frühmittelalterlichen Wegkreuzung. Die älteste Erwähnung des Ortsnamens lautete Quadruvium (lateinisch für »Kreuzung«), 1248 dann Carrogium. Im Jahre 1792 wurde Carouge französisch. 1816 teilte der Turiner Vertrag die Stadt Carouge dem Kanton Genf und damit der Schweizerischen Eidgenossenschaft zu.*

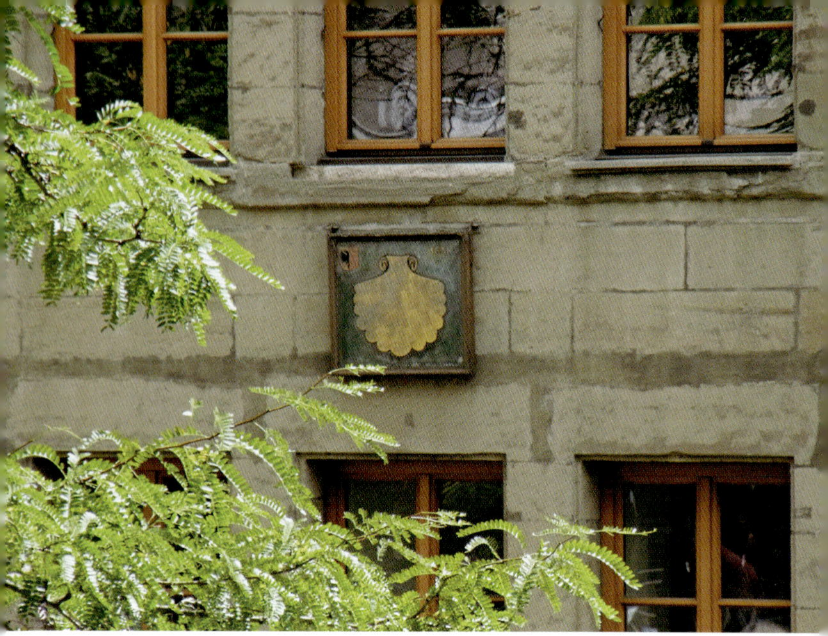

*Die Muschel am Place du Bourg-de-Four grüßt die Pilger.*

Links weiter geht es auf der Rue du Marché, die geradeaus in die Rue Ancienne übergeht und uns zum Place du Rondeau führt.
Am **Place du Rondeau (3)** nehmen wir dann die nach links ansteigende Route de Drize. Kaum 50 m nach dem nächsten Kreisverkehr biegen wir nach rechts auf den Fußweg Chemin du Bief à Dance ab. Wir kommen in ein Tälchen, überqueren den Steg über den Bach Drize, gehen etwas aufwärts und gelangen zum Platz der ehemaligen **Kapelle (4)**.

*i* *Auf der rechten Seite sehen wir die Fundamente der einstigen Kapelle, von der der Ort **La Chapelle** seinen Namen ableitet. Ein einladender Platz für einen meditativen Aufenthalt.*

Die Straße Route de La-Chapelle wird überquert und geradeaus wandern wir in **La Chapelle** auf der Route de Saconnex d'Arve. Links von uns erhebt sich die beeindruckende Felswand des Mont Salève mit dem markanten Funkturm, weiter links erkennen wir die Bergstation der Seilbahn. Beides befindet sich bereits in Frankreich.

Achten wir bei den letzten Häusern auf der linken Seite auf die Abzweigung nach links. Wir wandern auf dem Sentier des Etangs de la Bistoquette auf den Wald zu. Die Route führt gut markiert und mit einigem Zickzack durch den Wald sowie dann wieder über Felder. Auf dem Chemin des Régets und dem Chemin de la Badosse haben wir die ehemalige Johanniterkomturei Saint-Sylvestre in **Compesiéres** vor Augen und halten darauf zu.

*i* *Die kleine Ansiedlung* ***Compesières*** *gehört heute zur Gemeinde Bardonnex. Von der ehemaligen Johanniterkomturei (später des Malteserordens) hat sich nur der Wohntrakt erhalten. Die Kirche und die Ökonomiegebäude wurden in nachmittelalterlicher Zeit durch Neubauten ersetzt. Zu den Hauptaufgaben des Johanniter-Ritterordens, der seit dem 12. Jahrhundert auch im Gebiet der heutigen Schweiz ansässig war, zählten neben der Verteidigung der christlichen Werte vor allem die Krankenpflege und die Pilgerfürsorge. Die beachtenswerte Wappendecke der Kirche Saint-Sylvestre zeigt religiöse Symbole, Wappen der Kommandeure und Kameen (erhabene Reliefs). Ein Pilgerstempel liegt aus.*

*Über die Gemüsefelder haben wir die ehemalige Johanniterkomturei im Blick.*

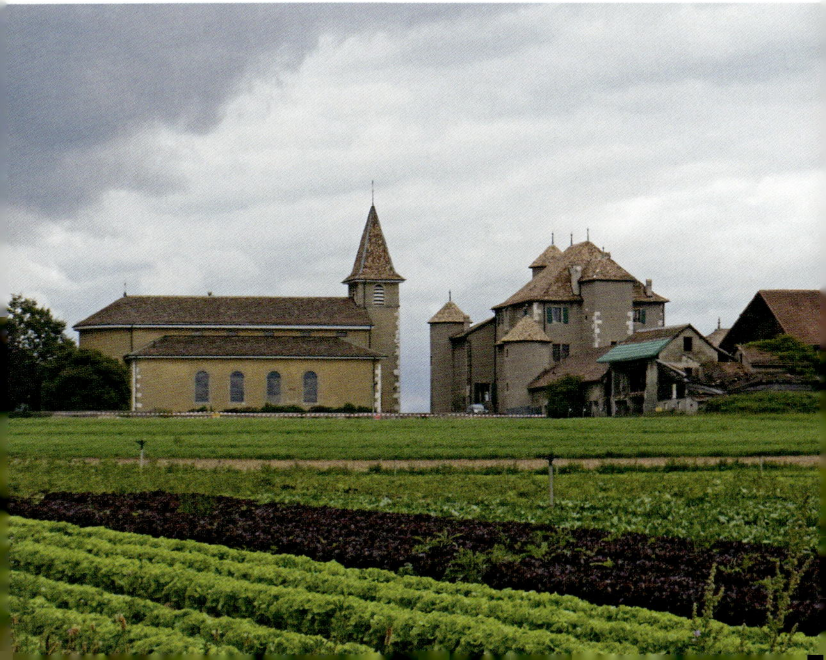

## Frankreich und die Region Rhône-Alpes

Der Boden, auf dem wir ab dem Genfer See bis hin nach Le Puy-en-Velay wandern, ist uraltes Siedlungsgebiet. Vor den Römern war diese Region bereits von den Allobrogern, einem Stamm der Kelten, bewohnt. Die Stadt Vienne, die direkt an der Rhone liegt, war damals ihre Hauptstadt. Im Buch »De bello Gallico« von Caesar hatte Genf noch den Namen »Extremum oppidum Allobrogum«. Im Jahre 61 v. Chr. fand ein letzter Aufstand der Allobroger statt, danach gab es nur noch römische Provinzen. Noch heute wird mit der Benennung von Straßen an diese frühen Ureinwohner der Region erinnert.

Die Region Rhône-Alpes besteht heutzutage aus acht Departements: Ain, Ardèche, Drome, Isère, Loire, Rhône, Savoie und Haute-Savoie. Mit mehr als 6 Millionen Einwohnern ist dies die zweitgrößte, von der Fläche her die drittgrößte Region in Frankreich. Ihre Hauptstadt ist Lyon.

Aufgrund der zentralen Lage in Europa wurde hier schon immer Handel getrieben. Waren im 19. Jahrhundert neben der Landwirtschaft die Textilbranche und die Metallindustrie eine Einkommensquelle für die Bewohner, so sind es nun neben diversen Kleinbetrieben die Forschungslabore und die Chemie, mit denen die Menschen ihren Unterhalt verdienen.

Eine Besonderheit dieser Region ist der »Pfarrer von Ars« (Curé d'Ars), der entlang unserer Route in fast jeder Kirche präsent ist. Dieser katholische Heilige wurde 1776 als viertes von sechs Kindern mit dem bürgerlichen Namen Jean-Marie Baptiste Vianney geboren. Er wurde Priester und Dorfschullehrer. Zur Erziehung von Halb- und Vollwaisen gründete er ein Rettungshaus und war vielfältig aktiv. Ab dem Jahr 1826 wurde der kleine Ort Ars-sur-Formans bei Lyon, in dem er tätig war, zum Pilgerort. Es kamen täglich Hunderte von Menschen, um den Prediger Vianney zu hören. In seinem Sterbejahr 1859 sollen ihn jährlich bis zu 100.000 Menschen aufgesucht haben. Überliefert wird, dass Vianney bis zu vierzehn Stunden täglich im Beichtstuhl saß, daneben aber noch Krankenbesuche machte und Religionsunterricht erteilte. Zahlreiche Speisungs- und Heilungswunder werden ihm zugeschrieben, darüber hinaus soll er auch seherische Fähigkeiten besessen haben. Nach seiner Seligsprechung durch Papst Pius X. wurde er 1925 von Papst Pius XI. heiliggesprochen. Sein Festtag ist der 4. August. Als »Heiliger Pfarrer von Ars« ist er seit 1929 Schutzpatron der Pfarrer.

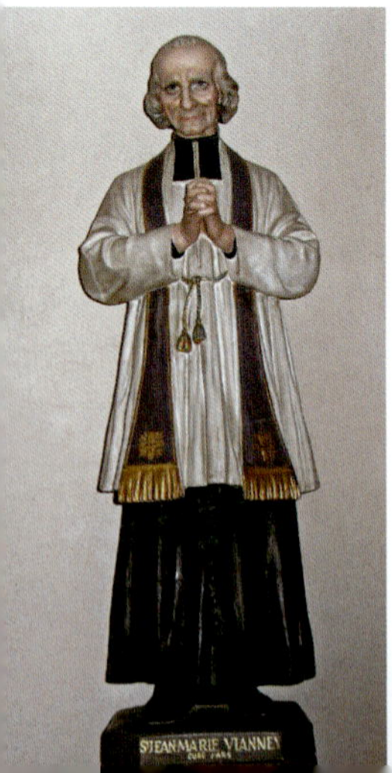

*Der Pfarrer von Ars.*

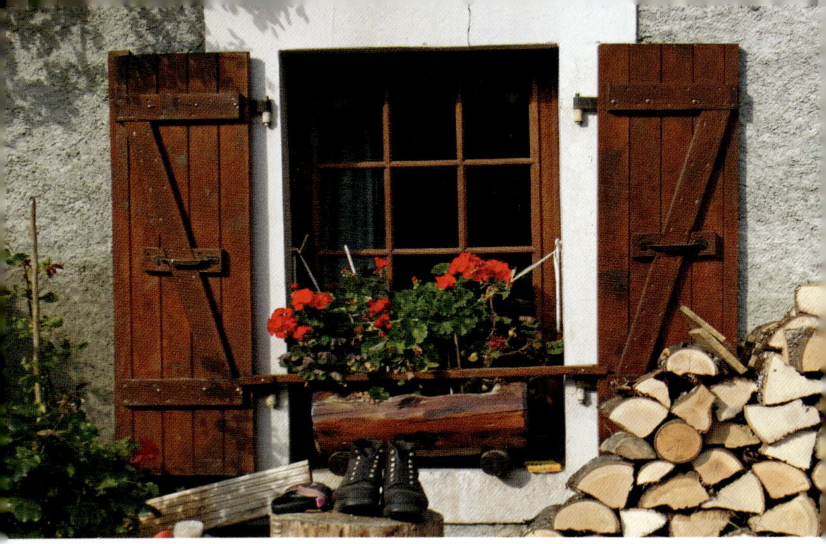

*Dörfliche Idylle.*

## Haute-Savoie / Hochsavoyen

Die Hauptstadt des Departements Haute-Savoie/Hochsavoyen ist Annecy. Im Osten grenzt das Departement an die Schweiz und Italien.
Die Landschaft in Hochsavoyen ist bergig, ja zum Teil sogar hochalpin. Bei guter Wetterlage haben wir die vergletscherten Gipfel mit dem höchsten Berg der Alpen, dem Mont Blanc mit 4810 m Höhe, im Blick. Daneben ist das Wasser ein prägendes Landschaftselement, es gibt viele Seen und Flüsse, von denen die Rhone der markanteste Flusslauf ist.
Hochsavoyen blickt auf eine wechselvolle Geschichte zurück. Die Region war schon immer in Richtung Genf orientiert. Früher waren es besonders die Uhrenmacherei und die Zulieferung von Uhren-Teilen nach Genf. Daneben entwickelte sich der Tourismus in den Skigebieten der französischen Alpen. Auch heute noch beeinflusst der Raum Genf deutlich spürbar die Wirtschaftslage in Hochsavoyen. Es gibt rund 30.000 Grenzgänger, sogenannte *frontaliers*, die in Genf arbeiten und in Haute-Savoie leben.
Auf dem Jakobsweg in Hochsavoyen ist die Markierung zuverlässig. Die Wegweiser sind jeweils mit Namen versehen, auch die jeweilige Höhe und die Gehzeiten zu den nächsten Zielen werden angegeben.
Sehr gut: Wer sich mit den französischen Ortsnamen nicht so leicht tut, gewöhnt sich schnell an den Pfeil mit der allgemeinen Richtung »Saint-Jacques-de-Compostelle«.

## 2 Compesières – Charly

5.30 Std.
18 km

**Herbergen: Neydens** (560 m, 1900 EW): Campingplatz La Colombière, April bis Oktober geöffnet, 166 Chemin Neuf, Schlafräume mit insgesamt 15 B/Ü 15 €, F 8 €, Tel. +33 4 5035 1314.
**Charly** (zu Andilly, 790 m): Relais Chez Odette, Gîte d'Etape communal, 30 Place Saint-Jacques de Compostelle, 15 B/Ü 10 €, Küche 8–20 Uhr, keine Lebensmittel, Rathaus Tel. +33 4 5044 2143, +33 6 0826 9941.
**Unterkunft: Mont Sion** (785 m, zu Saint-Blaise): Inter-Hotel Rey, 131 Route d'Annecy, 30 Zimmer/HP EZ 90 €, DZ 140 € (Preise je nach Saison), Tel. +33 4 5044 1329, hotel-rey.com.
**Die Strecke:** Auf Teerwegen, (Wald-) Pfaden und Feldwegen wandern wir mit kilometerweiten herrlichen Blicken aufwärts zum Col du Mont Sion und eindrucksvoll aussichtsreich weiter bis Charly.
**Höhenunterschied:** 520 m im Aufstieg, 240 im Abstieg.
**Kritische Stellen:** Keine.
**Landschaft:** Ein grandioser Auftakt: Wie auf einem riesigen Aussichtsbalkon wandern wir durch eine herrliche Bilderbuchlandschaft, eingerahmt von alpinen Berggipfeln und wunderbaren Blicken hinab ins Rhonetal. Manchmal sehen wir Flugzeuge im Anflug auf den Genfer Flughafen.
**Infrastruktur:** Neydens
La Forge (Bäckerei) (Bar)
Verrières (700 m)
Beaumont
Jussy (735 m) (Bäckerei)
Saint Blaise (785 m) (Friedhof)
Col du Mont Sion
Charly
**Anmerkungen:** (1) Für den Grenzübertritt sind gültige Reisedokumente erforderlich. Es sind nur anmeldefreie Waren im Gepäck erlaubt.
(2) Die Markierung des Jakobswegs wechselt mit dem Grenzübertritt.
(3) Viele Bewohner von Neydens arbeiten in der Schweiz, daher ist der Ort (nicht die Kirche!) von Genf aus mit dem Bus erreichbar.
(4) Von Neydens bis Frangy keine Einkaufsmöglichkeit!

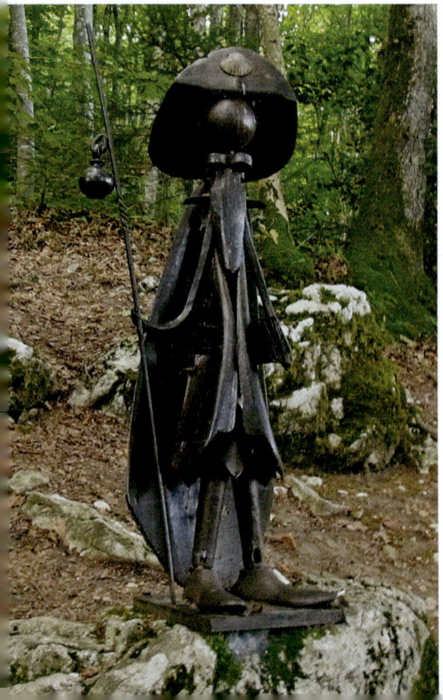

An der Kirche in **Compesières (1)** überqueren wir die Straße und nehmen den mit der weißen Vier im grünen Feld sowie der blauen Umrandung mit gelber Muschel gekenn-

*Pilgerstatue hinter Beaumont.*

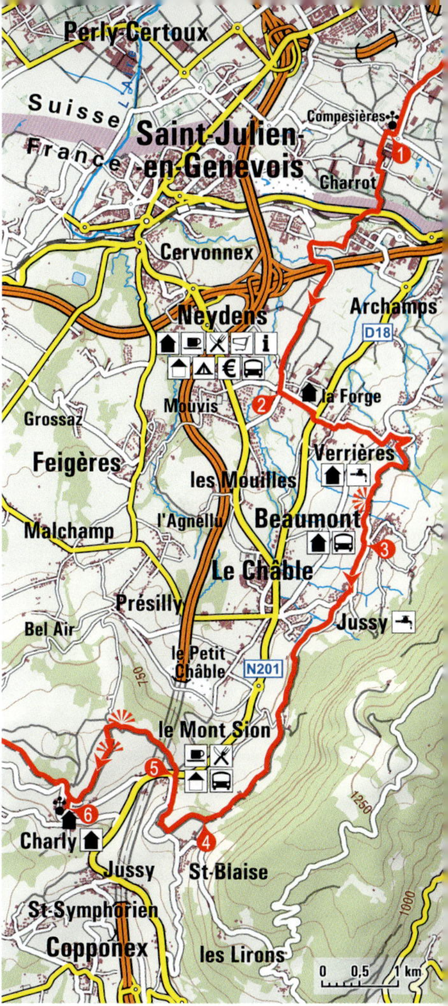


zeichneten Fußweg in Richtung Charrot und Neydens. 5 Minuten später ist der kleine Ort **Charrot** erreicht.

Wir gehen an der Straße links und am Kreuz rechts auf den Chemin de la Checande. Am Wegrand gibt es eine Selbstbedienungs-Stempelstelle mit Informationen.

Mit schönen Blicken auf den Mont Salève (auf den man bereits seit 1932 mit der Seilbahn hochfahren kann) legen wir geradeaus weiter die letzten Schritte in der Schweiz zurück.

An der Schranke im Tal des Baches Arande wird die Grenze zu Frankreich überschritten, danach die Straße. Auf dem Chemin de Crêts d'Acier geht es über die Bahnlinie hinweg, dann rechts weiter. Kleine blaugelbe Muschelaufkleber und größere Muschelmarkierungen an den Holzpfosten begrüßen uns in Frankreich und weisen zuverlässig die Richtung.

Wir treffen bei **Archamps Technopole** auf eine kleine Landstraße, gehen geradeaus und um die Kurve: Der kleine Weiler **Lathoy** ist erreicht.

Am Wegweiser Chez Jacques links und nach dem Bach wieder links wandern wir etwas bergauf und überqueren auf der Brücke die Autobahn A 40.

Geradeaus weiter halten wir über die Felder auf Neydens zu.

Wir erreichen auf dem Chemin du Mal Pertuis, dann auf dem Chemin D'Huffin die Kirche mit dem Gefallenendenkmal von **Neydens (2)**.

Links weiter auf dem Chemin Neuf ist richtig, und am Campingplatz (mit Metall-Jakobus-Kunstwerk) vorbei erreichen wir den kleinen Ortsteil **La Forge**.

*Die **Eichen** am Wegrand sind 200 bis 250 Jahre alt. Das Holz einiger Bäume wurde gegen Ende des 19. Jahrhunderts für den Bau der Bahnlinie von Saint-Julien-en-Genevois nach Annemasse für die Eisenbahnschwellen verwendet.*

Der Jakobsweg biegt an der Straße D 18 rechts ab und 70 m später links. Auf dem Chemin de Cire beginnt der Aufstieg, der sich nun mehr oder weniger bis zum Col du Mont Sion hinziehen wird.
Oben links und 50 m später rechts auf dem Chemin de la Chapelle geht es weiter aufwärts nach **Moisin** und **Verrières** sowie an der kleinen Kapelle **Notre-Dame de la Paix** vorbei. Links auf der Route de Croisettes schauen wir bereits

***Neydens** liegt an der alten Römerstraße von Annecy nach Genf. Die neugotische Kirche Saint-Laurent wurde zu Beginn des 20. Jahrhunderts erbaut und ist meist geöffnet. Das markante Gefallenendenkmal auf der Kreuzung bei der Kirche wurde auf dem Sockel eines ehemaligen römischen Meilensteins errichtet. Auf dem Steinkreuz lesen wir an der Seite das Jahr 1780.*

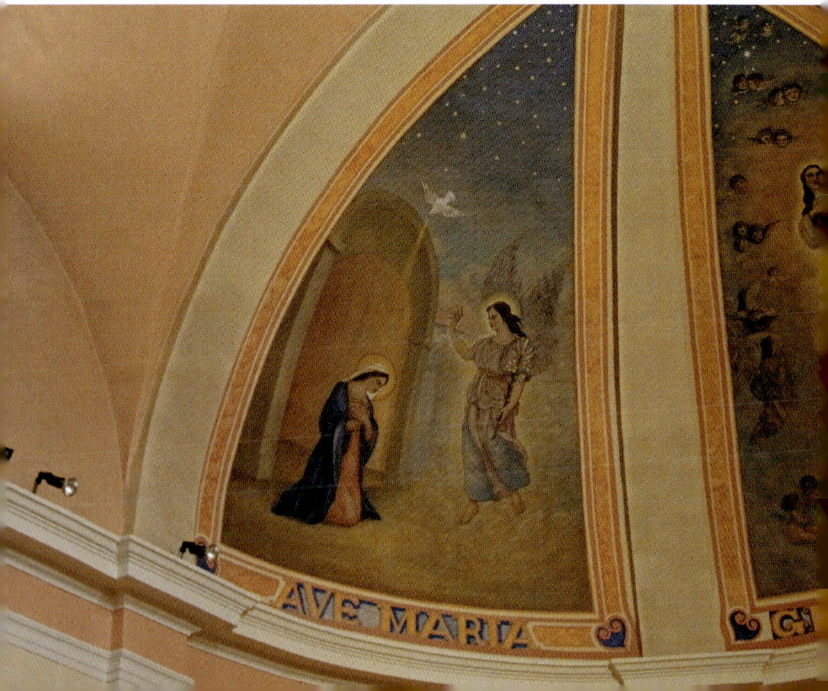


*Die Verkündigungsszene – Erzengel Gabriel an Maria – in der Kirche von Beaumont.*

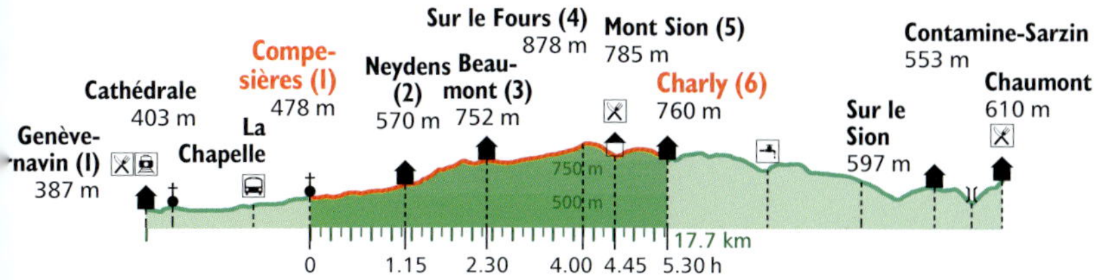


weit ins Rhonetal hinunter. Rechts auf dem Chemin de Verrières und geradeaus aufwärts erreichen wir den alten Ortskern mit Wegweiser und Wegkreuz. Nach rechts und dann links verlassen wir die kleine Ansiedlung (Chemin du Pan du Cire). Bei klarer Sicht schauen wir ins Rhonetal und bis hin zum markanten Jet d'eau des Genfer Sees zurück.

Rechts haltend weiter wandern wir auf einem Pfad über eine Weide mit wunderbar weiten Ausblicken. Im Vorblick erkennen wir im Landschaftsbild eine leichte Senke, das ist der Col du Mont Sion.

Wir steuern auf Bauernhöfe zu und unser Jakobsweg mündet in die Straße. Nach links erreichen wir auf der Straße Route des Fruitières **Beaumont (3)**. Auf der D 177 (Route du Salève) wandern wir nach **Jussy**. Im Ort verlassen wir die D 177 geradeaus, gehen an der Gabelung 50 m später rechts und genießen die weiten Blicke. Auf der Route de Pomier erreichen wir ein Gehöft, hier müssen wir links in den Wald abbiegen. Kurz darauf gehen wir rechts und kommen dann im Wald zu Bänken und einer hübschen Pilger-Statue. Wenig später ist das Anwesen **Chartreuse de Pomier** erreicht.

Links aufwärts und dann geradeaus weiter wandern wir an den wenigen Gebäuden vorbei und auf die Felder hinaus. Auf zum Teil etwas matschigen Pfaden geht es weiter.

*i In **Beaumont** sehen wir vor der Kirche eine Jakobusstatue, in der geöffneten Kirche eine prächtige Fensterrosette. Die Gestaltung des Chorraumes mit Mariendarstellungen wirkt besinnlich und lädt zu stiller Einkehr ein.*

Am **Wegweiser Sur le Fours (4)** haben wir den Anstieg zum größten Teil hinter uns. Wir gehen rechts weiter und es eröffnen sich uns erneut die weiten Ausblicke bis hin nach Genf mit dem Jet d'eau. Der Ort vor uns ist Saint-

*i Das ehemalige Kloster **Chartreuse de Pomier** wurde 1170 gegründet und beherbergte die vorüberziehenden Pilger. Heute ist die Anlage im Privatbesitz und wird gerne für Seminare oder auch Hochzeiten genutzt.*

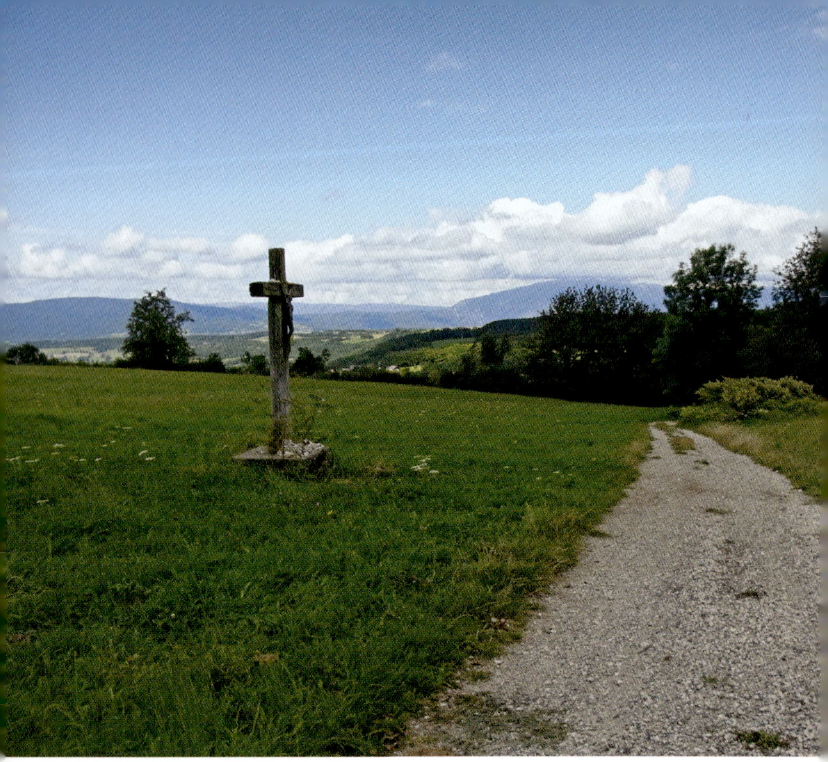

*Genießen wir die weiten Fernblicke – sie sind Nahrung für die Seele!*

Blaise, wir biegen am außerhalb gelegenen Friedhof jedoch rechts ab und berühren ihn nicht.
Geradeaus weiter und dann abwärts wandern wir, an einem Wegkreuz vorbei und mit wunderbar herrlichen Sichten, auf die kleine Ansiedlung **Mont Sion** zu. Geradeaus geht es beim Col du Mont Sion über die Straße D 1201 hinweg **(5)** (Wartehäuschen mit Bank).
Etwas ansteigend erreichen wir die nächste Anhöhe und genießen immer noch die unglaublich weiten Fernblicke. Am Kreuz Croix de Vin biegen wir links ab und spazieren durch eine herrliche Bilderbuchlandschaft abwärts nach **Charly *(6)***.
***Hinweis:*** *Zur Herberge und zur* ***Jakobuskapelle*** *gehen wir im Ort links auf dem Chemin de Sons 100 m hinab, der Jakobsweg führt dagegen geradeaus weiter.*

*i* *Der kleine Ort* ***Charly*** *hat am Place Saint-Jacques de Compostelle eine sehenswerte spätgotische Jakobuskapelle, die tagsüber von 8 bis 19 Uhr geöffnet ist. Sie stammt aus dem 15. Jahrhundert und Generationen von Pilgern haben in diesem kleinen Gotteshaus schon gesungen und gebetet. Über dem Eingang sehen wir eine Jakobusfigur, auch in den Glasfenstern sind die beiden Apostel Jakobus und Petrus abgebildet. Die kommunale Herberge Relais Chez Odette befindet sich gleich neben der Jakobuskapelle.*

*Leuchtende Glasfenster in Charly: Jakobus der Ältere und Petrus.*

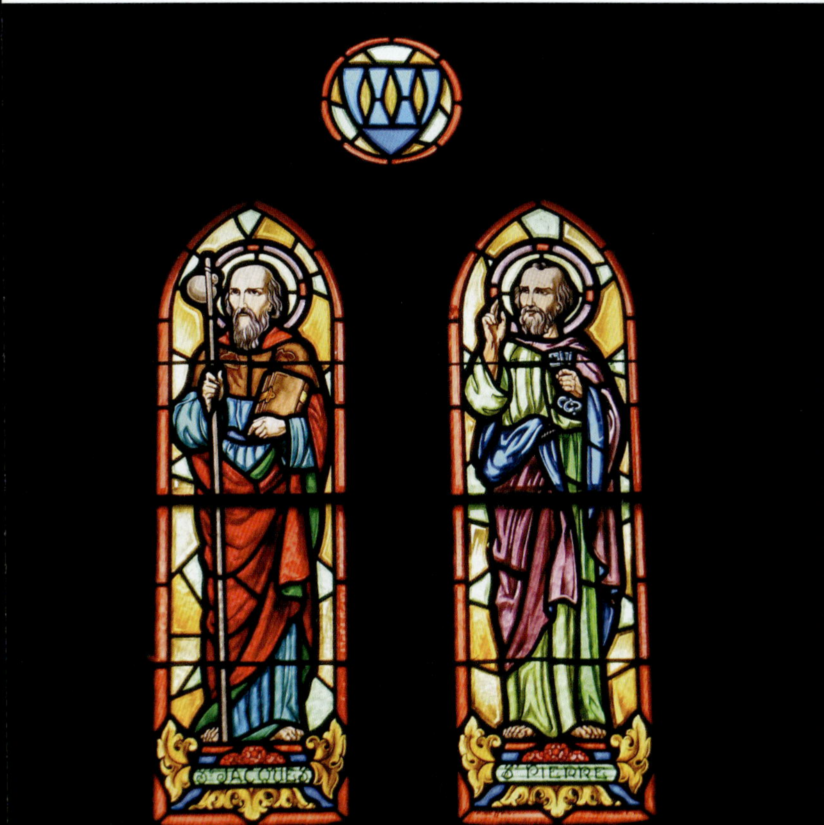

# 3 Charly – Chaumont

**4.45 Std.**
**16,5 km**

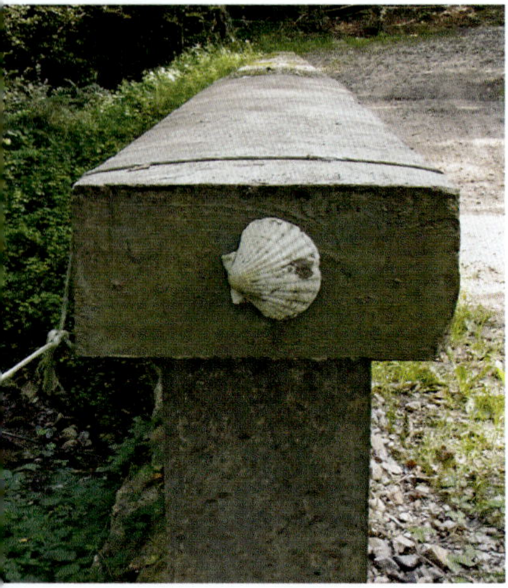

*Brücke Pont Peccaud mit Jakobsmuschel.*

**Herbergen: Chaumont:** Gîte d'Étape LÉsperance, 12 B, Tel. +33 6 78011958.
**Unterkunft: La Motte** (zu Cernex): La Chenaz, 2296 Route de la Motte, HP/DZ 120 €, Tel. +33 6 7544 5431.
**Contamine-Sarzin**: CH Chez Barrak, 2B/Ü 24 €, F 5 €, Mahlzeit 15 €, Tel. +33 7 8601 2882, chezbarrak.fr; man kann abgeholt werden.
**Chaumont** (600 m): (1) Chambre d'hôtes Geneviève und Michael Mossière, 108 Route des Roches (an der Kirche geradeaus weiter), 3 Zi/ÜF EZ 50 €, DZ 70 €, Küche, Tel. +33 4 5032 2797. (2) CH Fam. Revillon, 136 Ruelle du Pralet, DZ/ÜF 60 €, Tel. +33 6 7102 3841, +33 9 7557 0875.
**Die Strecke:** Auf Teerwegen, (Wald-)Pfaden und Feldwegen wandern wir mit kilometerweiten herrlichen Blicken. Steiler gerölliger Abstieg hinter Contamine-Sarzin zur Brücke Pont du Pissieu und dann wieder steiler Anstieg in Richtung Chaumont.
**Höhenunterschied:** 420 m im Aufstieg, 570 im Abstieg.
**Kritische Stellen:** (1) Überraschender Abzweig in Contamine-Sarzin noch vor der Kirche nach rechts.
(2) Überraschender Abzweig in Le Malpas nach rechts zwischen die Häuser.
**Landschaft:** Die weiten Ausblicke in die alpinen Bergregionen und in die hügelige Landschaft begleiten uns auch bei dieser Etappe.
**Infrastruktur:** La Motte
Contamine-Sarzin
Chaumont (kleiner Laden bei der Kirche, 7.30–19.30 Uhr geöffnet)
**Anmerkung:** Beim Bergabgehen kleine Schritte machen und dabei leicht in die Knie gehen, das schont die Gelenke.
**Variante:** Ab dem Wegweiser Sur le Sion ist eine Variante über den Ort Marlioz ausgeschildert. Sie trifft in Contamine-Sarzin wieder auf die Route.

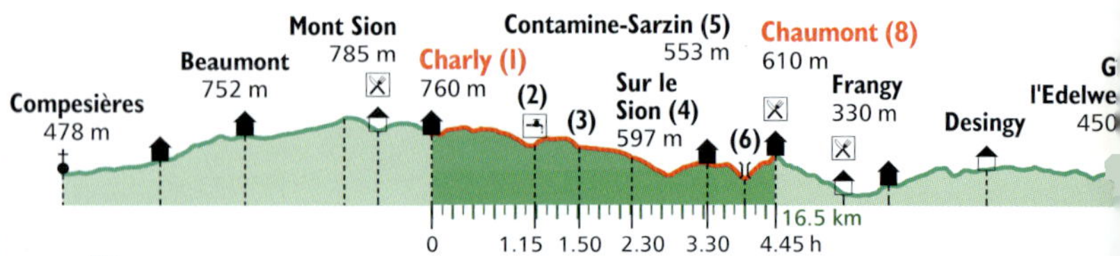

Von der Jakobuskapelle in **Charly (1)** gehen wir 100 m aufwärts und biegen links auf den Chemin des Sons ab. Auf dem Vi de Pétaly geradeaus weiter kommen wir zur Straße D 23, der wir nach rechts folgen.
Nach der Kurve biegt unsere Route rechts aufwärts ab. Faszinierende Fernblicke eröffnen sich uns. Immer geradeaus über die Felder erreichen wir das Wegkreuz La Croix Biche an der Straße.
Der Jakobsweg biegt links haltend ab in Richtung Chaumont. Beim Gehen sehen wir nochmals bis Genf und den Genfer See. Auf der aussichtsreichen Hochfläche erreichen wir die kleine Ansiedlung **Chez Gresat** (zu Cernex). Links weiter sind wir richtig und nehmen dann den Feldweg geradeaus. Sanft abwärts gelangen wir in den kleinen Ort **La Motte**.
An der Straße nach rechts und dann links in Richtung Chavannaz wandern wir an einer Bushaltestelle vorbei, die sich als Rastplatz anbietet **(2)** (Wasser). Anschließend gewinnen wir an Höhe und werden – Achtung – am Waldrand nach links gewiesen. An der Gabelung rechts ansteigend weiter wandern wir durch ein Waldstück. Der Weg verengt sich zu einem Pfad. Nochmals rechts haltend weiter erreichen wir durch dichten Wald den Waldrand mit weitem Ausblick.

*Es eröffnen sich immer wieder herrliche kilometerweite Fernblicke.*

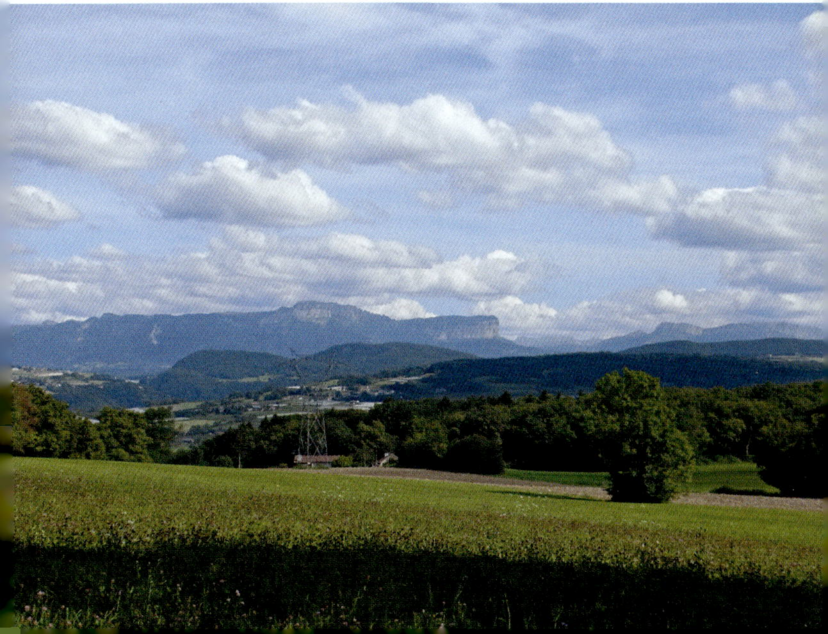

Weiterhin rechts haltend geht es abwärts. Auf dem Sträßchen **(3)** gehen wir links auf dem Chemin de Compostelle auf die Häuser von **Verney** (zu Minzier) zu. Geradeaus folgen wir dem Teersträßchen und verlassen dieses dann beim Parkplatz geradeaus in den Wald. Der etwas holprige Waldweg führt leicht abwärts und zum Schluss mit weiter Aussicht – bei klarer Wetterlage bis zum Mont Blanc – bis zum Waldeck am **Wegweiser Sur le Sion (4)**.
***Hinweis:*** *An dieser Stelle ist geradeaus eine Variante über* ***Marlioz*** *mit seiner Jakobuskapelle beschildert. Sie trifft kurz vor Contamine-Sarzin wieder auf die Hauptroute.*
Der Jakobsweg geht nach rechts auf der Route du Cret weiter. Von der Straße biegen wir nach 400 m beim Wegweiser Les Coquetières (mit Bank) links ab. Geradeaus abwärts und danach links haltend weiter über die Straße hinweg gelangen wir in das Tal. Die überraschend breite Brücke Pont Peccoud über den Bach Coquetière wird überquert, danach steigen wir aufwärts und gehen auf dem Sträßchen rechts weiter.

*Die reich mit Blumen geschmückte Lourdes-Grotte bei Contamine-Sarzin.*

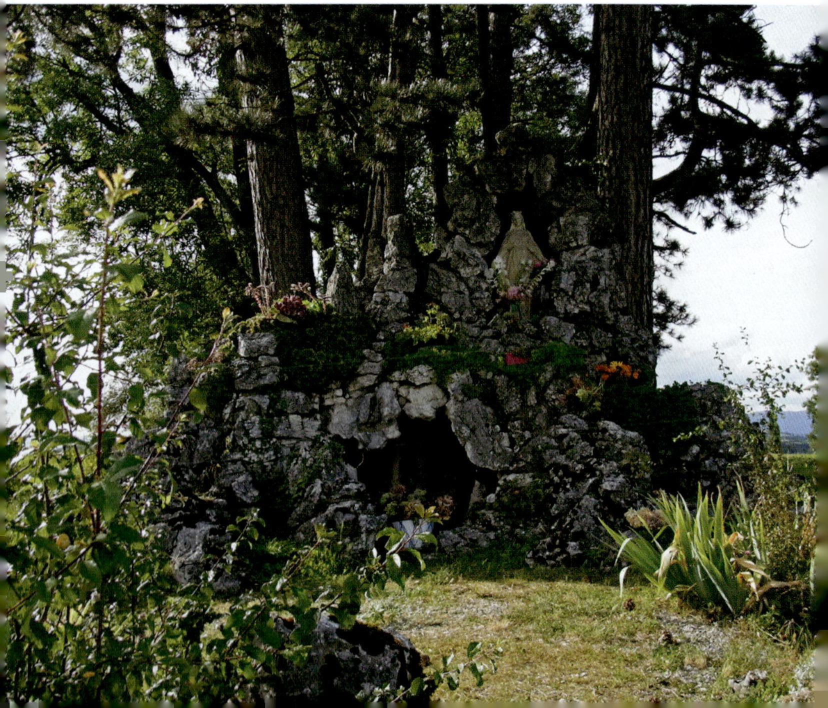

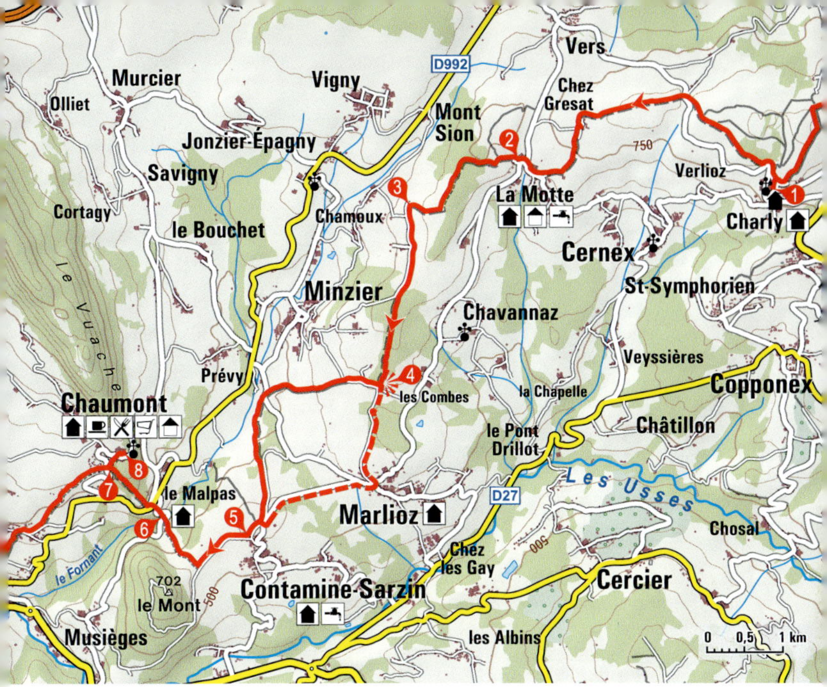


Wir treffen auf die D 123, gehen rechts und biegen davon jedoch gleich wieder rechts haltend auf die Route de la Grotte ab. An einer Lourdesgrotte vorbei (Wasser) erreichen wir **Contamine-Sarzin (5)**.

*i* *Der kleine* ***Ort Contamine-Sarzin*** *hat eine aussichtsreiche Lage inmitten der hügeligen Landschaft der Montagne de Vuache und blickt auf eine sehr lange Siedlungsgeschichte zurück. Der Name leitet sich vom lateinischen Begriff »condominium« ab, was übersetzt »gemeinsam verwalteter Besitz« bedeutet. Der Abstecher zur geöffneten Kirche Notre-Dame ist kurz, es gibt ein Buswartehäuschen mit Bank.*

Rechts weiter verlassen wir den kleinen Ort schon wieder und wandern auf der Route de Musièges auf die Felder und Obstplantagen hinaus. Vor uns erhebt sich der Mont, ein markant geformter Berg. Noch deutlich vor diesem Berg biegen wir rechts ab und gehen dann geradeaus haltend auf dem Grasweg weiter. Im Wald steigen wir auf einem steilen, gerölligen Steig abwärts. Geradeaus weiter abwärts gelangen wir zur Brücke **Pont du Pissieu (6)**.

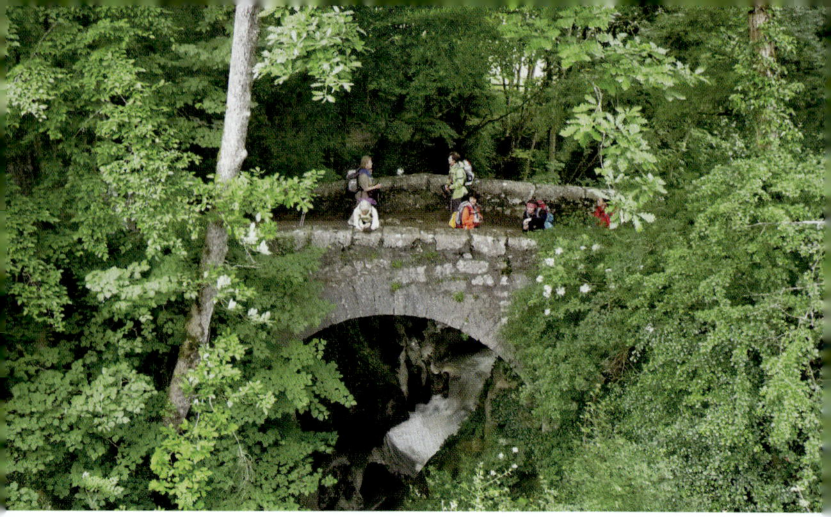

*Alte Steinbrücke Pont du Pissieu mit eindrucksvoller Schlucht.*

*Der Bach **Fornant** hat sich an dieser Stelle unter der alten Brücke **Pont du Pissieu** eine eindrucksvolle Schlucht in den felsigen Untergrund gegraben. Auch der Blick von der nebenan befindlichen Straßenbrücke hinab auf den Wasserfall Cascade de Borbannaz ist eindrucksvoll.*

Geradeaus weiter folgt der Anstieg nach **Le Malpas**, dabei wird die Straße dreimal gekreuzt. Oben gehen wir links und danach geradeaus. Achtung, dann zweigt der Jakobsweg überraschend nach rechts auf den schmalen Steig Chemin Bataillard zwischen den Häusern ab. Steil aufwärts und am Kletterfelsen Rocher Batallaird vorbei erreichen wir am **Wegweiser Chez Margoet (7)** die ersten Häuser von Chaumont.
***Hinweis:*** *Der Jakobsweg biegt an dieser Stelle links abwärts ab, das nächste Ziel lautet Frangy.*
Zur Kirche, zur Gîte und zu den Chambres d'hôtes von **Chaumont** nehmen wir rechts auf den Pfad und gewinnen nochmals an Höhe. Oben rechts geht es zur **Kirche Sainte-Agathe (8)**.

*Die leuchtenden Glasfenster der Kirche **Sainte-Agathe** erinnern an Mosaikarbeiten. Die Kirchengemeinde gehört zum Kirchensprengel Saint Jacques Val des Usses. Über den Häusern sehen wir die Ruine der von den Grafen von Genf im Jahre 1124 erbauten Burg. Bei klarer Wetterlage ist der Gipfel des Mont Blanc zu erkennen.*

5 Std.

16,5 km

# Chaumont – Gîte l'Edelweiss / Seyssel

4

**Herbergen: Les Côtes d'en Haut-Le Praz:** Gîte d' Etape L'Edelweiss, Les Côtes 478, geschlossen 31.11.–01.03., 45 B/Ü 28 €, HP ab 38 €, Tel. +33 4 5056 0475, +33 6 1140 8383.

**Unterkunft: Frangy** (325 m, 2000 EW): (1) Auberge La Cave de la Ferme, 302 Rue du Grand Pont, ÜF/EZ 36 €, DZ 49 €, Tel. +33 4 5044 7504. (2) CH Bérangere Baudet, 20 Rue de la Vierge, Ü DZ 50 €, Tel. +33 7 8199 4877, (3) CH La Moisyane, mit Abholung, 31 Chemin de la Fontaine, EZ/Ü 33 €, DZ 46 €, F 5 €, Tel. +33 6 7081 5259.

**Desingy-Pelly:** Gîte de Pelly im Schloss, Anne und Gilles, 761 Route de Chatel, ÜF/EZ 38 €, DZ 68 €, Tel. +33 9 5458 8331, +33 6 8072 1533.

**Seyssel:** Hotel Beau Sejour, 3 Quai du Rhone, 10 Zi/ÜF DZ 60 €, Tel. +33 4 5056 1184.

**Die Strecke:** Zu Beginn geht es auf (Wald-)Pfaden und Feldwegen abwärts nach Frangy, dann wieder ansteigend bis kurz vor Desingy. Anschließend wandern wir nur noch sanft hügelig auf aussichtsreichen Pfaden und Teersträßchen.

**Höhenunterschied:** 380 m im Aufstieg, 540 im Abstieg.

**Kritische Stellen:** Keine.

**Landschaft:** Die weiten Ausblicke in die Bergregionen und in die Täler sowie herrlich weite Blicke zurück nach Chaumont begleiten uns bei dieser Etappe.

**Infrastruktur:** Frangy (Place de l'Eglise, Tel. +33 4 5032 2640)

Desingy

Pelly

Les Côtes d'en Haut

Seyssel (2 Chemin Fontaine, Tel. +33 4 5059 2656).

**Anmerkung:** Zwischen Frangy und Seyssel kommen wir nur durch kleinere Weiler ohne Einkaufsmöglichkeit.

**Variante:** Gegen Ende dieser Etappe am Wegweiser Sous les Ralles gabelt sich die Route des Jakobswegs. Die Variante hinab nach Seyssel ist mit einem zusätzlichen gelben Punkt auf der Muschelmarkierung gekennzeichnet. Sie biegt am Wegweiser rechts abwärts in den Ort ab (plus 3 km, 45 Min.). Kurz vor der Brücke Ponte du Fier (siehe nächste Etappe) südlich von Seyssel treffen sich die beiden Routen wieder.

*Links: Kirchenfenster mit Jakobsmuschel in Frangy; rechts: Das gibt neue Energie!*

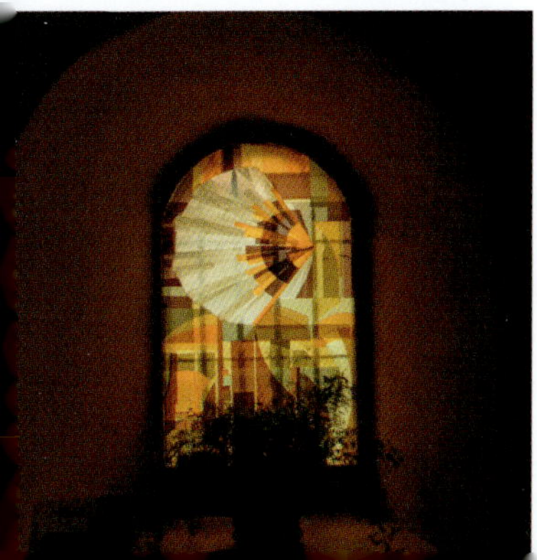

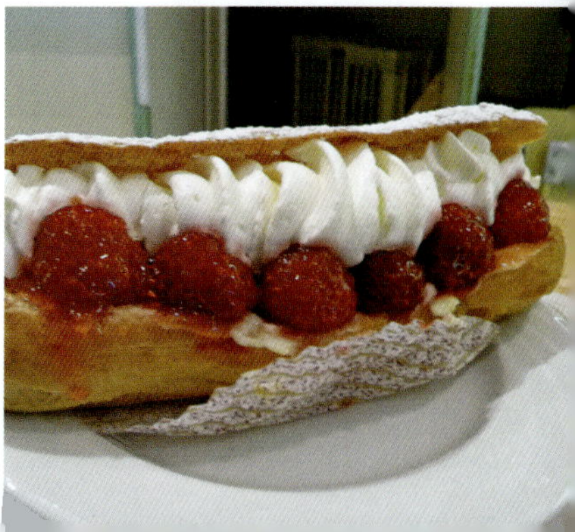

Von der Herberge und der Kirche in **Chaumont (1)** gehen wir auf dem Pfad hinab zum **Wegweiser Chez Margoet (2)** und geradeaus weiter abwärts in Richtung Frangy – das ist auch die Richtung Saint-Jacques-de-Compostelle. Vom Teersträßchen biegt der Jakobsweg rechts haltend auf einen Grasweg ab. Über die Weinberge hinweg haben wir nochmals das prachtvolle Bergpanorama vor Augen.

Wir wandern abwärts und wenden uns an der nächsten Straße nach rechts. Wir wandern auf der Route de Planet und Route des Daines durch den kleinen Weiler **Collonges** und nehmen die Rue du Pavé links abwärts.

Nochmals gehen wir vor dem Anwesen links und weiterhin etwas abwärts. Im Wald gehen wir rechts **(3)**, an der nächsten Gabelung ist der untere Weg

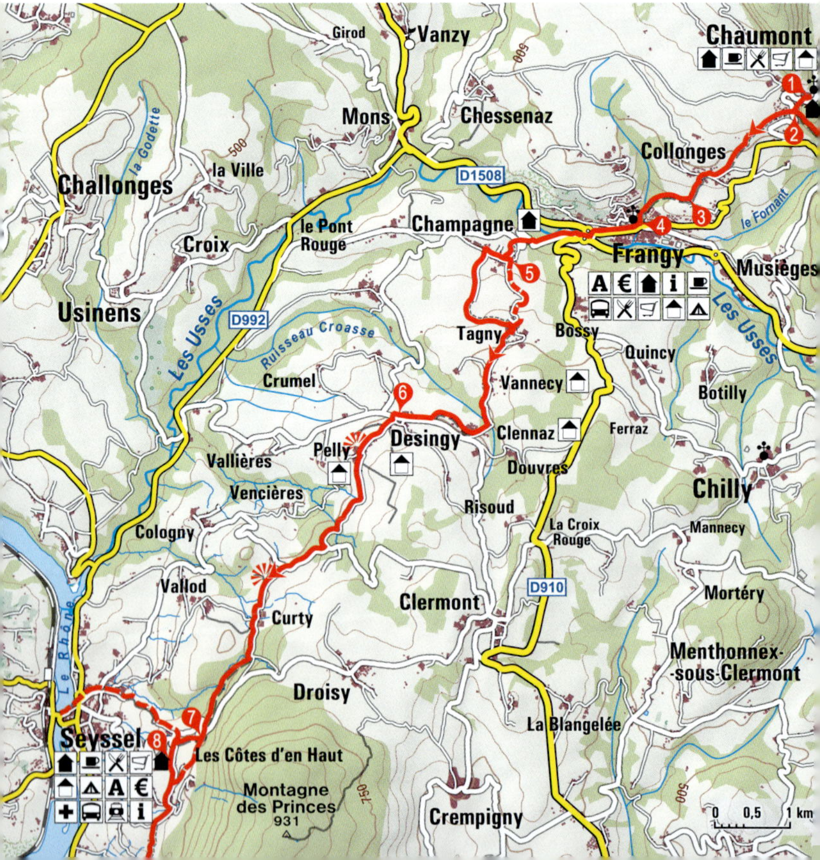

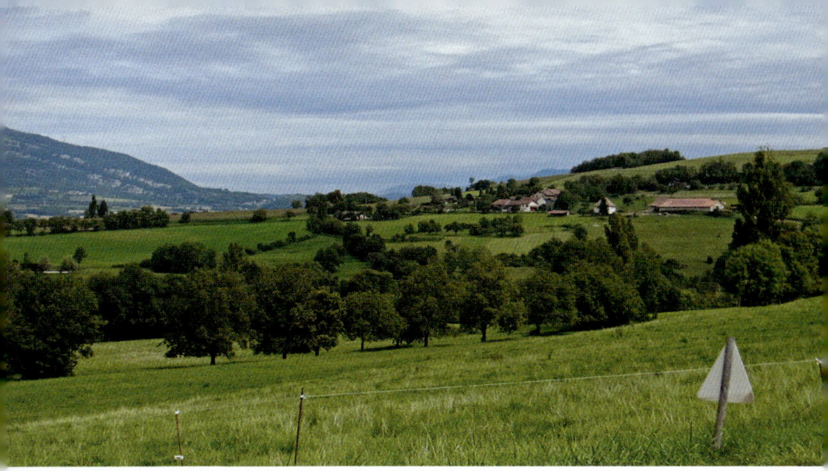

*Rückblick über die hügelige Landschaft bis nach Chaumont.*

richtig. Bald erreichen wir die ersten Häuser von **Frangy**. Ein Schild leuchtet uns entgegen: Chemin de Saint-Jacques-de-Compostelle. Nach rechts kommen wir zur **Kirche (4)**.
Wir wandern nach rechts auf der Rue du Grand Pont durch den Ort und gehen dann links über diese Steinbrücke (Bank). Die Route verläuft durch die Unterführung Passage Saint-Jacques-de-Compostelle und überquert nach rechts weiter die Straße D 910. Wir folgen dem Landsträßchen D 310 in Richtung Desingy.
Wir wandern in der Straßenkurve über eine Brücke. 100 m danach biegen wir in der Kurve auf den aufwärts führenden Pfad ab. Dabei ergeben sich schöne Blicke auf die mit Weinreben bepflanzten Hanglagen.
Oben geht es wenige Meter nach rechts an der Straße entlang, dann links abbiegend in Richtung Champagne und sofort danach rechts auf den Feldweg. Wir gewinnen an Höhe und erreichen auf dem Chemin sur le banc den

*i* ***Frangy** liegt im Tal des Usses-Flusses. Die Grand Pont, die »große Brücke«, über die unsere Via Gebennensis beim Hinauswandern aus dem Ort führt, zählt zu den Sehenswürdigkeiten des Ortes. Rechts befindet sich die meist geöffnete Kirche Saint-Aquilin. Sie weist ein Glasfenster auf, das mit einer großen Jakobsmuschel verziert ist. Einen Stempel gibt es in der Tourismus-Information, gleich nach der Kirche auf der rechten Seite. Gegenüber sehen wir eine gelungene Fassadenmalerei: Vieles, was mit Frangy in Zusammenhang steht, ist darauf abgebildet. So ist es nicht verwunderlich, dass wir mit der Darstellung eines Pilgers auch einen Hinweis auf den Jakobsweg erkennen.*

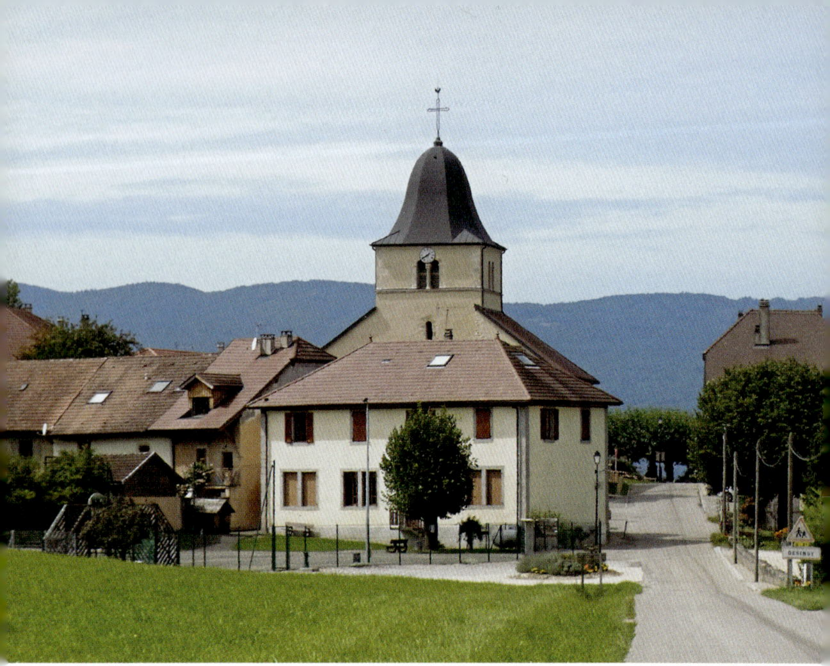

*Desingy und seine markante Kirche sehen wir schon kilometerweit vorher.*

kleinen Ort **Champagne**. An dieser Stelle werden wir nach rechts auf die Rue du Lavoir gewiesen **(5)**.

***Hinweis:*** *Nach Tagny könnten wir – vor allem bei feuchten Wetterbedingungen – direkter kommen, wenn wir an dieser Stelle gleich dem Sträßchen in Richtung Tagny folgen und geradeaus gehen.*

Dann geht es 250 m später links in Richtung Tagny weiter. Der Weg zieht sich über die Felder, einmal rechts haltend weiter und dann an der Gabelung nach links. Danach führt die Route durch ein Gehölz und trifft auf die Straße. Rechts gelangen wir nach **Tagny**.

*i* *Bei einem Rückblick erkennen wir nochmals die Kirche von Chaumont, rechts davon die Schlucht über den Bach Fornant, die wir durchquert haben, und den markanten Berg Mont.*

In Tagny geht es rechts in Richtung Desingy und kaum 50 m später links. Durch den Wald und zum Schluss über Stufen aufwärts treffen wir bei einem Bildstock wieder auf das Sträßchen.

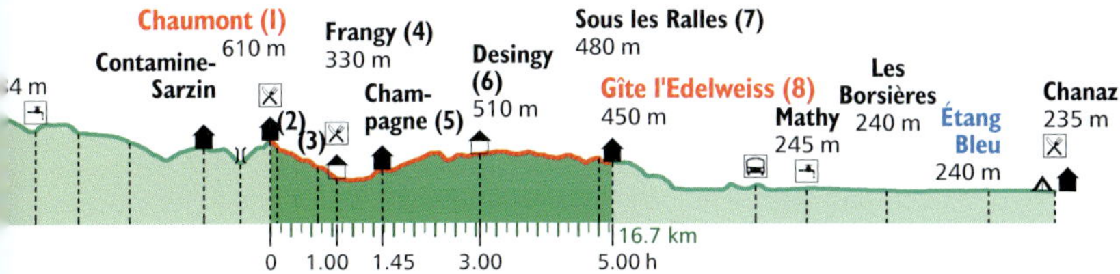


Rechts weiter wandern wir auf der Route de Champagne durch das Gehöft **Vannecy** und erkennen auf der anderen Seite des Tales schon den Ort Desingy. Geradeaus weiter geht es in einer U-förmigen Schleife über den Bach Croasse (zur kleinen Siedlung **Clennaz** müsste man dann rechts) und dann kurz vor der Straße D 31 rechts haltend auf einen manchmal feuchten und dreckigen Feldweg. An der Gabelung links haltend geradeaus und dann links aufwärts treffen wir wieder auf die Straße D 31. An ihr entlang erreichen wir **Desingy (6)**.

*i* ***Desingy*** *liegt in aussichtsreicher sanfter Hanglage. Der Ort ist uns schon von Weitem mit seiner markanten Kirche Saint-Laurent aufgefallen (WC daneben). Im Innern sehen wir schöne Glasfenster, die u.a. die Madonna von Lourdes und den Erzengel Michael zeigen. Auch erkennen wir, wie fast in jeder Kirche, den Pfarrer von Ars und die heilige Therese.*

Wir wandern geradeaus durch den Ort und biegen vor dem Friedhof links auf die Route de Compostelle ab. Am Friedhofseck rechts und dann geradeaus geht es auf dem aussichtsreichen Sträßchen dahin.
An einem mit Jakobsmuscheln verzierten Missionskreuz vorbei erreichen wir das Gehöft **Pelly**.
Links haltend und dann geradeaus weiter durchschreiten wir das Gehöft **Moucherin**. Beeindruckend sind immer wieder die weiten Aussichten, bei denen wir das Schloss Château de Pelly unter uns im Blick haben.

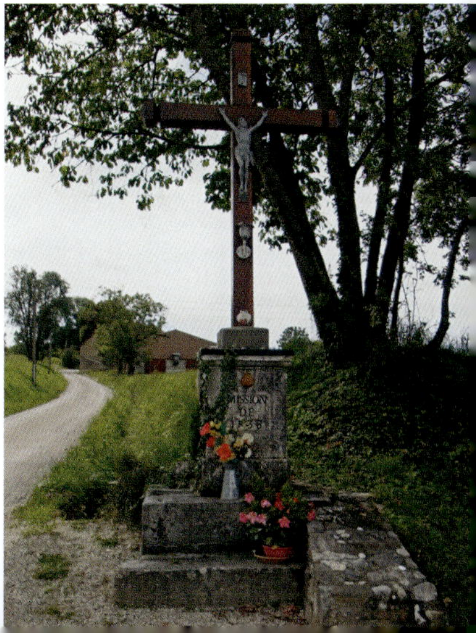

*Kurzer Halt an einem schön geschmückten Wegkreuz.*

Wir treffen auf die Straße D 17 und gehen rechts. Schon 500 m später verlassen wir sie wieder und biegen links auf die Route du Vernay ab.
Wir gelangen nach **Curty** und finden hier beim Wegkreuz eine Bank für eine Rast. Geradeaus weiter ist richtig und wir müssen etwas an Höhe gewinnen. Im Wald beim Wegweiser Chez Cudet biegen wir rechts ab und kreuzen daraufhin achtsam die oft schnell befahrene Straße. Kurz danach haben wir den **Wegweiser Sous les Ralles (7)** erreicht.

An diesem Wegweiser Sous les Ralles steht die Entscheidung an:

- Wir können zum einen rechts abwärts gehen. Diese Variante des Jakobsweges führt zur nahe gelegenen Gîte l'Edelweiss und hinab zur Stadt Seyssel.
- Oder wir folgen der Route des Jakobsweges geradeaus weiter.

Diese beiden Möglichkeiten treffen sich kurz vor der Brücke Pont du Fier (siehe nächste Etappe) wieder.

Zur Gîte l'Edelweiss und in Richtung Seyssel gehen wir rechts abwärts. An der nächsten Verzweigung ist die **Gîte l'Edelweiss (8)** im Weiler **La Praz** nach links ausgeschildert und 250 m später erreicht.
***Hinweis:*** *Von der Gîte l'Edelweiss geradeaus weiter erreicht man den Jakobsweg 150 m später, am Feigenbaum an der Scheune.*
In Richtung Seyssel gehen wir an dieser Verzweigung geradeaus abwärts durch **Les Côtes d'en Haut**. Als Markierung für diese Variante dient uns die Muschelmarkierung mit dem zusätzlichen gelben Punkt. Es geht in einer Kur-

*Genießen wir die beeindruckend weiten Aussichten!*

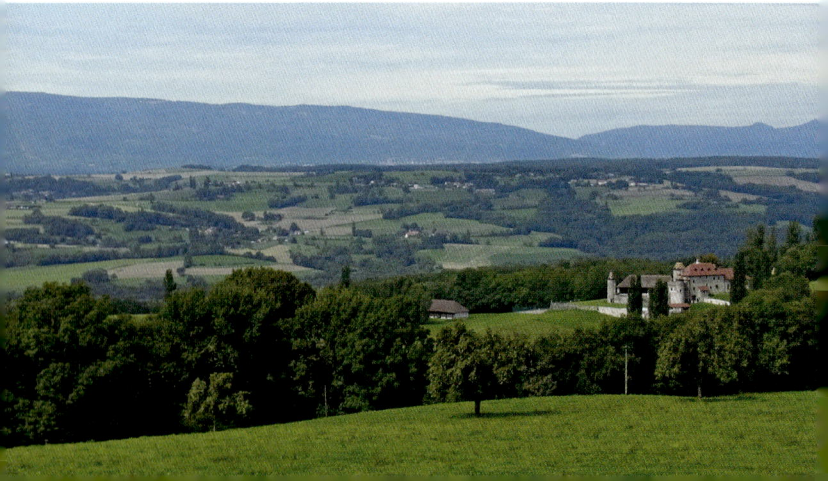

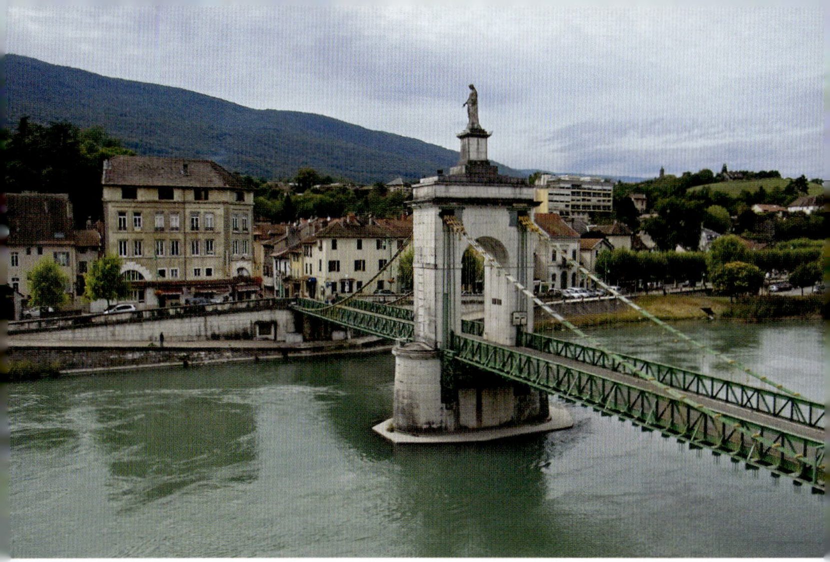

*Seyssel mit der Marienstatue auf der Rhonebrücke.*

ve durch den Ort und geradeaus weiter, dann links die Sackgasse abwärts (Route des Convers). An einem Wegkreuz vorbei und rechts um die Kurve wandern wir mit weiten Ausblicken über das Rhonetal bergab. Unsere Route mündet in ein Sträßchen, auf dem wir links weitergehen (Chemin du Martinet). An der nächsten Kreuzung mit Wegkreuz orientieren wir uns nach links und dann rechts auf die Rue du Mont des Princes. Geradeaus wird die D 992 überquert und wir haben die Grande Rue erreicht, die uns geradeaus ins alte Ortszentrum von **Seyssel** sowie zur meist geöffneten Kirche Saint-Blaise und zur Hängebrücke über die Rhone führt.

i ***Seyssel** liegt direkt an der Rhone und war damit schon zur Zeit der Römer ein bevorzugtes Siedlungsgebiet. Im Jahre 1096 wurde es als »Saisel« erstmals urkundlich erwähnt. Im 13. Jahrhundert hatte der Hafen als anerkannter Umschlagplatz eine große Bedeutung. Auch der Bau der Brücke, die im Laufe der Jahrhunderte mehrmals aufgrund von Hochwasserschäden erneuert werden musste, trug zum guten Ruf als Handelsstadt bei. Die heutige Marienstatue weist daher ebenfalls einige Vorgängerinnen auf. Seyssel, das auf beiden Seiten der Rhone liegt, wurde im Jahre 1760 zwischen Frankreich und Savoyen aufgeteilt. Noch heute liegt die Stadt in zwei verschiedenen Departements; auf der anderen Seite der Rhone beginnt bereits das Departement Ain.*

## Savoyen / Savoie

Auf der Brücke Pont du Fier über den Fluss Le Fier verlassen wir Hochsavoyen und kommen nach Savoyen. Das Departement Savoyen hat ca. 440.000 Einwohner, Hauptstadt ist Chambéry. Im Osten grenzt das Departement mit der Nummer 73 an die italienische Provinz Turin. Im Westen ist zum größten Teil die Rhone die Abgrenzung, im Südwesten das Flüsschen Le Guiers.

88 % der Fläche von Savoyen werden den Alpen zugerechnet, damit weist das Departement den größten Anteil an Bergland in ganz Frankreich auf. Der höchste Punkt ist die Grande Casse mit einer Höhe von 3855 m, die niedrigste Stelle der Lac du Bourget mit 210 m Höhe. Es gibt eine stattliche Anzahl von mehr als 80 Stauseen, und wenn man die Länge der Bäche und Flüsse zusammenzählt, kommt man auf über 2200 Kilometer. Der Fluss Isère ist davon der bekannteste.

Auf den landwirtschaftlich genutzten Flächen wird Ackerbau betrieben, auch der Weinbau hat großen Stellenwert. Die Uferregion der Rhone mit ihren Höhenzügen, die wir durchwandern, ist uraltes Siedlungsgebiet. Vor den Römern waren die Kelten ansässig, auch die nachfolgenden Jahrhunderte brachten viele Besitzwechsel mit sich.

Uns wird auffallen, dass wir das Wappen, ein weiß-silbernes Kreuz auf rotem Grund, des Öfteren sehen.

*Jeden Tag aufs Neue Schritt für Schritt vorwärts gehen.*

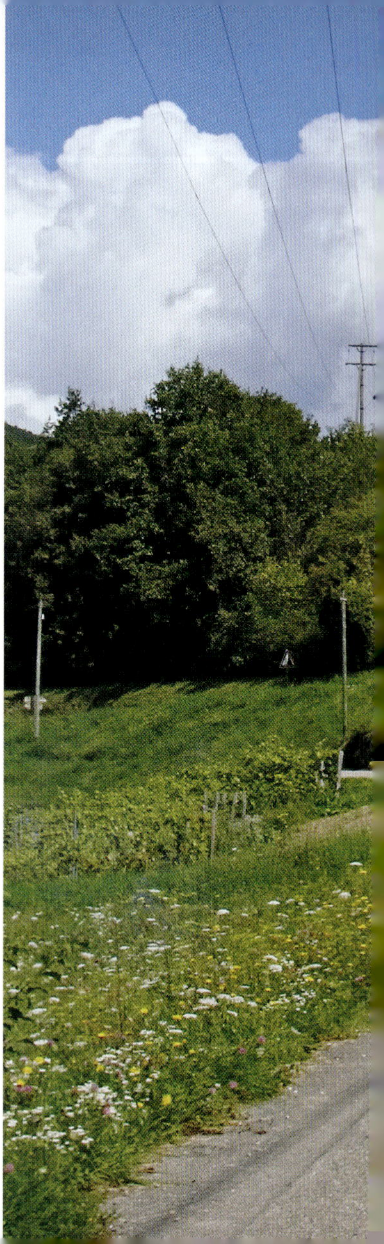

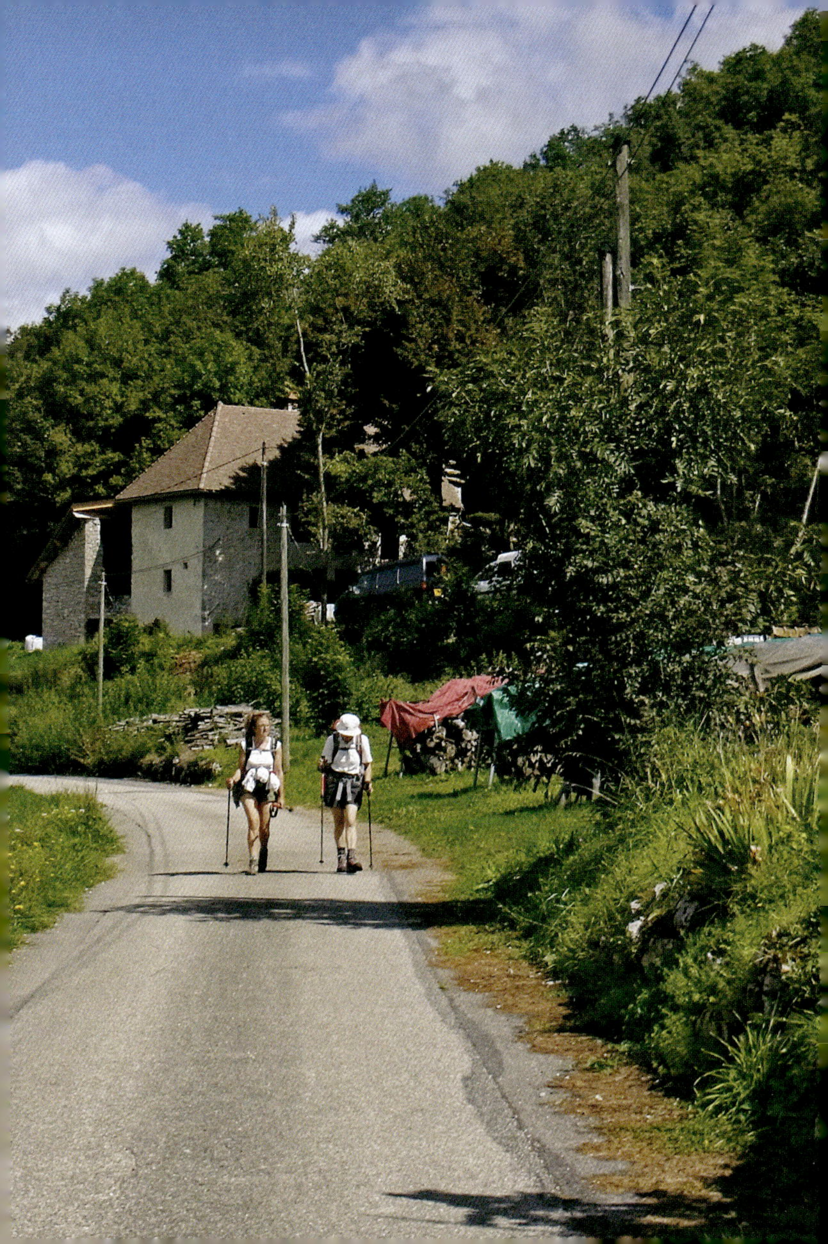

# 5 *Gîte l'Edelweiss / Seyssel – Chanaz*

**5.45 Std.**

**20,5 km**

**Herbergen: Serrières-en-Chautagne** (267 m, 1150 EW; Variante): Camping Le Clairet, geöffnet 1.4.–15.10., Tel. +33 4 7963 7515 (kein Pilgerpreis von Mitte Juli bis Ende August).

**Chanaz** (230 m, 530 EW): (1) Gîte El Camino, 15.3.–15.10., 89 Montée du Fort, 6 B/ÜF 20 €, HP 44 €, es gibt auch Chambres d'hôtes DZ/ÜF 68 €, Menü für 17 €, Tel. +33 4 7935 1632, +33 6 7389 3094. (2) Chambre Pèlerins (noch vor der Brücke), 681 Route de L'Ecluse, Tel. +33 4 7954 5851.

**Unterkunft: Pont du Fier** (260 m): Auberge de la Rôtisserie du Fier, 6 Zi/HP ab 78 €, Tel. +33 4 5059 2164, +33 6 6641 2164.

**Serrières-en-Chautagne:** Hotel-Restaurant Diane de Chautagne, 5 B/HP 38 €, Tel. +33 4 7963 7047.

**Chanaz:** (1) Chambre d'hôtes Le Saint-Roch, Christiane Collomb, 107 Montée du Fort, 6 B/ÜF DZ ab 60 € (Pilgerpreis, mit eigener Bettwäsche), ansonsten ab 80 €, Tel. +33 4 7935 7712, +33 6 6268 5837. (2) Chambre rurale, Le Belvue, etwas außerhalb, Küche, 2 B/Ü ab 41 €, F 9 €, Menü 15 €, Tel. +33 4 7954 5077, +33 6 2075 0757.

**Die Strecke:** 1. Ab Seyssel wandern wir ohne große Höhenunterschiede – mal näher an der Rhone, mal etwas entfernter – auf breiteren und schmäleren (Wald-)

*Alte Steinhäuser in Vens.*

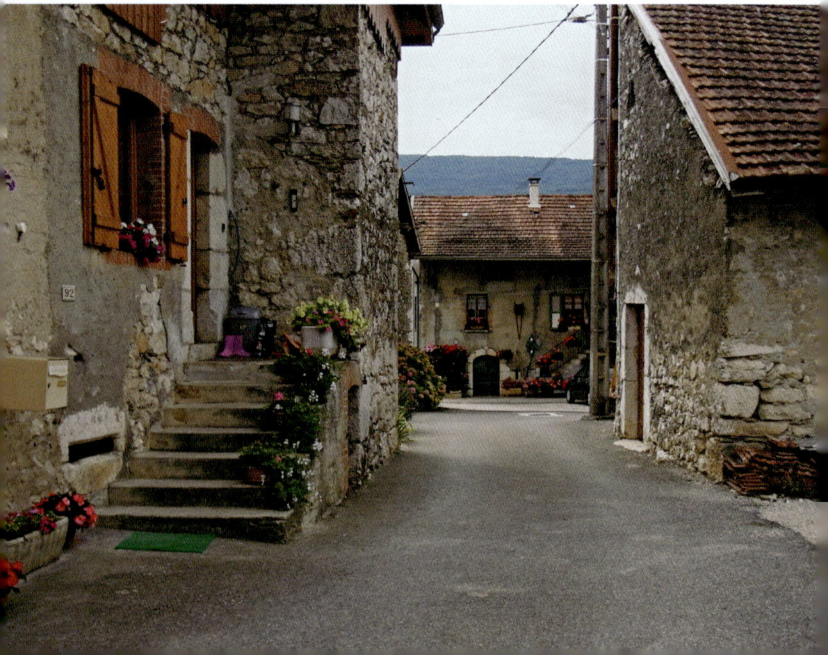

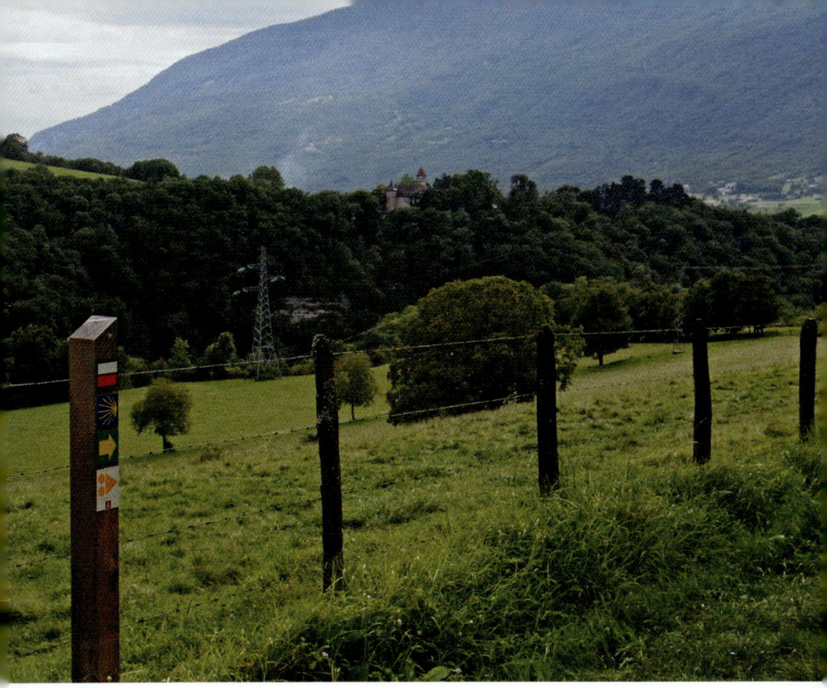

*Abwärts über Weidegelände zur Brücke Pont du Fier.*

Pfaden, Feldwegen sowie auf Teersträßchen. 2. Ab der Gîte l'Edelweiss beginnt die Strecke mit einem Abstieg ins Rhonetal.

**Höhenunterschied:** 120 m im Aufstieg, 330 im Abstieg.

**Kritische Stelle:** Bei den wenigen Häusern von Les Iles müssen wir links, das kann leicht übersehen werden.

**Landschaft:** Diese Etappe nahe am Fluss ist von der bewachsenen Uferzone der Rhone geprägt. Das breit fließende Gewässer ist beeindruckend.

**Infrastruktur:** Pont du Fier

Mathy (245 m)

Serrières-en-Chautagne A € i

Culoz (247 m, 3000 EW) A € i

Chanaz i (Maison du Tourisme im Rathaus, Place Antoine Gianetto, Tel. +33 4 7954 5959).

**Anmerkungen:** (1) Es wird auf mehreren Tafeln davor gewarnt, sich am Fluss oder auf den unter Naturschutz stehenden Inseln aufzuhalten, da durch das Kraftwerk rasch ansteigendes Hochwasser der Rhone möglich ist, auch bei schönem Wetter.

(2) In Savoyen wird der leckere Käse Tomme de Savoie hergestellt.

**Varianten:** (1) Die Route über Seyssel mündet kurz vor der Brücke Pont du Fier in den Jakobsweg ein.

(2) In Mathy gabelt sich der Jakobsweg erneut: Es gibt eine (etwas längere) Variante, die den Ort Serrières-en-Chautagne berührt.

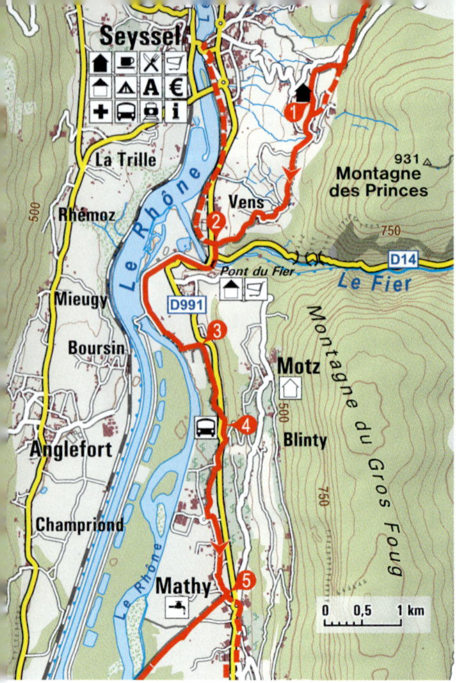


**Jakobsweg von Seyssel bis zur Einmündung kurz vor der Brücke Pont du Fier:**
Vor der Rhonebrücke in **Seyssel** biegen wir links auf den Quai du Rhône ab und wandern zum Hafen mit Bänken.

> *Über den Platz nach links hinüber befindet sich die Tourist-Information, in der es auch einen Stempel für den Pilgerausweis gibt.*

Immer geradeaus bleiben wir auf dem befestigten (Rad-)Weg an der Rhone. Wir wandern am Rastplatz sowie am Oratoire de la Rochette (auf der anderen Straßenseite) vorbei. Dieser Weg an der Rhone entlang mündet dann – nach der Kurve nach links – in die **D 991** (**2**), auf der wir nach rechts die **Pont du Fier** überqueren.

**Jakobsweg vom Wegweiser Sous les Ralles bis zur Brücke Pont du Fier:**
Am Wegweiser **Sous les Ralles** bleiben wir geradeaus und genießen die weiten Ausblicke über das Rhonetal. Bei den Häusern von **Romaz** geht es rechts und dann mündet die Route, die von der zwei Gehminuten entfernten **Gîte l'Edelweiss (1)** herkommt, an der Scheune mit großem Feigenbaum ein. Geradeaus weiter erreichen wir **Prairod** und biegen zuerst links, dann rechts in Richtung Vens ab (Route de Sur les Bois). Achten wir darauf, dass wir nach dem letzten Haus auf den Feldweg nach links abbiegen. Auf diesem Weg spazieren wir in herrlicher Halbhöhenlage über dem Tal.

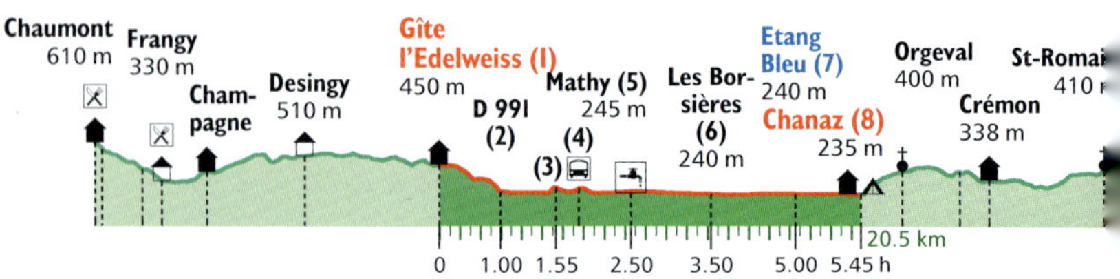

Ein kurzer steiler Abstieg bringt uns zu den wenigen Häusern von **Vens d'en Haut**. Geradeaus weiter abwärts treffen wir auf die Straße. Nach links weiter und auf der Route du Château nochmals links nähern wir uns dem Örtchen **Vens**.

*Die alten Steinhäuser in* ***Vens*** *sind im Sommer prächtig mit Blumen geschmückt. Der Ort liegt nahe der tief in die Felsen eingeschnittenen Schlucht des Flusses Fier und war schon in der Römerzeit eine Siedlungsstätte.*

Der Jakobsweg führt zuerst im Bogen nach rechts, dann an der Marienstatue links und zwischen den Häusern nach links aus dem Ort hinaus. Wir kommen in Weidegelände und steigen auf dem Graspfad abwärts. Nochmals möchte ein kurzer, steiler Abstieg überwunden werden. So erreichen wir die Straße **D 991 (2)**, gehen links und überqueren die Brücke **Pont du Fier**.

*Die Brücke* ***Pont du Fier*** *überquert den Fluss Fier, der kurz darauf – nach einer Länge von gut 70 km – in die Rhone mündet. Der Fluss Fier ist die Grenze zwischen den Departements Haute-Savoie (Hochsavoyen) und Savoie (Savoyen).*

Der Wegweiser nach der Brücke zeigt an, dass wir seit Genf 60 km zurückgelegt und noch 1802 km bis Santiago de Compostela vor uns haben.

Wir biegen rechts ab und wandern am Freizeitgelände mit Hochseilgarten und WC vorbei. Wir nähern uns wieder der Rhone und sehen das Massiv des Grand Colombier auf der anderen Rhoneseite. Nach dem Stauwehr Barrage de Motz werden wir Wanderer an einem Schild offiziell in Savoyen begrüßt.

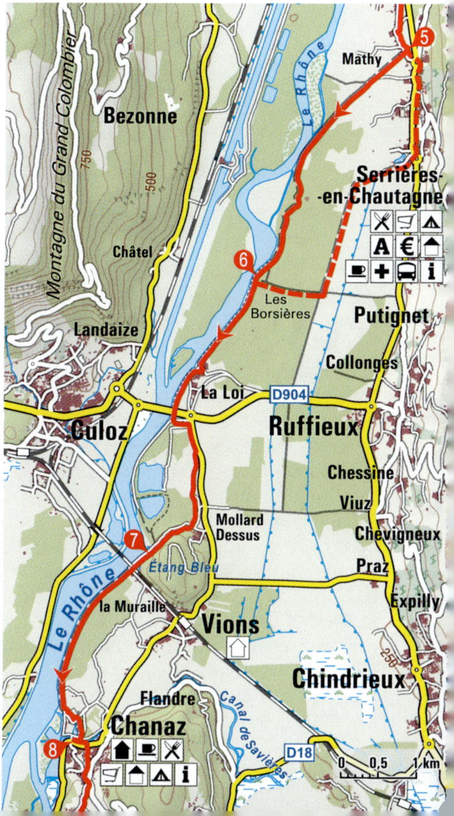

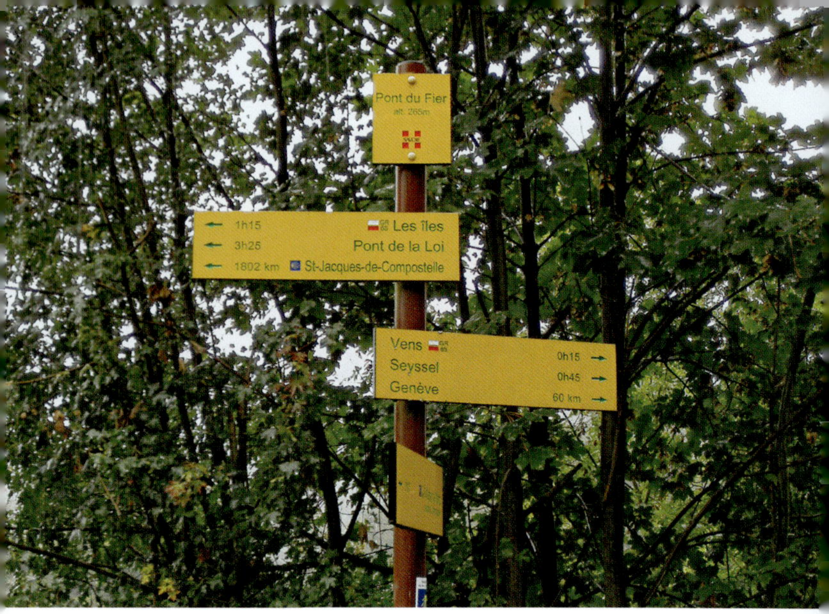


*Bis Santiago de Compostela haben wir noch 1802 km vor uns.*

Danach verengt sich der breite Weg zu einem Pfad und steigt kurz und steil an. Oben geht es geradeaus an einem Weinberg und einem Haus vorbei weiter, dann scharf nach rechts **(3)**.

Der Pilgerweg führt durch den Wald und mündet zwischen den Gehöften Marrette und Langefan bei einem Buswartehäuschen mit Bank in die Straße **D 991 (4)**. Wir gehen rechts und verlassen die Straße schon 150 m später rechts haltend. 25 m später bleiben wir geradeaus neben den Weinbergen und steigen dann einen felsigen Pfad abwärts. An den Häusern von **Les Iles** geht es zuerst rechts und am Lavoir vorbei, dann müssen wir gut 50 m später etwas überraschend links abbiegen.

Der Grasweg mündet in einen Teerweg, links ist richtig. Am kleinen Kreisverkehr geht es nochmals links (Rue Stéphane Duc), dann rechts (Route de Versières). Wir wandern an einem überdachten Rastplatz (mit Wasser) vorbei.

In **Mathy** sehen wir ein muschelverziertes Wegkreuz und stehen kurz danach an einer **Verzweigung der Jakobswege (5)**:

Der markierte Jakobsweg biegt rechts ab, die 1 km längere Variante führt zum Ort Serrières-en-Chautagne. Beide Wege treffen sich am Wegweiser Les Borsières an der Rhone wieder.

**Variante** (5 km, 1.15 Std.):
Wir bleiben geradeaus und erreichen die Straße D 991. Nach rechts wandern wir nach **Serrières-en-Chautagne**.

*i* ***Serrières-en-Chautagne*** *bestand wie Seyssel bereits in der Römerzeit. Die Pfarrkirche Saint-Maurice stammt aus dem 13. Jahrhundert. In der Region wird Wein angebaut. Prägend ist die Rebsorte Altesse, die hier Roussette heißt. Der daraus hergestellte Weißwein wird Roussette de Savoie genannt.*

Am Place Jules Masse biegen wir rechts ab (Bänke, Wasser und WC), gehen am Eingang zum Campingplatz vorbei und setzen links neben dem See unseren Weg fort. An der Kreuzung knapp 1 km später gehen wir links in Richtung Les Borsières. 1,5 km später biegen wir im Wald rechts ab und erreichen 1 km darauf wieder die Rhone und den **Wegweiser Les Borsières (6)**. Links weiter ist richtig.

**Jakobsweg** (4 km, 1 Std.):
Wir gehen an der Kreuzung in Mathy rechts weiter und nähern uns geradeaus auf dem Weg über die Felder der Rhone. An der Einmündung eines Weges geht es rechts haltend weiter. Wir bleiben immer parallel zum Fluss und erreichen den **Wegweiser Les Borsières** mit Bank **(6)**.

*Die Häuser von Chanaz spiegeln sich im ruhigen See.*

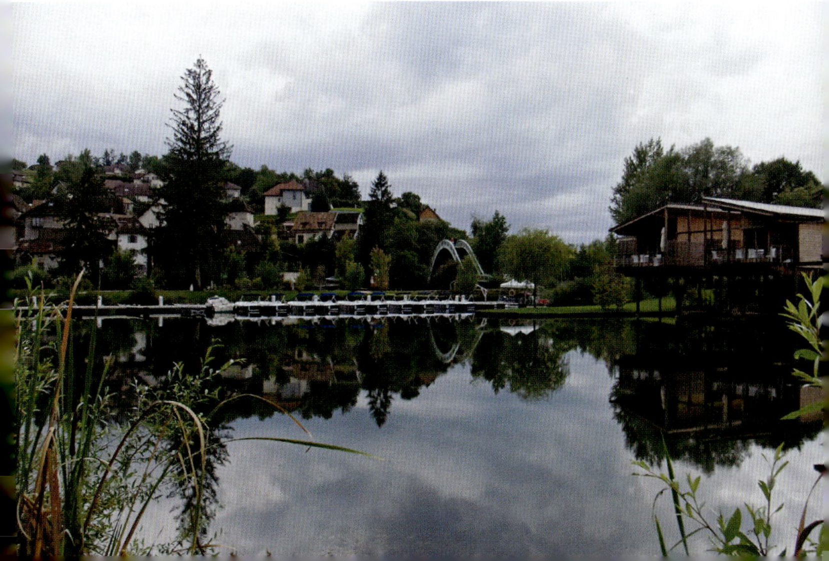

*Wir befinden uns hier in einem Feuchtgebiet in der Auebene von* ***Chautagne****. Die großflächige Pappelanpflanzung wurde erst zu Beginn des 20. Jahrhunderts angelegt und ist heute mit über 800 ha die größte ihrer Art in Europa.*

An der Gabelung kurz darauf rechts haltend weiter nähern wir uns den wenigen Häusern von **La Loi** und stehen an einem gemauerten Damm. Ja, wir müssen diesen etwas holprigen Damm nach rechts nehmen. Ein Pfad schließt sich an und wir erreichen die Straßenbrücke über die Rhone, die Pont de La Loi.

***Hinweis:*** *Über diese Brücke wäre theoretisch ein Abzweig nach Culoz (3 km, mit Bahnhof) möglich. Doch wer bis dorthin wandert, ist auch fast schon in Chanaz. Zudem befindet sich die Herberge in Culoz im Wasserwerk am anderen Ortsende.*

50 m nach der Brücke biegen wir links ab, kommen zur Straße D 921 und wechseln die Straßenseite. Auf dem separaten Weg nach rechts sind wir richtig, dann wird die Straße wiederum gequert. Immer geradeaus kommen wir zu den Häusern von **Mollard Dessus**. Rechts auf der Route de l'Ètang Bleu geht es weiter. Wenig später lädt eine Sitzgruppe zu einer Rast ein, möglicherweise hat sogar der **Kiosk (7)** am **Etang Bleu** mit seinen bemerkenswerten Felswänden geöffnet.

Nach Unterquerung der Eisenbahnbrücke über die Rhone bleiben wir geradeaus in Richtung Chanaz auf dem Fußweg auf dem Damm. An dessen Ende geht es links, dann rechts, und danach wandern wir durch den Campingplatz von Chanaz. An dem hübschen See mit raffiniert gebauten Ferienhäusern wenden wir uns nach rechts und erreichen die markante gewölbte Fußgängerbrücke *(passerelle)* in **Chanaz**, auf der wir den Canal de Savières überqueren **(8)**.

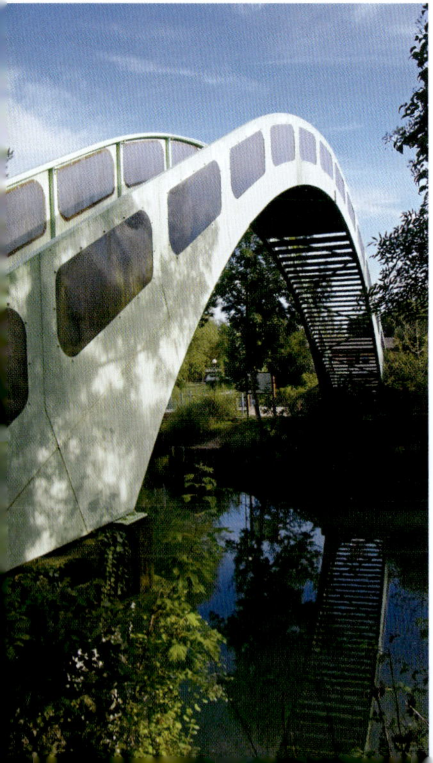

*Markante Passerelle in Chanaz.*

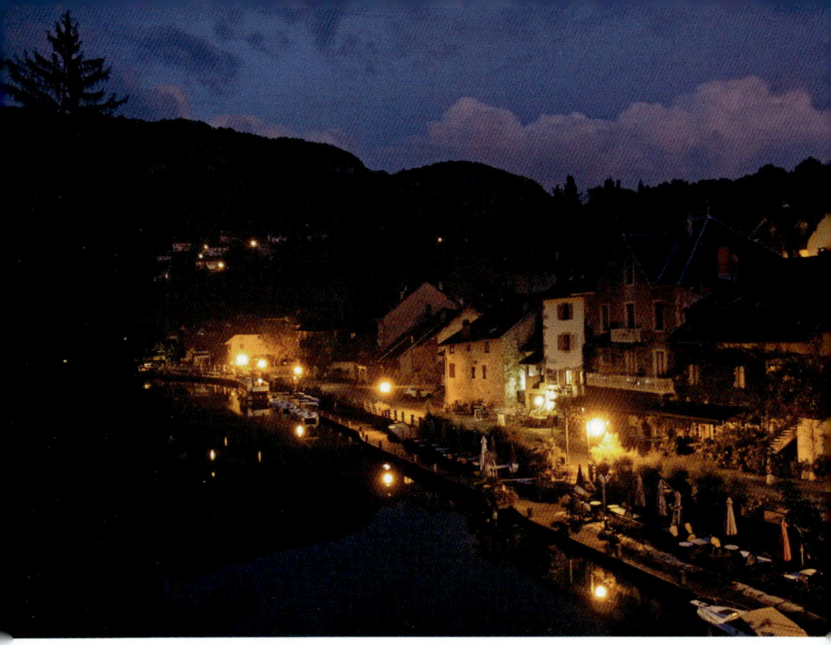

*Chanaz im romantischen Abendlicht.*

Der kleine Ort **Chanaz** ist geprägt von seinem Hafen, seinen mittelalterlichen Häusern aus dem 15. und 16. Jahrhundert, dem 3,5 km langen Kanal Canal de Savières hinüber zum Lac de Bourget sowie den verschiedenen Booten an den Anlegestellen. Der Ort war früher eine wichtige Zollstation. Der alte Ortskern ist heutzutage ein beliebtes Ziel von Touristen und daher tagsüber meist recht belebt. In vielen Gebäuden wird Kunsthandwerk aller Art angeboten. Die Ölmühle stammt aus dem Jahr 1868 (siehe auch nächste Etappe).

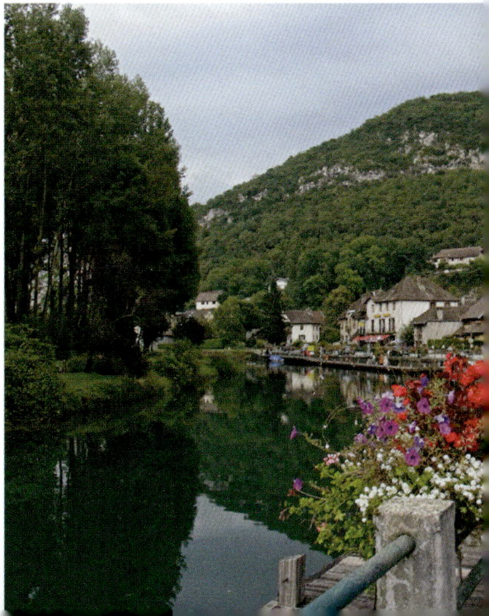

*Am Canal de Savières in Chanaz.*

# 6 Chanaz – Yenne

**5.15 Std.**
**17,5 km**

**Herbergen: Crémon** (zu Lucey): Gîte d'Etape Le Moulin, 8 B/HP 40 €, Tel. +33 4 7944 0887, +33 6 6430 0553.
**Unterkunft: Jongieux-le-Haut** (395 m): Les Chambres du Cru, Patrice Jacquin, 8B/ÜF ab 62 €, Tel. +33 4 7944 0029, +33 6 6528 6461.
**Yenne:** (1) Bildungshaus Clos des Capucins, 88 B/ÜF 35 €, HP 47–60 €, Pilgerausweis erforderlich, Ankunft vor 18 Uhr, Tel. +33 4 7936 8570. (2) Hotel Le Fer à Cheval, 10 Zi/HP 65 €, Tel. +33 4 7936 7033.
**Die Strecke:** Hügelige Etappe mit einigem Auf und Ab und prachtvollen weiten Ausblicken, steiler Abstieg von der Kapelle Saint-Romain ins Tal hinab.
**Höhenunterschied:** Ca. 440 m im Auf- und Abstieg.
**Kritische Stelle:** Für den Abstieg von der Kapelle Saint-Romain ins Tal hinab sind gutes Schuhwerk und Trittsicherheit erforderlich.
**Landschaft:** Wir wandern über Felder und durch weitläufige Weinberglagen, zum Schluss durch Gebüsch und Wald nahe an der Rhone. Der Bergrücken mit dem seitlichen markanten Dent du Chat (Katzenzahn-Gipfel) rückt ins Blickfeld.
**Infrastruktur:** Crémon
Vraisin
Jongieux-le-Haut, Weinprobe: La Cave du Prieure, Familie Barlet.
Yenne (Bus nach Chambéry) (Chemin du Port, Tel. +33 4 7936 7154).
**Anmerkung:** Yenne bietet sich als End- oder Anfangsstation einer zeitlich begrenzten Wanderung auf dem Jakobsweg an, da es mit öffentlichen Verkehrsmitteln erreichbar ist. Der Bus nach Chambéry fährt in Yenne beim Platz bei der Festhalle in der Nähe der Tourist-Information ab.
**Varianten:** (1) Nach dem Weiler Les Puthods kann man eine Ecke des Weges abkürzen.
(2) Im kleinen Weiler Barcontian verzweigt sich der Weg: die Tal-Variante biegt rechts ab. Sie ist mit der blau-gelben Muschel mit einem zusätzlichen gelben Punkt ausgeschildert.

*Ein neuer Jahrgang reift heran.*

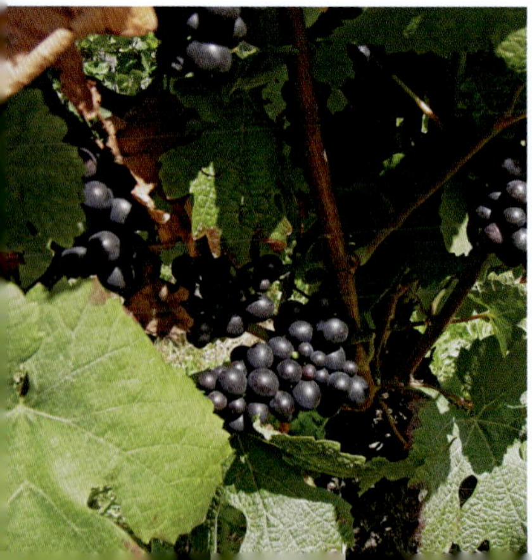

*Was leuchtet uns denn da entgegen?*

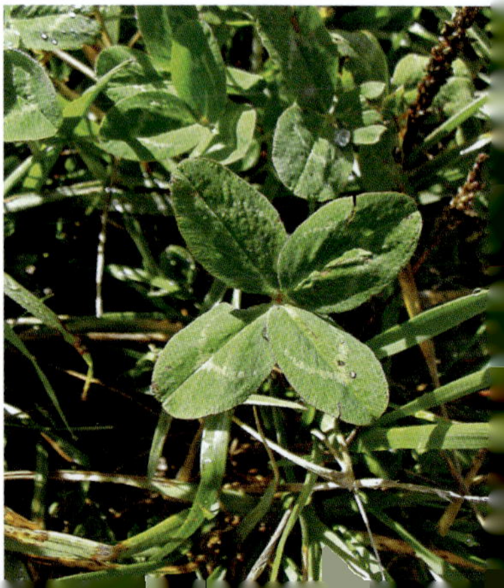

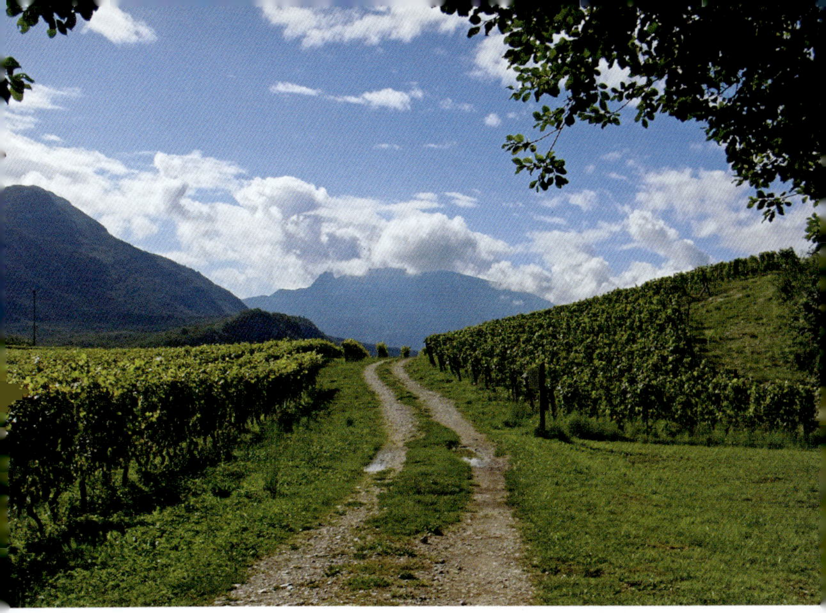

*So schön kann das Pilgern sein: Blick über Weinberge bis hin zu Berghängen.*

In **Chanaz (1)** gehen wir nach der Bogenbrücke/*passerelle* links am Canal de Savières entlang durch den Ort. Wir biegen am Place Gianetto rechts ab und gehen dann links. Sogleich müssen wir rechts die Rue du Moulin aufwärts in Richtung Mühle.

> *Am Standort dieser **Mühle** befanden sich früher gleichzeitig eine Öl- und eine Getreidemühle. Nach langen Jahren im Dornröschenschlaf wurde die (Nuss-)Ölmühle im Jahre 1995 wieder zu neuem Leben erweckt. Mit ihrem alten Wasserrad ist sie ein beliebtes Fotomotiv.*

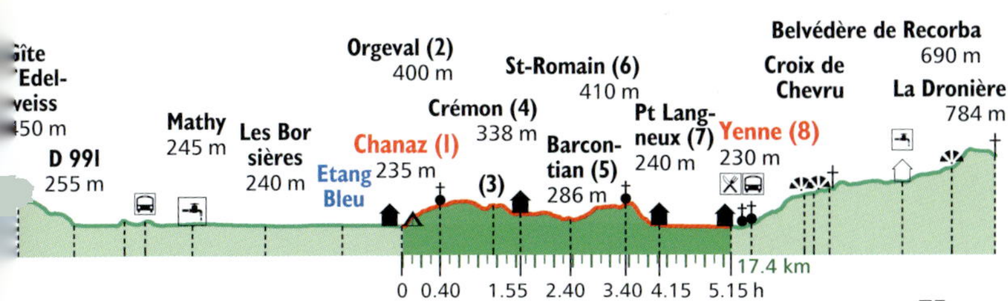

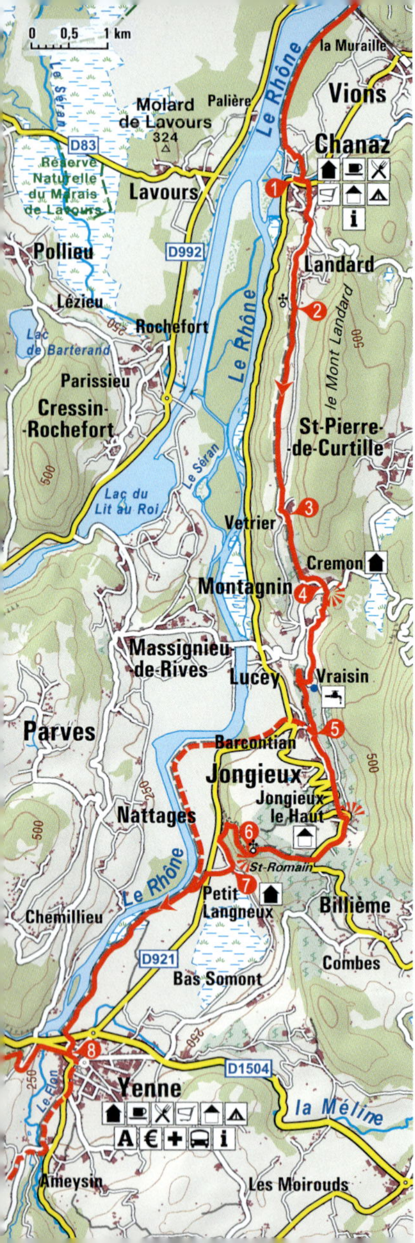


Geradeaus weiter ansteigend haben wir einen Pfad unter den Schuhsohlen. Dieser mündet in ein Teersträßchen und nach links erreichen wir einen Wegweiser. Rechts weiter ist richtig.
***Hinweis:*** *Nach links ist eine Variante über Praille beschildert. Sie führt in einem Bogen nach rechts auf der Teerstraße weiter und mündet dann wieder in die Route ein.*
Kurz darauf werden wir zweimal nach links gewiesen. Auf einem holprigen Pfad kommen wir zu Häusern, hier biegen wir rechts ab. Auf dem Teerweg gelangen wir rechts haltend nach **Le Poisat**. An der Gabelung im kleinen Ort gehen wir links haltend und weiterhin sanft ansteigend bis zur kleinen **Orgeval-Kapelle (2)**.

i *Diese im Jahre 2005 liebevoll restaurierte* ***Orgeval-Kapelle*** *wurde im Jahre 1845 von den Einwohnern des nahe gelegenen Weilers Landard erbaut. Der knapp 600 m hohe Höhenzug auf der linken Seite nennt sich Mont Landard.*

Die Route gewinnt noch immer an Höhe, mit teils wunderbaren Blicken auf die uns umgebenden Berge. Kurz vor **Vetrier** (zu Lucey) geht es durch ein Waldstück aufwärts und der Wanderweg mündet in ein Sträßchen. Nach rechts kommen wir in den kleinen Weiler **(3)**, in dem eine Madonnenfigur die Aufmerksamkeit auf sich zieht.
Geradeaus in Richtung Yenne spazieren wir auf einem Grasweg ab-

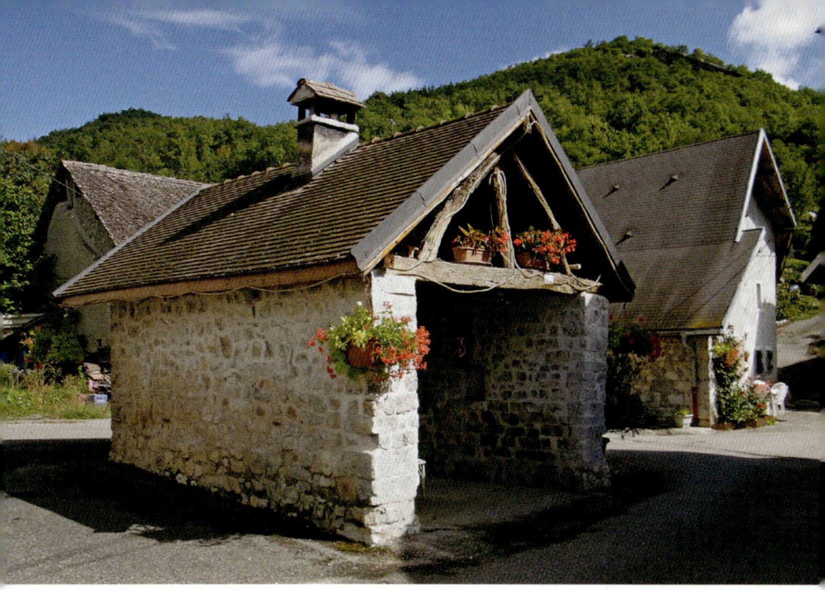

*Liebevoll verziertes Backhäuschen in Montagnin.*

wärts, dann über die Straße geradeaus hinweg und biegen rechts in Richtung Vignoble ab.
Der Blick über die Weinberge hinweg zu den bewaldeten Berghängen ist auf diesem Wegabschnitt besonders eindrucksvoll. Wir können dabei im Hintergrund bereits den Höhenzug Mont du Chat mit dem markanten Dent du Chat (»Katzenzahn«) erkennen.
Abwärts gelangen wir nach links und rechts um die Kurve nach **Montagnin**. Nach links und am Backhäuschen vorbei wandern wir bereits wieder aus dem kleinen Ort hinaus. Als nächstes erreichen wir **Crémon** (ebenfalls zu Lucey), biegen an der Straße D 210 links ab und 25 m darauf rechts **(4)**.
***Hinweis:*** *Um die Gîte d'Etape Le Moulin zu erreichen, folgt man geradeaus der Straße.*
Wir überqueren einen Wasserlauf und treffen nach einem Wäldchen auf die Zufahrtsstraße einer Firma. Rechts, rechts und geradeaus mündet diese am Wegweiser bei den Häusern von **Les Puthods** in eine weitere Straße ein. Links sind wir richtig.
***Hinweis:*** *Knapp 200 m später gibt es einen beschilderten Pfad in Richtung Lucey nach rechts abwärts. Wer es eilig hat, kann hier eine ganze Ecke des Weges abkürzen und trifft unten an den Weinbergen am Wegweiser La Toma wieder auf die markierte Route.*

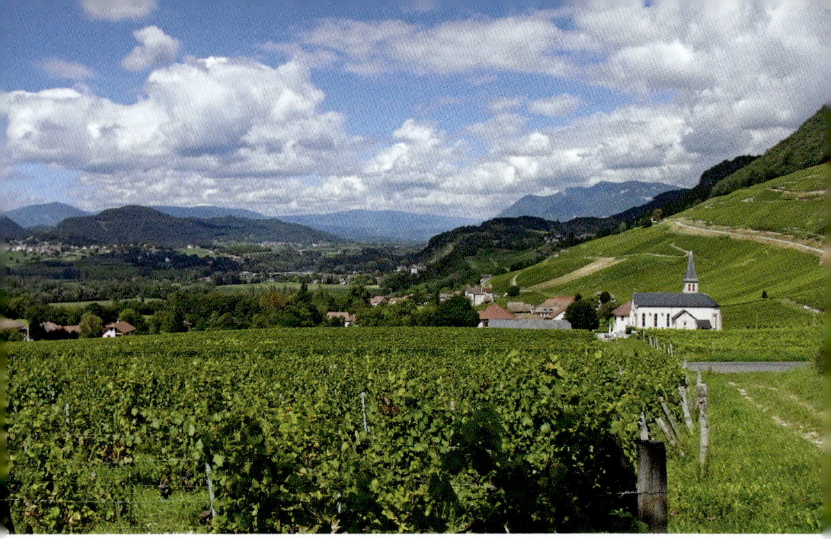

*Eindrucksvolles Panorama auf dem Weg nach Jongieux-le-Haut.*

Sanft ansteigend erreichen wir eine Gabelung. Rechts weiter steuern wir auf **Vraisin** zu. Es geht geradeaus bis zum Brunnen, dann rechts. Nochmals rechts spazieren wir auf dem Grasweg mit weiten Blicken über die Weinberglagen abwärts.
Am Wegweiser La Toma links und nochmals links weiter zieht sich der Jakobsweg durch die Weinberge abwärts und wieder etwas ansteigend zu den Häusern von **Barcontian**. An der Straßeneinmündung **(5)** müssen wir uns entscheiden:
Gehen wir links, was eindeutig die schönere Strecke ist (allerdings geht es nach der Kapelle Saint-Romain einen zum Teil steilen Abstieg auf einem schmalen Pfad hinunter) oder nehmen wir die Variante nach rechts?

**Variante:**
Diese Variante umgeht den zum Teil etwas steilen Abstieg von der Kapelle Saint-Romain hinab ins Tal. Wir folgen der Muschel mit dem zusätzlichen gelben Punkt nach rechts und treffen im Rhonetal schließlich wieder auf die Route.

**Jakobsweg:**
Nach links wandern wir am Weingut Château de la Mar vorbei und erreichen über die kleine Ansiedlung **Aimavigne** immer geradeaus die Kirche Saint-Maurice von **Jongieux**.

*i* *Die Kirche **Saint-Maurice** in **Jongieux** wurde als Ersatz für die ehemalige Kirche in dem weiter oben befindlichen Jongieux-le-Haut ab 1876 geplant und 1885 fertig gestellt. Das dominierende Glasfenster im Chor zeigt den heiligen Maurice. Die weiteren Glasfenster sind im Jahr 2013 dazu gekommen. Eines davon könnte unseren Pilgerheiligen Jakobus darstellen. Die äußere Kirchentür ist geöffnet, doch kann man den Kirchenraum außerhalb der Gottesdienstzeiten nur durch die verschlossene Glastür betrachten.*

Geradeaus aufwärts wird beim Weitergehen durch die aussichtsreichen Weinberge die kleine Straße mehrmals gequert. Nehmen wir den herrlichen Rückblick in die wunderbare Landschaft tief in uns auf!
Wir wandern am ehemaligen Kirchenbau vorbei nach **Jongieux-le-Haut** hinein, gehen links und dann rechts sowie am Weingut La Cave du Prieuré vorbei. Hier ist bei Interesse eine Weinprobe möglich. An der Straße entlang geht es schon wieder aus dem kleinen Ort hinaus.
Rund 500 m danach biegen wir rechts in Richtung Chapelle Saint-Romain in die Weinberge ab. An der Gabelung rechts haltend weiter und an einem weißen Kreuz vorbei haben wir faszinierende Weitblicke, auch auf große Teile des zurückgelegten Weges. Nochmals rechts haltend geht es weiter und

*Pilgerdarstellungen bei der Kapelle Saint-Romain.*

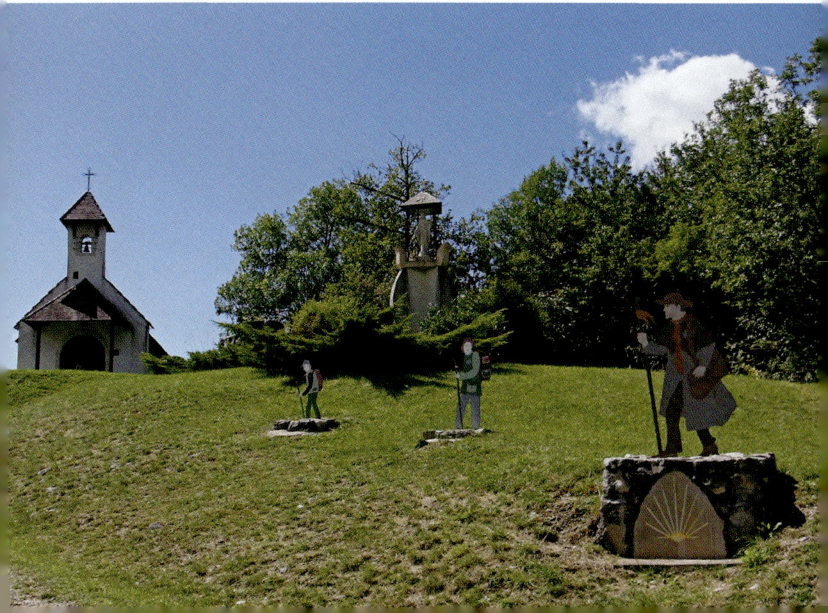

dann gelangen wir zu dem besonderen Platz mit der **Kapelle Saint-Romain (6)** (Pilgerdarstellungen, eine Madonna, Orientierungstafel und Rastplatz). Rechts weiter bieten sich nochmals prächtige Blicke von den steil abfallenden Felsen weit in die Landschaft hinaus, dann geht es auf dem Pfad in Serpentinen durch den Wald abwärts.

*i* *Ein wunderbar weiter Ausblick auf Yenne und die Rhone erwartet uns an dem herrlich gelegenen Rastplatz an der* ***Kapelle Saint Romain****. Dieser dem heiligen Roman geweihte Hügel war schon im Altertum ein viel besuchter Ort. Hier oben wurde bei Ausgrabungen die älteste Stele Savoyens gefunden. Sie wurde auf das Jahr 504 datiert und ist dem römischen Gott Silvanus geweiht.*

***Tipp:*** *Es ist gut, sich bei diesem Abstieg Zeit zu lassen. Mit möglichst kleinen Schritten schont man zudem nicht nur seine Gelenke, sondern ist damit auch sicherer unterwegs. Eventuell können auch Wanderstöcke hilfreich sein.*

*In Yenne findet man noch historische Wasserläufe.*

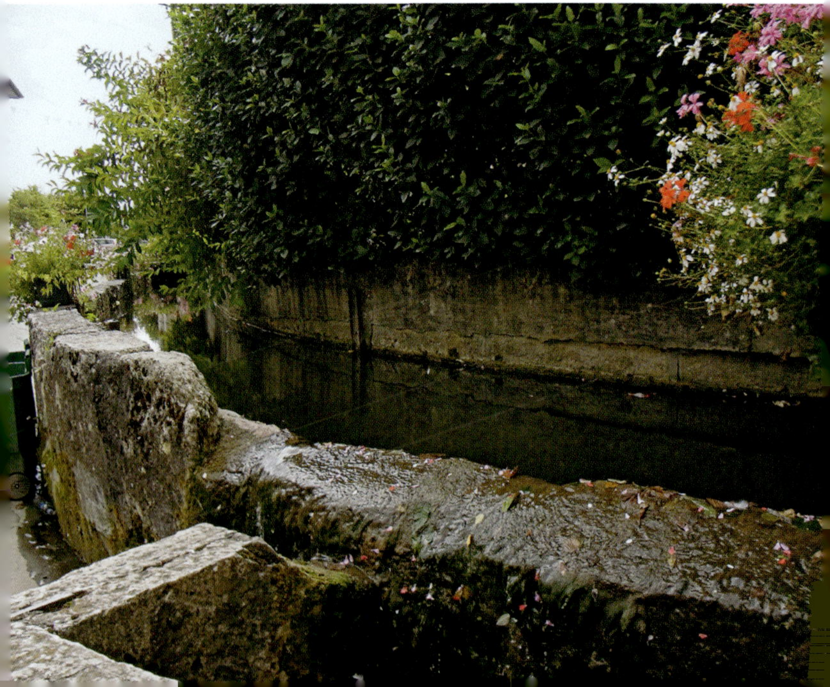

In vielen kleinen Kehren zieht sich der Steig abwärts. Unten bleiben wir am Wegweiser Cotonnière geradeaus, dann treffen wir auf die Straße D 921. Nach links und gleich darauf wieder links wandern wir durch die kleine Ansiedung **Petit Lagneux** (zu Yenne).

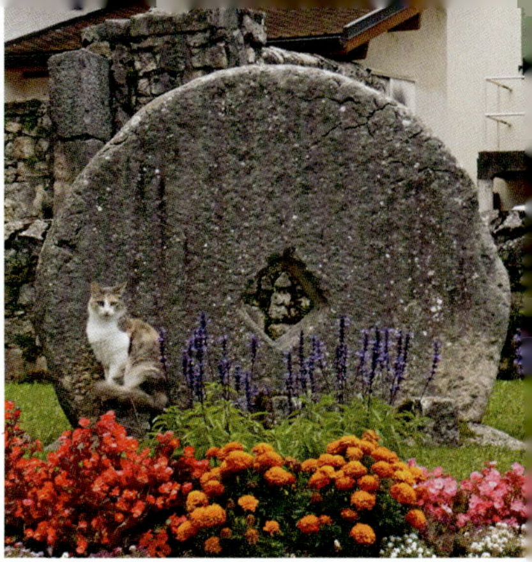

*Alter Mühlstein in Yenne.*

Wir biegen im Ort rechts ab **(7)**, überqueren die Straße und wandern in den Feldern links um die Kurve. Der Grasweg führt dann geradeaus zum Auwald an der Rhone hin.

Geradeaus am Fluss entlang weiter ist richtig; parallel zu unserem Jakobsweg ist ein Naturlehrpfad ausgeschildert. Das Laub des Waldes bietet im Sommer angenehmen Schatten. Kurz vor Yenne lädt eine Bank zu einer Verschnaufpause am ruhig dahinziehenden Fluss ein. Nach links weiter, dann rechts und wieder links haben wir den Ortsanfang von **Yenne** erreicht.

***Hinweis:*** *Zur Kirche Notre-Dame de l'Assomption aus dem 12. Jahrhundert, mit Umbauten im 14. und 17. Jahrhundert, geht es am Wegweiser Yenne l'église nur wenige Schritte geradeaus, dann rechts die Stufen hoch. Ebenfalls am Wegweiser geradeaus findet man nach knapp 100 m die Tourist-Information.*

Der Jakobsweg biegt ansonsten am Wegweiser rechts ab und führt am ehemaligen Hospital von Yenne vorbei. Am **Wegweiser Yenne (8)** in Nähe der Stadtmitte haben wir zwei Möglichkeiten für den weiterführenden Weg, dazu mehr Informationen bei der nächsten Etappe.

*i* ***Yenne*** *liegt an der ehemaligen Römerstraße von Vienne nach Genf und am linken Rhoneufer nahe der Rhoneschlucht Gorge de la Balme. Der mit interessanten Tafeln versehene historische Rundgang durch den Ort vermittelt an vielen Gebäuden und Plätzen aufschlussreiche Details. Die Stadt war 1840 und 1850 von Großbränden betroffen. Der hübsche Bachlauf durch die Stadtmitte, der Canal de la Méline, hat einen historischen Hintergrund. Er wurde als Trinkwasserversorgung und für den Antrieb der Mühle, die sich damals hinter der Kirche befand, angelegt. 1862 wurde das Wasser mit dem aufkommenden Verkehr in den Untergrund verbannt, erst seit 2004 fließt es wieder sichtbar und offen durch die Stadt. Der Clos des Capucins war im 17. Jahrhundert ein Frauenkloster und ist heute ein Bildungshaus, in dem man als Pilger Station machen kann.*

# 7 Yenne – La Dronière – Saint-Genix-sur-Guiers

**7.45 Std.**
**25 km**

Ab Yenne bis zum Wegweiser La Dronière kurz nach dem Col du Mont Tournier stehen zwei Wege zur Wahl. Die östliche Route des Jakobswegs ist dabei nicht nur kürzer, sondern auch weniger anstrengend. Sie weist dafür jedoch etwas mehr Teerbelag auf. Sie wird vor allem bei kritischen Wetterlagen empfohlen und verläuft auf gut begehbaren Wegen auf der dem Fluss abgewandten Seite des Bergrückens.
Der westliche Weg ist deutlich länger und bergiger, bietet dafür jedoch einige spektakuläre Ausblicke auf die Rhone und weit in das Land hinaus.
Der Ausgangspunkt für beide Wege ist in **Yenne** am Wegweiser »Yenne« **(1)** beim Hotel Le Fer à Cheval.

Diese Etappe ist zur besseren Übersichtlichkeit in drei Abschnitte gegliedert.
- 7 a. Östliche Route: Yenne – Wegweiser La Dronière (3.30 Std., 12 km) – auf der Karte rechts
- 7 b. Westlicher Weg: Yenne – Wegweiser La Dronière (4.30 Std.,14 km) – auf der Karte links
- 7 c. Wegweiser La Dronière – Saint-Genix-sur-Guiers (3.15 Std., 11 km)

*Oben rechts: »Mh, wie das lecker duftet!«: frisch gebackenes Holzofenbrot.*
*Unten: Die östliche Route des Jakobswegs führt durch Weidegelände.*

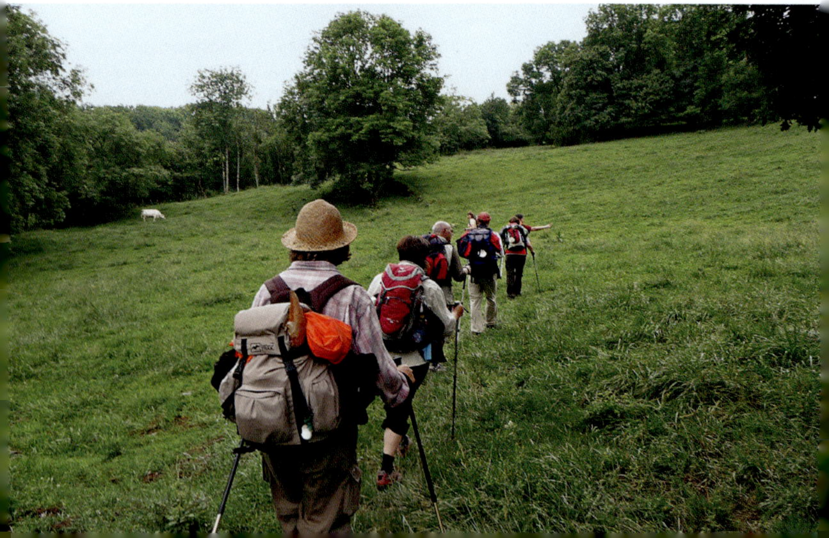

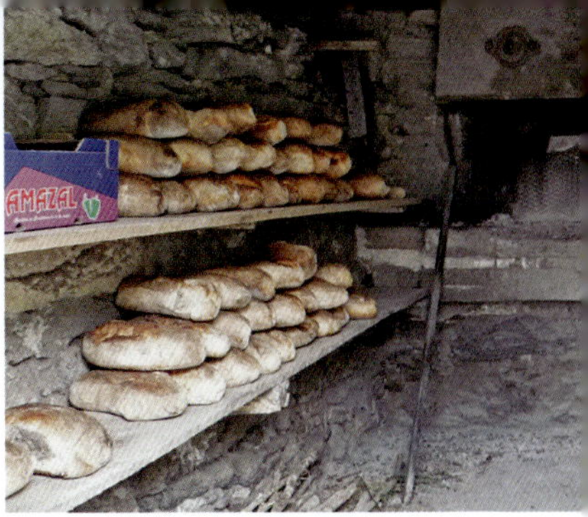


**Herbergen:** **Saint-Genix-sur-Guiers** (230 m, 2280 EW): Camping Les Bords du Guiers (mit Schwimmbad), Mitte April bis Mitte Sept. geöffnet, Ü 20–25 €, Tel. +33 4 7631 7140.
**Unterkunft:** **Les Malods** (östliche Route): Chambre d'hôtes La Grange du Paris, HP 50 €, Tel. +33 60268 1159.
**St-Maurice-de-Rotherens:** Gîte La Forge aux Hirondelles, 11 B/Ü 29 €, F 6 €, geöffnet ab 17 Uhr, Küche, Tel. +33 6 1743 3757.
**Côte Envers:** Cotenvert, Annie Latge, 85 Chemin du Ruisseau, 2 DZ/HP EZ 52 €, DZ 89 €, mit Küche, schöne ruhige Lage direkt am Weg, Tel. +33 4 7631 7580, +33 6 2949 6734.
**Chapelle de Pigneux** (273 m, zu St-Genix-sur Guiers): Gîte de Pigneux, 4 B/Ü 25 €, F 5, Menü auf Bestellung 12 €, 270 Route de Pigneux, Tel. +33 6 8719 0457
**Saint-Genix-sur-Guiers/Aoste**: (1) Gîte A Pied à Bicyclette, 2334 Route de Savoie, Ü ab 21 €, F 6 €, HP 43 €, Bettwäsche 5 €, Tel. +33 7 5744 3095. (2) Chambre d'Hôtes Fam. Calvez, 185 Chemin de la Tour, ÜF 45 €, Tel. +33 6 9844 6072.
**Die Strecke: 7a:** Die Route verläuft auf kleinen Sträßchen, Wegen und Pfaden. Sie ist weniger steil und etwas kürzer als der westliche Weg (7b).
**7b:** Schmale Pfade durch Gebüsch und Wald prägen den ersten Teil. Es bieten sich mit kurzen Abstechern dreimal schöne Aussichten (Tombe, Château, Rhone mit Bank; dann Kreuz ohne Aussicht). Nach der Rasthütte mit Wasser bei Botozel folgen nochmals Aufstiege und ein lohnender Abstecher zum wunderbaren Aussichtspunkt Recorba hinab auf die Rhone.
**7c:** Zunächst schmale Pfade abwärts, dann zunehmend mehr breite (Teer-) Wege. Kurz vor Saint-Genix-sur-Guiers muss ein kurzer steiler Aufschwung bewältigt werden.
**Höhenunterschiede:**
**7a:** 620 m im Aufstieg, 70 m im Abstieg.
**7b:** 680 m im Aufstieg, 120 m im Abstieg.
**7c:** 120 m im Aufstieg, 680 m im Abstieg.
**Kritische Stellen: 7b:** Bei oder nach Regenfällen können manche Wegabschnitte unangenehm rutschig werden.
Abschnitte 7a und 7c: Keine.
**Landschaft: 7a:** Wir wandern zunächst durch Gebüsch und Wald mit hohem Buchs und Eichen. Die jeweils kurzen Abstecher ermöglichen besondere Ausblicke in die Landschaft und ins Rhonetal. Die steile Bergregion ist mit einer einem Bannwald ähnlichen Vegetation bewachsen. Diese wechselt erst vor dem Gehöft Botozel zu einem Wald, in dem Forstbetrieb möglich ist.
**7b:** Landwirtschaftlich geprägtes Gebiet, es geht durch Wald und kleine Ansiedlungen. Immer wieder bieten sich genussvolle Ausblicke.
**7c:** Wir wandern aussichtsreich über Wiesen und Weiden sowie kürzere Abschnitte durch den Wald.
**Infrastruktur:** Rasthütte Botozel (außer in der kalten Jahreszeit).
Saint-Maurice-de-Rotherens
Grésin (390 m)
Côte Envers
Chapelle de Pigneux
St-Genix-sur-Guiers A €
i, 47 Route de Pont de Beauvoisin, Tel. +33 4 7631 6316, valguiers.com.
**Anmerkungen: 7b:** (1) Die Wegpunkte des Jakobswegs (westlicher Weg) werden bis zum Wegweiser La Dronière von J1 bis J6 benannt.
(2) Die verschiedenen Abstecher führen zu lohnenden Ausblicken, die jeweils vor Ort auf Tafeln erläutert werden.

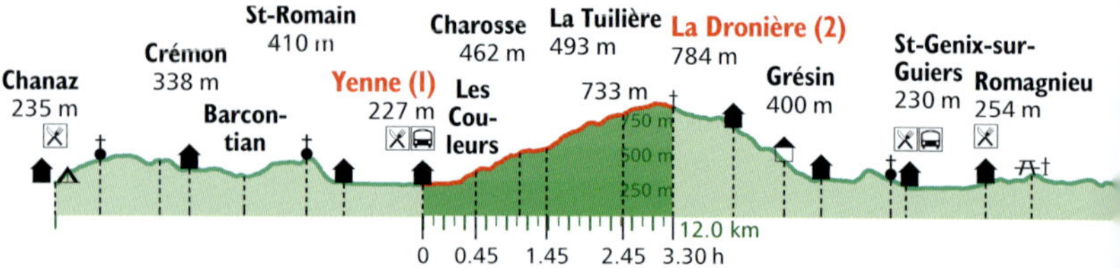


**7a. Östliche Route: Yenne – Wegweiser La Dronière** (3.30 Std., 12 km)
Die östliche Route des Jakobswegs führt am **Wegweiser Yenne (1)** beim Hotel Le Fer à Cheval auf dem Chemin de Ronde in Richtung Col du Mont Tournier. Sie ist mit der blau-gelben Muschel mit einem zusätzlichen gelben Punkt markiert. Zweimal bleiben wir geradeaus und biegen dann rechts ab auf die Rue Antoine Laurent.

Wir gelangen zum Croix des Rameaux und gehen zweimal rechts haltend weiter. Wir wandern eben aus dem Ort hinaus und überqueren an der Straße rund 1 km später nach rechts den Bach Flon. 200 m folgen wir der Straße und biegen dann rechts haltend in Richtung des Weilers **Les Couleurs** ab. Auf dem Teersträßchen erreichen wir geradeaus die kleine Ansiedlung. Um zwei Serpentinen steigt der Weg an und wir kommen an einem Lavoir sowie einem **Backhäuschen** vorbei.

Geradeaus weiter und an der Gabelung am Ortsende links haltend haben wir einen Naturweg unter den Schuhsohlen. An der nächsten Gabelung geht es rechts sanft ansteigend weiter. Bei der nächsten Wahlmöglichkeit entscheiden wir uns für links, und wieder haben wir den markanten Bergrücken mit dem Dent du Chat/Katzenzahn im Blick.

Ein Weidegatter wird passiert und wir folgen dem Graspfad über die Weide. Achten wir darauf, die Route biegt dann am Ende der Weide an einem Mäuerchen rechts ab. Der Pfad mündet in einen Weg und rechts weiter erreichen wir die kleine Ansiedlung **Charosse**. An der Straße rechts aufwärts, dann biegen wir am blumengeschmückten **Wegkreuz** links ab.

200 m später ist die kleine Ansiedlung **Les Malods** erreicht. Nach links wird der Bach Malacôte überquert, dann wandern wir rechts weiter in Richtung La Tuilière und Botozel (Sackgasse).

Geradeaus gelangen wir zu den wenigen Häusern von La Tuilière. Unsere Route zum Col du Mont Tournier biegt links ansteigend ab.

***Hinweis:*** *Wer zur Übernachtung zum Gehöft* ***Botozel*** *gehen möchte, bleibt an dieser Stelle geradeaus auf dem Teersträßchen.*

Wir gewinnen etwas an Höhe und gehen an der Gabelung links haltend weiter. Dann immer geradeaus erreichen wir ein Weidetor (bitte wieder schließen). Wir bleiben auf dem Pfad und verlassen das Weidegelände durch das nächste Tor. Nach dem Überqueren eines kleinen Bachlaufs kommt schon

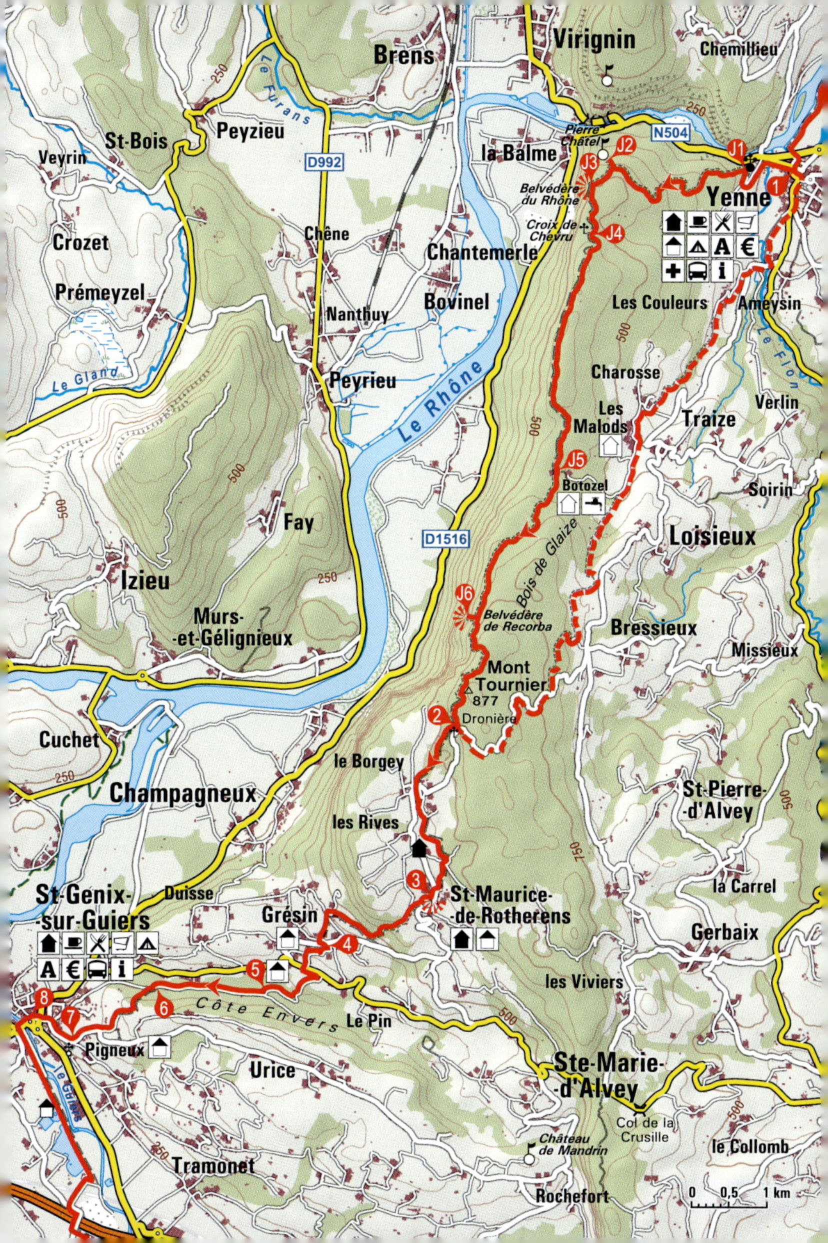

Virignin
Chemillieu
Brens
Peyzieu
St-Bois
Veyrin
Le Furans
D992
la Balme
Pierre Châtel
N504
J1
J2
J3
Belvédère du Rhône
Yenne
Croix de Chevru
J4
Crozet
Chêne
Chantemerle
Prémeyzel
Nanthuy
Bovinel
Les Couleurs
Ameysin
Le Gland
Peyrieu
Charosse
Le Rhône
Les Malods
Traize
Verlin
Le Flon
J5
Botozel
Soirin
Fay
D1516
Loisieux
Izieu
Bois de Glaize
J6
Belvédère de Recorba
Murs-et-Gélignieux
Bressieux
Missieux
Mont Tournier
877
Dronière
Cuchet
le Borgey
Champagneux
St-Pierre-d'Alvey
les Rives
St-Maurice-de-Rotherens
la Carrel
Duisse
St-Genix-sur-Guiers
Grésin
Gerbaix
les Viviers
Côte Envers
Le Pin
Pigneux
Urice
Ste-Marie-d'Alvey
Col de la Crusille
Le Guiers
Château de Mandrin
le Collomb
Tramonet
Rochefort
0 0,5 1 km

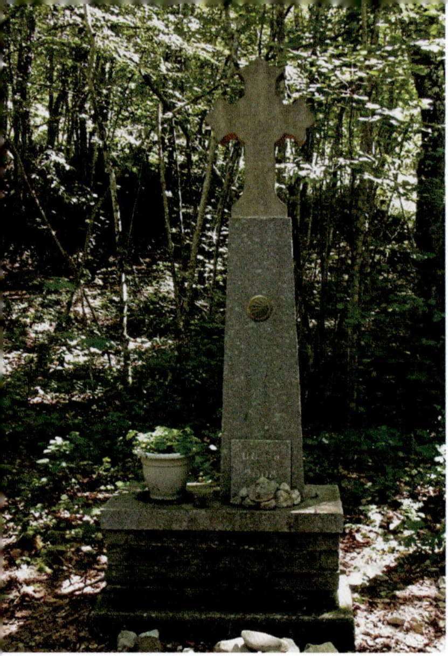

*Wegkreuz am Wegweiser La Dronière.*

das nächste Weidetor. Über die gerne etwas feuchte Wiese geht es links haltend aufwärts und nach dem Verlassen auf einem Grasweg weiter. Die Route mündet in einen Feldweg, auf dem wir uns nach rechts wenden. Am Wegweiser Les Rochettes geht es links und es bietet sich ein weiter Blick in die Landschaft.

Achten wir darauf, dass wir 100 m später am Waldrand nach links abbiegen müssen. Der Pfad bietet daraufhin wunderbare Aussichten, unter anderem nochmals auf den Katzenzahn. Geradeaus mündet der Pfad bei Labully in einen Teerweg. Wir gehen nur wenige Meter rechts aufwärts, schon werden wir in den Wald nach rechts gewiesen. 100 m später wandern wir links ansteigend weiter. Am Wegrand fallen interessante Felsen und rot-weiß markierte Grenzsteine auf.

Links weiter am Stein Nr. 7 und dann geradeaus gehen wir durch den Wald. An der Einmündung beim Stein Nr. 8 weisen uns die Zeichen nach rechts, dann nähern wir uns am Wegweiser La Magne vorbei dem **Teersträßchen** zum Col du Mont Tournier hinauf.

Rechts folgen wir dem Sträßchen bis auf den Pass hinauf und haben am **Col du Mont Tournier** eine Höhe von 821 m erreicht. Wir gehen rund 0,5 km abwärts, biegen dann nach einer Linkskurve rechts ab und erreichen die Route des Jakobswegs an einem Wegkreuz mit Muschel sowie dem **Wegweiser La Dronière (2)**.

Bitte ab dieser Stelle bei Abschnitt 7c weiterlesen.

### 7b. Jakobsweg: Yenne – Wegweiser La Dronière (4.30 Std., 14 km)

Am **Wegweiser Yenne** beim Hotel Le Fer à Cheval **(1)** gehen wir in Richtung Saint-Maurice-de-Rotherens an der Straße Avenue du Rhone entlang und überqueren den Bach Flon. Nach dem Friedhof biegen wir links ab in Richtung Chevru. Die Straße steigt um eine Kehre an, dann gehen wir auf den Feldweg geradeaus und kommen zur **Notre-Dame de la Montagne (J1)**. Schon bieten sich die ersten beeindruckenden Rückblicke auf Yenne und hinab zur Rhone.

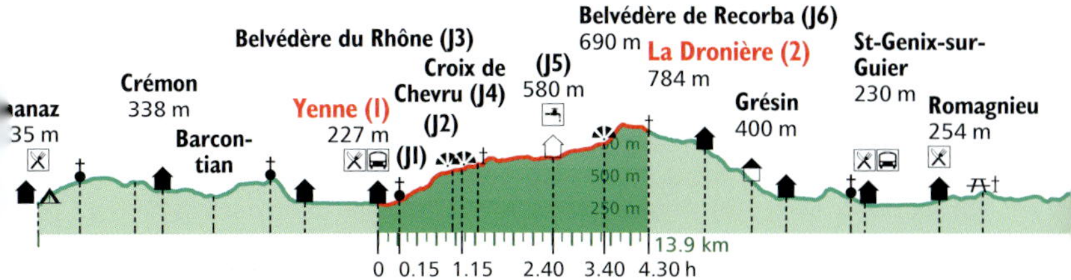


*Der Erbauer der Kapelle* ***Notre-Dame de la Montagne*** *war Joseph Fabisch, der auch die eindrucksvolle und mit dem großen Jakobus-Mosaik auch für Pilger interessante Basilika Notre-Dame de Fourvière hoch über der Saône in Lyon erbaut hat. Man vermutet, dass die Kapelle mit der Marienstatue, die 1866 geweiht wurde, zum Schutz der Stadt und der Reisenden auf der Rhone errichtet wurde.*

Die Route des Jakobsweges zweigt vor der Kapelle rechts haltend ab und schon bald werden wir zu einem ersten Abstecher eingeladen (Tombeau du Boisson).
Der Pfad steigt teilweise über ausgewaschene Kalkfelsen an, dabei fallen uns die vielen oft übermannshohen Buchsbaumbüsche auf. Zweimal geht

*Nur wenig abseits der Route bieten sich fantastische Ausblicke.*

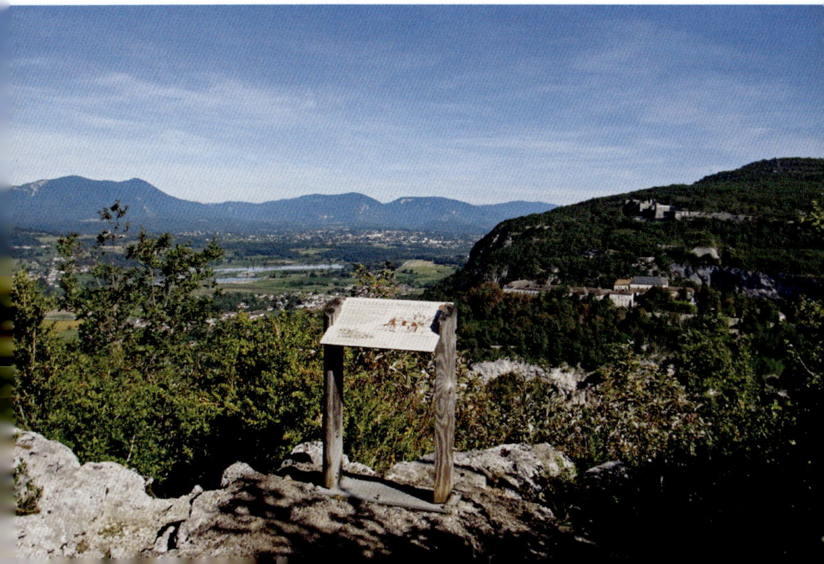

es rechts haltend auf dem Pfad weiter. Immer wieder bieten sich Ausblicke, dann werden wir zu einem zweiten Abstecher animiert (**Pierre Châtel, J2**) auf 480 m Höhe.
Der nächste Aussichtspunkt kurz darauf ist das **Belvédère du Rhône**, mit Bank **(J3)**.
Der Pfad führt nach rechts weiter und wir erreichen fast das ausgeschilderte **Croix de Chevru (J4)**, das sich jedoch 20 m abseits des Weges befindet.

*i* *Früher befanden sich an dieser damals nicht bewaldeten Stelle drei Kreuze, die über lange Zeit hinweg Ziel einer Wallfahrt am Festtag des Heiligen Kreuzes waren. Das jetzige* ***»Croix de Chevru«*** *aus dem Jahre 1650 wiegt um die 700 kg und ist eines der ältesten Kreuze der Region.*

Geradeaus weiter kommen wir am Wegweiser Pre Cevin vorbei zu dem Wegweiser bei Les Farnets. Ein altes Gemäuer unweit des Weges ist kaum noch zu erkennen. Weite Ausblicke ins Land und auf die Rhone erfrischen den Geist. Schauen wir auch mal nach oben auf die über uns aufragenden Felswände!
Am Wegweiser Puits Bacchus geht es rechts weiter, 100 m darauf nochmals. Der Wald verändert sich deutlich, hier kann auch wieder Forstwirtschaft betrieben werden. Wir nähern uns einer Lichtung, das Gehöft Botozel rückt ins

*Die unbewirtschaftete Rasthütte Botozel mitten im Wald.*

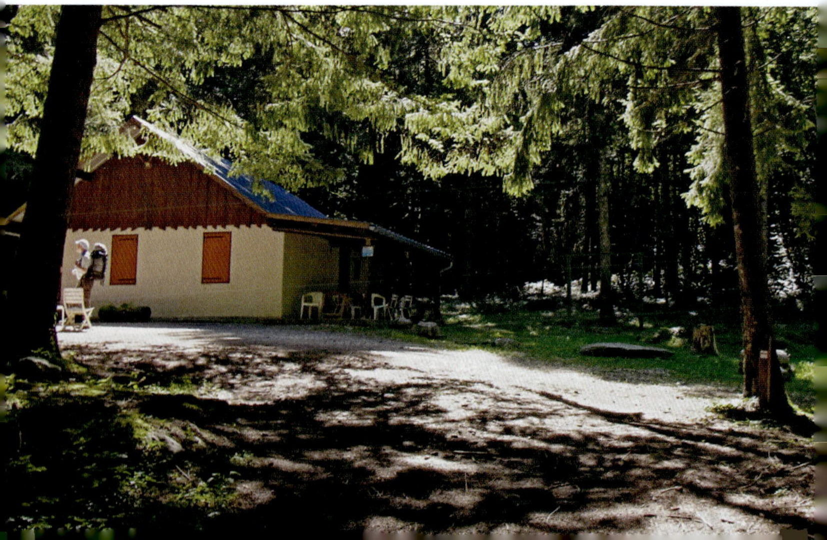

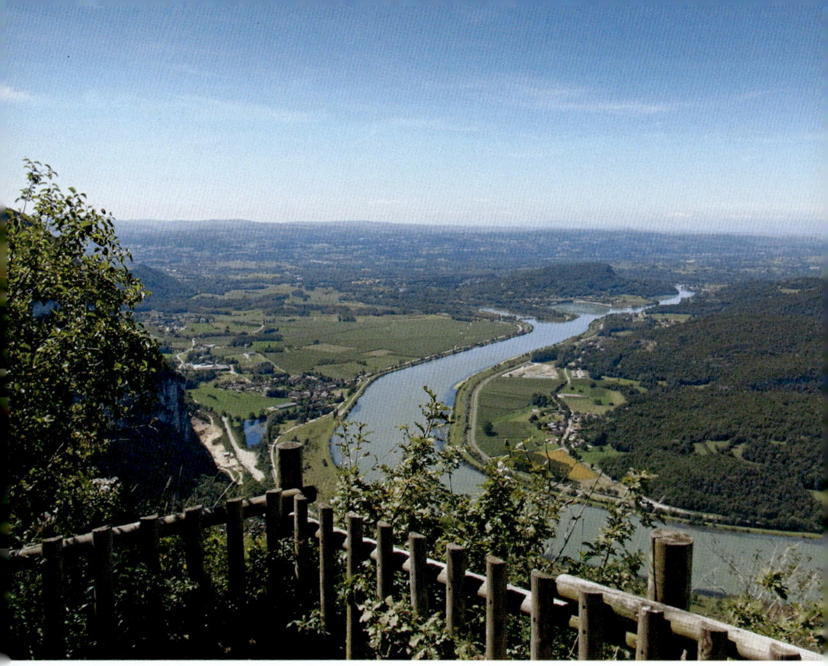

*Spektakulärer Ausblick vom Belvédère de Recorba – im Tal die Rhone.*

Blickfeld. An der Gabelung rechts haltend und geradeaus etwas ansteigend nähern wir uns der **Rasthütte Botozel** mit Stühlen, Tischen und Wasser **(J5)**.
Nach der Rasthütte gehen wir rechts im Wald schön schattig weiter. Geradeaus erreichen wir den Wegweiser Bois de Glaize, dann rechts haltend und an der Gabelung links weiter den **Belvédère de Recorba (J6)** auf 690 m Höhe.
***Tipp:*** *Diesen kurzen Abstecher zum phänomenalen Ausblick Belvédère de Recorba sollten wir uns auf gar keinen Fall entgehen lassen.*
Im Wald weiter müssen wir noch einige Höhenmeter aufwärts überwinden, dazwischen geht es auch mal abwärts. Der Gipfel des Mont Tournier wird von der Route allerdings nicht berührt.
Rechts weiter, dann geradeaus und nach rechts haben wir eine Möglichkeit zu einem kurzen Abstecher nach rechts zum Aussichtspunkt **Pierre Vire**.
Der Jakobsweg führt jedoch an dieser Stelle nach links und kommt 250 m darauf zum **Wegweiser La Dronière (2)**. Hier mündet die Variante von Yenne her ein.

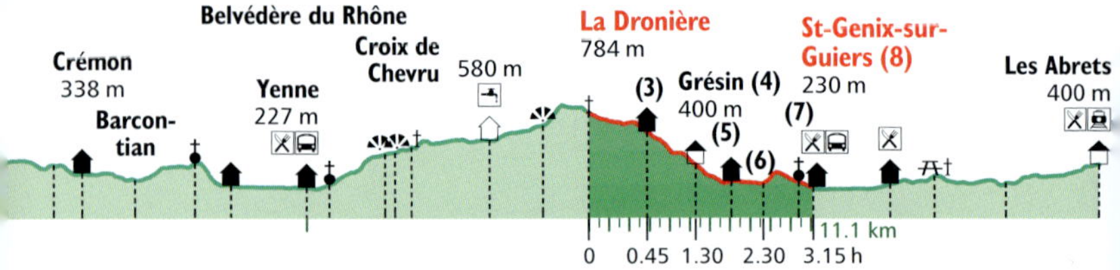


**7c. Wegweiser La Dronière – Saint-Genix-sur-Guiers** (3.15 Std., 11 km)
In Richtung Saint-Maurice-de-Rotherens verlassen wir den Wald, kommen auf Wiesen hinaus und erreichen bald die Häuser von **Le Bornet**. Zuerst geradeaus weiter und daraufhin auf dem Sträßchen nach rechts haben wir ein wunderbares Bergpanorama vor Augen. Nochmals geradeaus weiter kommen wir zu einem Haus mit bemerkenswerter Giebelgestaltung. Davor geht der Jakobsweg links und danach sofort rechts. Geradeaus wandern wir auf dem Pfad über die Wiese und kommen zum Croix des Rives (mit kleiner Jakobusskulptur und Bank).
Links und dann rechts weiter treffen wir auf einen breiten Weg. Rechts ist richtig, dann geht es geradeaus über die Straße hinweg und abwärts nach **Saint-Maurice-de-Rotherens**. Wir wandern auf der Straße wunderbar aussichtsreich abwärts bis zum Gefallenendenkmal **(3)** und biegen dort rechts ab.

*i* *Der kleine Ort **Saint-Maurice-de-Rotherens** liegt in einer herrlichen Aussichtslage über dem Tal mit weitem Blick bis hin zu den alpinen Bergketten. In der leider oft geschlossenen Kirche Saint-Maurice gibt es einen Jakobus zu sehen. Das Radiomuseum Galletti erinnert an den bekanntesten Mann der Ortschaft: An den Wegbereiter der Erfindung der drahtlosen Übertragung von Informationen: Roberto Clemens Galletti di Cadilhac. Dieser erfinderische Mann war italienischer Ingenieur (1879–1932), arbeitete zunächst für die Firma Marconi und begeisterte sich für die drahtlose Telegrafie. Hier in Saint-Maurice-de-Rotherens war der Standort der damals weltweiten größten Telegrafenstation, die Signale bis Amerika sendete. Der Erste Weltkrieg vereitelte leider weitere Versuche.*

***Hinweis:** Mit einem Abstecher nach rechts kommen wir am WC vorbei zur Kirche (mit Rastplatz).*
Wir verlassen die Straße, wandern geradeaus auf dem Grasweg am Lavoir vorbei und treffen auf einen Weg. Schräg nach rechts weiter geht es auf dem Pfad abwärts. Nach links, unten dann rechts wandern wir mit weiten Ausblicken, hier sogar wieder sanft ansteigend. Unter uns sehen wir den kleinen Ort Grésin mit seiner Kirche. Geradeaus erreichen wir die Häuser des Gehöfts Malbuissons und biegen 30 m später links abwärts ab.

Geradeaus hinab und dann nach links steuern wir auf die Kirche von **Grésin** zu **(4)** (mit Rastplatz).

i *In **Grésin** werden wir in der Kirche **Notre-Dame de l'Assomption** mit Musik begrüßt. Auch sehen wir hier wieder die oft dargestellten und bekannten Heiligen wie den Pfarrer von Ars oder die französische Nationalheilige Jeanne d'Arc (Johanna von Orléans).*

Der Jakobsweg führt links an der Kirche vorbei und rechts abwärts. Links haltend weiter gelangen wir zu einer Scheune im typischen lokalen Baustil. Doch das Besondere ist das Angebot an Getränken und Jakobsmuscheln. Unten an der Straße gehen wir links und biegen dann bei der kleinen Ansiedlung **Bordet** rechts ab. Auf dem Weg überqueren wir den kleinen Bach Côte Envers und dann mündet die Route beim Gehöft **Côte Envers (5)** in ein Teersträßchen.
Auf dem Sträßchen weiter erreichen wir die Abzweigung am **Wegweiser Pas de l'âne**. Hier werden die Pilger nach links aufwärts gewiesen **(6)**.
***Hinweis:*** *Wer es eilig hat, nach Saint-Genix-sur-Guiers zu kommen, könnte an dieser Stelle auch geradeaus weitergehen. Man versäumt damit allerdings die Kapelle Notre-Dame de Pigneux.*

*Immer wieder für eine Überraschung gut: private Versorgungsstationen.*

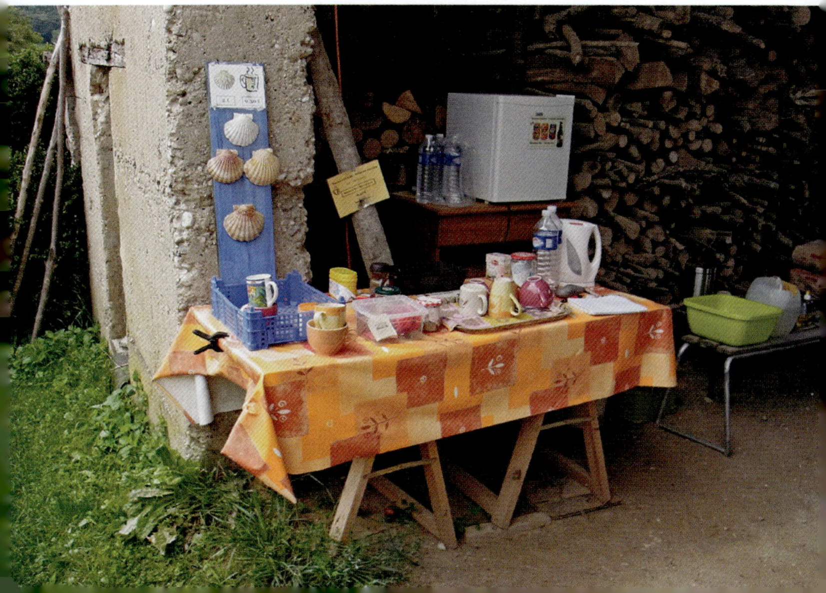

Wir gewinnen durch den Wald mit jedem Schritt an Höhe und kommen oben zu einer Scheune mit großen Linden und dem Wegweiser Le Vuillerot. Hier biegen wir rechts ab und genießen die weiten Ausblicke. Das Bergpanorama verabschiedet sich nun allmählich, wir schauen in die weite Landschaft, die nur noch sanft hügelig ist.

Abwärts kommen wir zu Häusern (Chemin de la Tour) und an der Straße nach rechts erreichen wir die Kapelle **Notre-Dame de Pigneux (7)**.

*i* *Die heutige Kapelle* ***Notre-Dame de Pigneux*** *steht an der Stelle einer älteren Kapelle, deren Vergangenheit bis ins 8. Jahrhundert zurückreicht. Drei Muscheln zieren den oberen Teil der Fassade. Früher bat man bei der Notre-Dame de Pigneux um Heilung für erkrankte Neugeborene oder um reichen Kindersegen. Jedes Jahr am 15. August findet eine Wallfahrt statt.*

*Die Kapelle Notre-Dame de Pigneux ist mit drei Jakobsmuscheln verziert.*

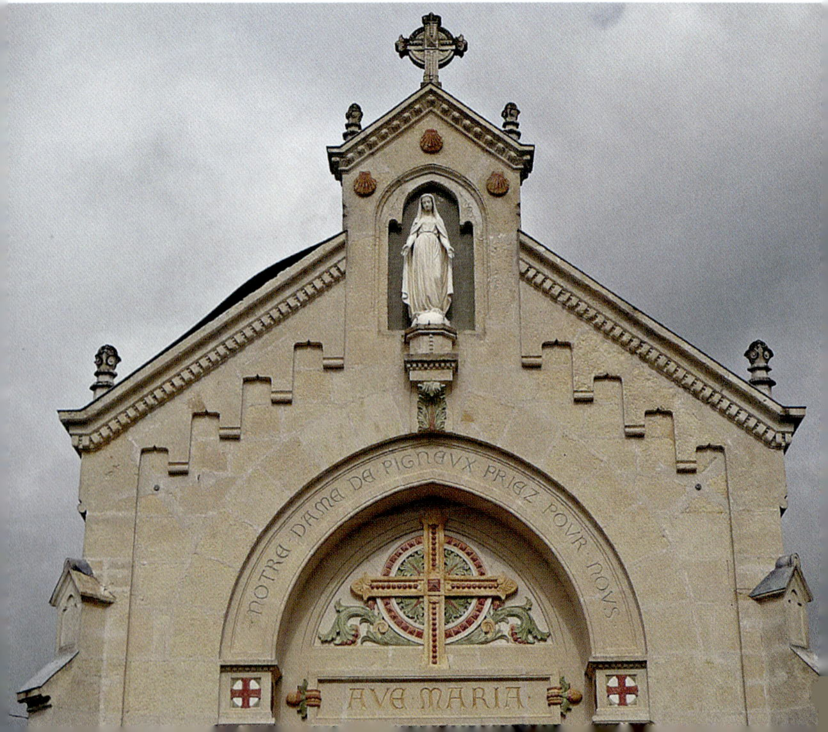

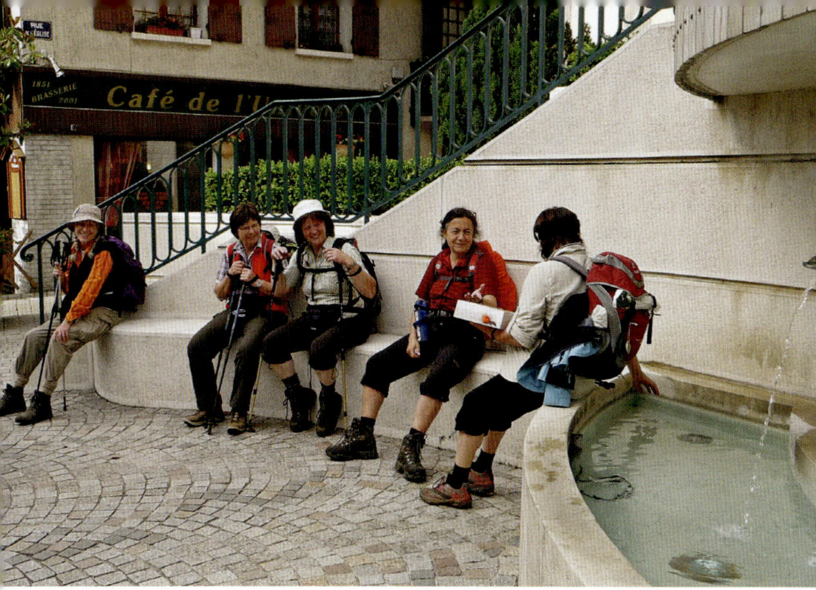


*Nach einem langen Pilgertag ist Saint-Genix-sur-Guiers erreicht.*

Geradeaus weiter abwärts erreichen wir **Saint-Genix-sur-Guiers**. Nach links um die Kurve (Rue du Faubourg) und dann geradeaus durch den Torbogen betreten wir die historische Altstadt. Am Place du Pont vor der Brücke geht es rechts zur Kirche und links zur Tourist-Information (mit Stempel), auch eine Übersichtstafel zum Jakobsweg und ein WC finden wir hier **(8)**.
Der Jakobsweg führt – das ist dann bereits der Beginn der nächsten Etappe – geradeaus über die Brücke.

i *Im Jahre 1115 lautete der Name für **Saint-Genix-sur-Guiers** »Apud Sanctum Genesium«. Die Stadt liegt am Fluss Guiers sowie in der Nähe von dessen Mündung in die Rhone. Die Stadt weist eine Anzahl historischer Gebäude auf. Um das Jahr 1860 wurde von der Familie Labully in Saint-Genix-sur-Guiers eine besondere süße Spezialität erfunden, der Gâteau de Saint-Genix. Das mit roten Pralinen gefüllte, einem runden Brioche ähnliche Backwerk ist in den Schaufenstern allgegenwärtig. Wer durch die Gassen spaziert, sieht Tafeln des Rundganges »Circuit de la Cité du Gâteau« mit einem lustigen Frage- und Antwortspiel. Die Kirche ist dem Heiligen Saint-Genix geweiht und weist über dem Eingangsportal das Savoyer Wappen auf.*

# Isère

Das Gebiet des Departements Isère war schon in prähistorischer Zeit besiedelt. Am Paladru-See wurde bei Unterwasser-Ausgrabungen ein Dorf von fünf Holzhäusern entdeckt, die auf die Zeit um 2700 vor Christus datiert werden. Im 11. und 12. Jahrhundert entstanden viele Burgen und Schlösser, die immer wieder umkämpft waren. Die industrielle Revolution und der Beginn des Tourismus veränderten das Departement nachhaltig. Heutzutage leben gut 1,2 Millionen Einwohner im Departement Isère, dessen Hauptstadt Grenoble ist. Die Ordnungsnummer lautet 38.
Eine Vorreiterrolle übernimmt das Departement im Bereich Natur- und Umweltschutz: Schon in den 90er-Jahren wurden Wildtierkorridore geschaffen. Im Wappen sind der namengebende Fluss und ein blauer Delfin mit roten

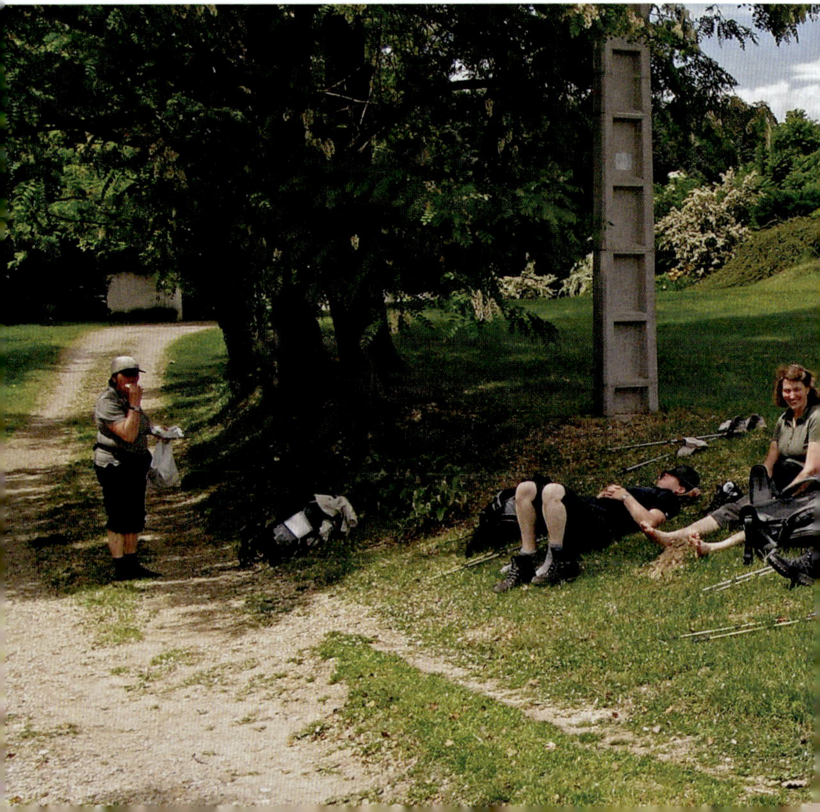

Flossen für die ehemalige Provinz Dauphiné abgebildet. Der Fluss Isère entspringt in den Savoyer Alpen auf einer Höhe von 2815 m und mündet nach einem Lauf von gut 280 km, auf dem unter anderem die Städte Albertville und Grenoble passiert werden, nördlich von Valence auf einer Höhe von 110 m in die Rhone.
Sprachforscher erkennen übrigens eine auffällige Verwandtschaft dreier europäischer Flussnamen: Neben dem französischen Namen Isère gibt es in Bayern die Isar und in Flandern den Fluss Yser.
Eine Spezialität des Dauphiné begegnet uns vielleicht beim abendlichen Menü: Es ist das *gratin dauphinois*, ein leckeres Kartoffelgratin, das für die Region typisch ist.

*Auch Pausen gehören zum Pilgern!*

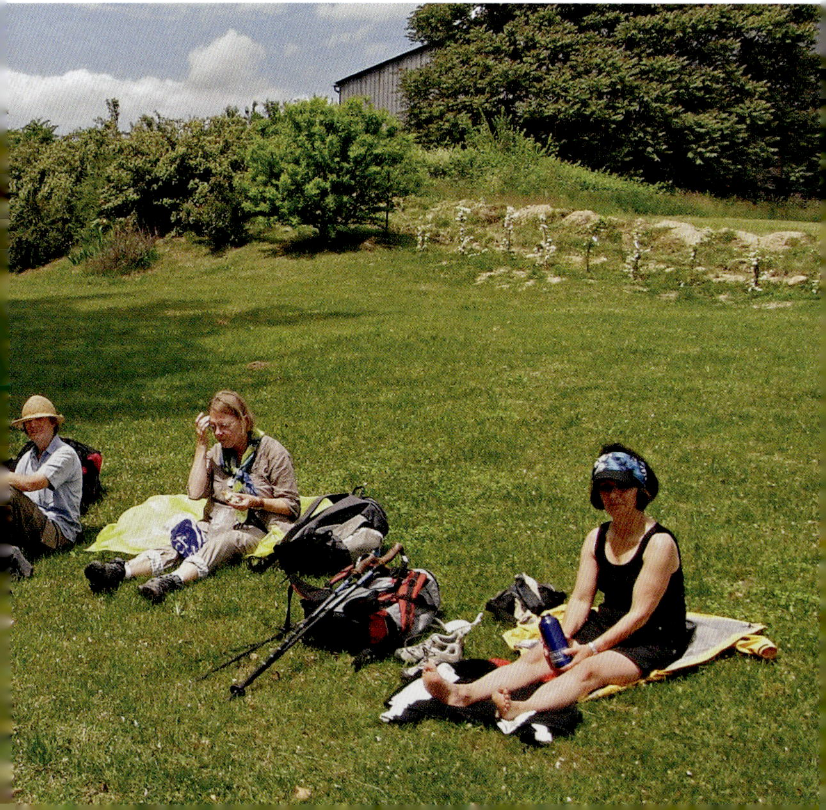

## 8 Saint-Genix-sur-Guiers – Les Abrets

**3.45 Std.**
**14 km**

**Unterkunft:** **Romagnieu** (250 m, 1425 EW): 1,5 km nach Saint-Genix-sur-Guiers, 250 m abseits, Sur le Chemin du Guiers, April bis Oktober, 5 B/HP 40 €, Tel. +33 9 5104 3216, +33 6 0356 0230. **Les Abrets:** P'tit meublé, 30 Rue Victor Hugo, ÜF ab 35 €, Tel. +33 4 7655 4232, +33 4 7655 4232.
**Die Strecke:** Kleine Auf- und Abstiege prägen diese Etappe. Wir wandern auf ruhigen Teersträßchen, Waldpfaden und Feldwegen.
**Höhenunterschied:** 350 m im Aufstieg, 180 im Abstieg.
**Kritische Stellen:** Keine.
**Landschaft:** Die hohen Berge liegen hinter uns, die Landschaft ist jedoch auch nach dem Abschnitt am Fluss Guiers nach wie vor hügelig. Auf dem Weg nach Les Abrets durchqueren wir nur kleine Orte.
**Infrastruktur:** Romagnieu
Le Vérou
Les Abrets (Place Eloi Cuchet, Tel. +33 4 7632 1124).
**Anmerkung:** Les Abrets bietet sich als End- oder Anfangsstation einer zeitlich begrenzten Wanderung auf dem Jakobsweg an, da es mit öffentlichen Verkehrsmitteln erreichbar ist. Der Bahnhof befindet sich im nur wenig entfernten Les Abrets-Fitilieu (vom Place Cuchet nach rechts zum Kreisverkehr, dort links und 50 m später rechts auf die D 142, die Rue Jean Jaures).

*Die hübsch anzusehende Fischtreppe im Fluss Guiers.*

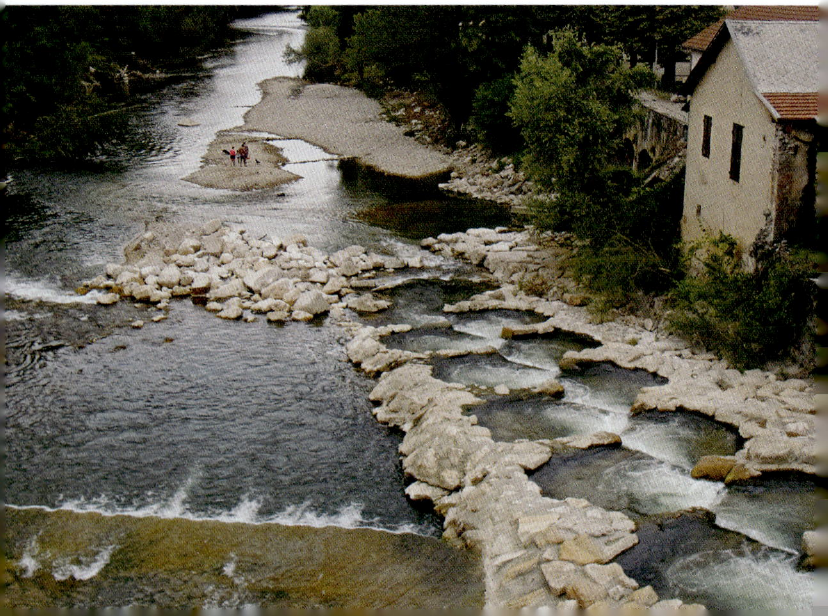

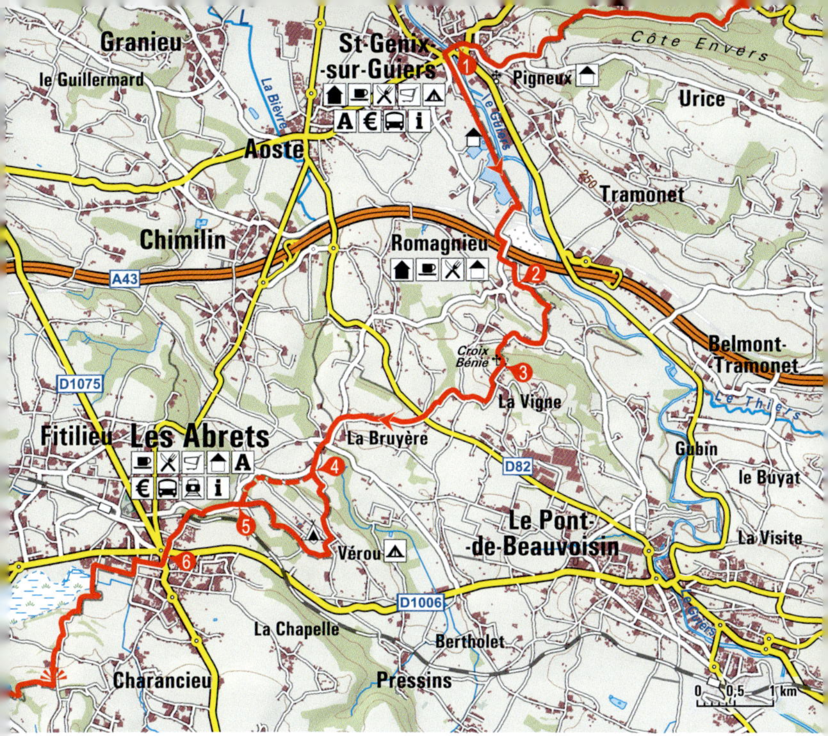


In **Saint-Genix-sur-Guiers (1)** gehen wir am Place du Pont geradeaus über die Brücke, die den Fluss Guiers überquert, und kommen ins Departement Isère. Sofort danach werden wir nach links gewiesen und sehen links nochmals zur Kapelle Notre-Dame de Pigneux hinauf. Immer geradeaus wandern wir in Richtung Romagnieu zuerst in Flussnähe entlang, dann an einem umzäunten Badesee vorbei.

Der Jakobsweg biegt rechts ab und geht 100 m später links weiter. Dann überqueren wir auf der Brücke die Autobahn A 43. Danach ist links richtig

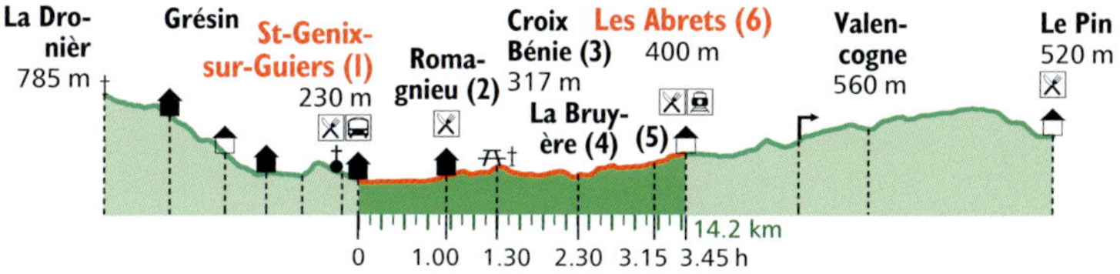

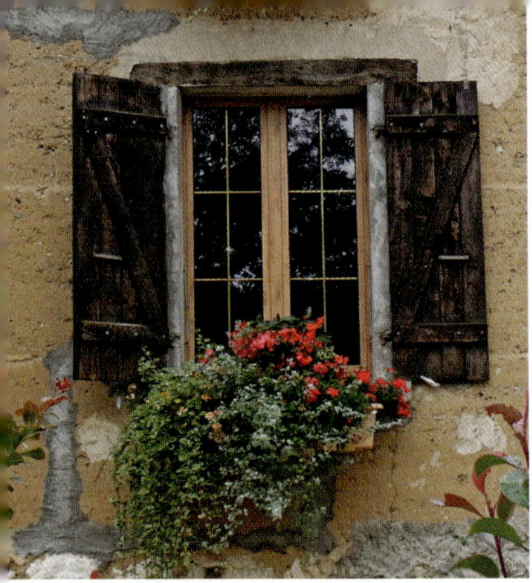

*Das Hinschauen macht Freude!*

und wir kommen auf dem Chemin du Château zu den ersten Häusern von **Romagnieu (2)**.

Der Ort selbst liegt etwas rechts, der Jakobsweg biegt links ab. An der nächsten Kreuzung gehen wir rechts haltend weiter (Chemin des Frecheres) und biegen am Wegweiser Le Boutet wiederum rechts ab. Es geht rechts am Gehöft vorbei und später über Felder abwärts zur nächsten Straße.

Wenige Schritte links und dann rechts wandern wir auf dem Sträßchen Chemin des Rivaux. Nach rechts weiter, dann geradeaus und nach der Linkskurve der Straße gehen wir links in die Sackgasse Impasse du Bois. Wir steigen durch den Wald aufwärts zu den wenigen Häusern beim Wegweiser Bois de Fayet, jedoch mit dem hübschen Pilger-Rastplatz am **Croix Bénie (3)**.

Geradeaus weiter und nach links gelangen wir zu den wenigen Häusern von **La Vigne**. Dann geht es auf dem Chemin du Brotia nach rechts, vorbei an Gärten und Weiden. Im Tal wandern wir auf dem Sträßchen rechts um die Kurve und beim Lavoir wechseln wir die Bachseite. Auf dem Chemin du Lavoir treffen wir auf die Straße D 82.

Rechts und links (und damit kommen wir wieder auf die andere Bachseite) gehen wir auf dem Chemin de Priolaz ansteigend durch die kleine Siedlung **Priolaz**. Abwärts mündet die Route in die D 142e, auf der wir ins Tal kommen.

Wir bleiben geradeaus, wandern an ehemaligen Mühlengebäuden vorbei und steigen auf einem Grasweg aufwärts nach **La Bruyère** (zu Les Abrets). Der Wanderweg trifft auf die Straße, biegt aber sofort links haltend wieder ab **(4)**.

***Hinweis:*** *Ab dieser Stelle macht der Jakobsweg eine weite Schlaufe nach Südosten. Wer rascher nach Les Abrets kommen möchte, könnte ab hier auf der Straße D 142e bleiben. In diese mündet der markierte Weg nach 1,5 km (nach dem Steinbruch) wieder ein.*

Der markierte Jakobsweg biegt auf den Chemin du Couloud ab und führt mit einigen Kurven an Gehöften vorbei. Dann kommen wir in den Wald und gehen rechts haltend in Richtung Les Abrets weiter. Nach links erreichen wir Höfe und zweigen darauf rechts ab. 100 m später biegen wir nochmals links ab (hier geht es rechts zum Campingplatz Le Verou).

150 m später biegen wir rechts auf einen Grasweg ab. Auf diesem immer geradeaus spazieren wir durch das Tal und treffen dann auf die Landstraße **D 142 e (5)**.

Wir wandern 250 m auf dieser Straße und biegen dann links in Richtung Kläranlage ab. Es folgt ein letzter Anstieg hoch zur Bahnlinie und wir erreichen die ersten Häuser von Les Abrets. Geradeaus (Chemin du Beurrier), links haltend und dann wieder geradeaus wandern wir über die Straße hinweg. Auf der Rue Jean Jannin erreichen wir den hübsch gestalteten Platz Place Cuchet in der Ortsmitte von **Les Abrets (6)**.

i *In der netten Kleinstadt **Les Abrets** bekommen wir am Place Cuchet rechts in der Tourist-Information einen Stempel für den Pilgerausweis. Bars und Cafés laden hier zu einem gemütlichen Aufenthalt ein. Wer größere Kaufhäuser sucht, findet sie nach rechts zum Kreisverkehr gehend, dort links weiter (500 m). Die Kirche **Notre-Dame de l'Assomption** ist leider meist geschlossen.*

*Vorbildlich angelegte und gepflegte Gärten sieht man in Frankreich immer wieder.*

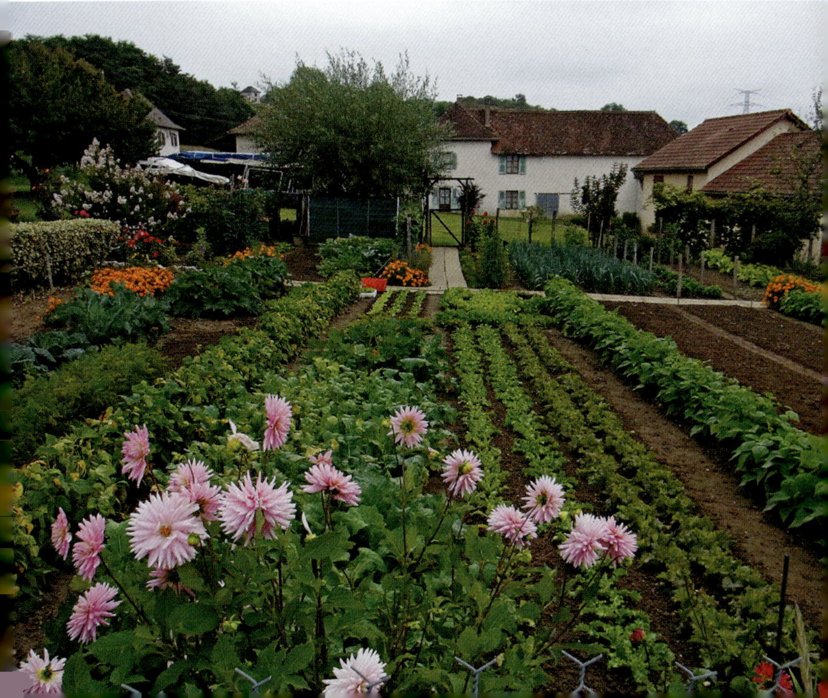

# 9 Les Abrets – Le Pin

**4.15 Std.**
**16 km**

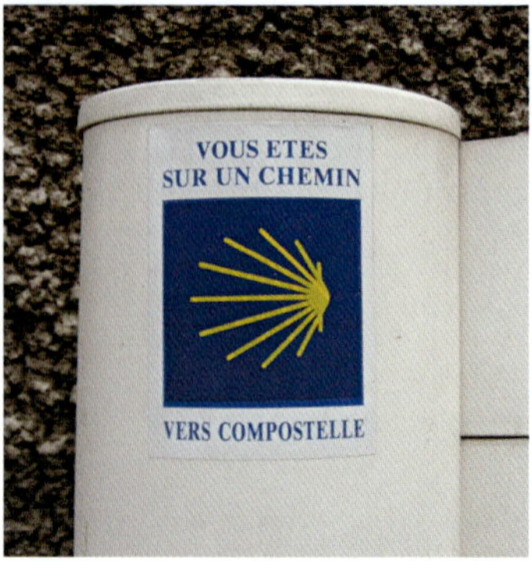


**Unterkunft: Charancieu:** (1) Chambre d'Hôtes Le Juvenin, Alain und Florentine Chevaux, 970 Route du Bas Juvenin, 500 m abseits, 8 B/Ü EZ 30 €, Menü 19 €, Tel. +33 4 7631 3748, +33 9 5197 5226 (diese Unterkunft behält man lange in guter Erinnerung; die Einnahmen werden nach Madagaskar gespendet). (2) Chambre d`Hôtes La Bachole, 500 m abseits, 25 Montée du Château, ÜF 39 €, Menü 19 € auf Bestellung, Tel. +33 4 7655 9334, +33 6 8821 0651.

**Le Pin-Plage** (etwas abseits, jedoch sehr schön am Paladru-See gelegen): Chambre d'hôtes Les Balcons du Lac, Denise und Jean Meunier-Beilard, 145 Chemin de Beluran, 10 B/HP 45 €, Tel. +33 4 7606 6400, +33 4 7606 6882 ab 16 Uhr, Abholung ab 18 Uhr möglich.

**Le Pin** (520 m, 1230 EW): Abholservice vom Hotel Le Rossli in Charavines, April bis Oktober, ÜF EZ 40 €, DZ 70 €, Tel. +33 4 7606 6007, +33 7 8689 3491.

**Die Strecke:** Kleine Auf- und Abstiege prägen diese Etappe. Wir wandern aussichtsreich auf ruhigen Teersträßchen, Waldpfaden und Feldwegen.

**Höhenunterschied:** 430 m im Aufstieg, 310 im Abstieg.

**Kritische Stellen:** (1) Abzweigung hinter Les Abrets: 200 m nach der Kreuzung müssen wir links abbiegen. (2) Mehrere überraschende Abzweigungen, auf die man achten muss.

**Landschaft:** Abwechslungsreich wandern wir mit Auf und Ab über Felder sowie durch Wälder. Viele Kirchen, Häuser und Mauern wurden in der typischen Bauweise aus Feldsteinen errichtet.

**Infrastruktur:** Charancieu
Saint-Ondras
Valencogne
Le Pin-Plage
Le Pin

**Anmerkung:** Für diese Etappe wurde mit Absicht keine so lange Strecke gewählt, damit man sie eventuell noch nach einer Anreise zurücklegen kann.

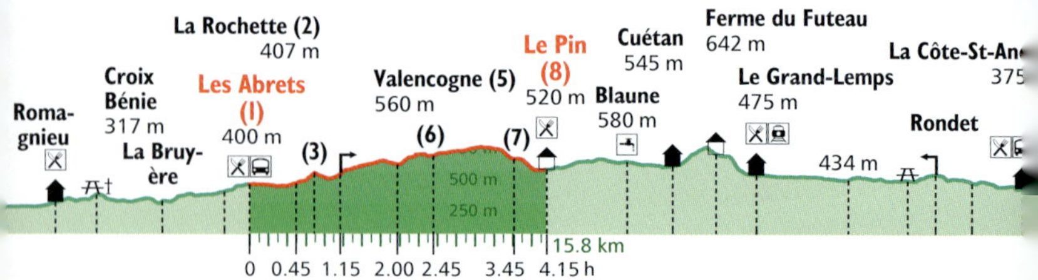

Am Platz Place Cuchet beim Rathaus und der Tourist-Info in **Les Abrets (1)** sehen wir den Wegweiser des Jakobswegs, der uns in Richtung Kirche weist. Die Route biegt noch vor der Kirche Notre-Dame de l'Assomption rechts ab in Richtung Valencogne. Wir zweigen an der zweiten Straße links ab und gehen an der Friedhofsmauer entlang. An der Ecke des Friedhofs wenden wir uns nach rechts auf den Grasweg.

Am nächsten Weg wandern wir links und gelangen zu einer Kreuzung, an der wir rechts abbiegen. 200 m später müssen wir nach links (das kann leicht übersehen werden) und kommen ansteigend zu den Häusern von **La Rochette (2)**. Links weiter und am Backhäuschen vorbei gelangen wir an die Verzweigung mit Wegkreuz.

Wir sind im weitläufigen Gemeindegebiet von **Charancieu**, gehen 20 m nach rechts und links das kleine Sträßchen Montée du Riboulet hinauf. Wir gewinnen merklich an Höhe, betrachten die Pilgermuscheln am Zaun und genießen die weiten Ausblicke in die gebirgige Landschaft.

*Morgenstimmung mit traumhaften Wegen und weiten Ausblicken.*

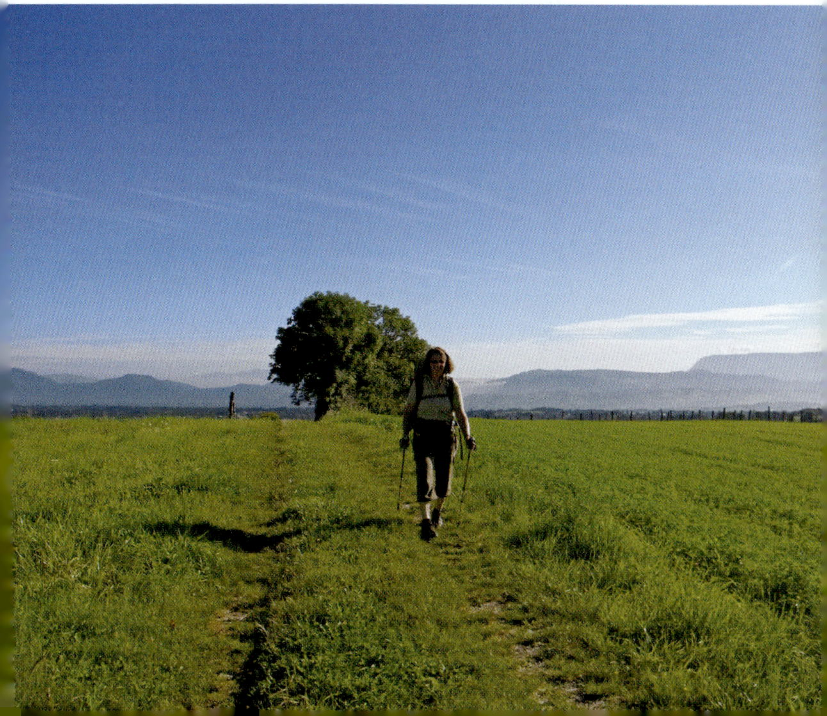

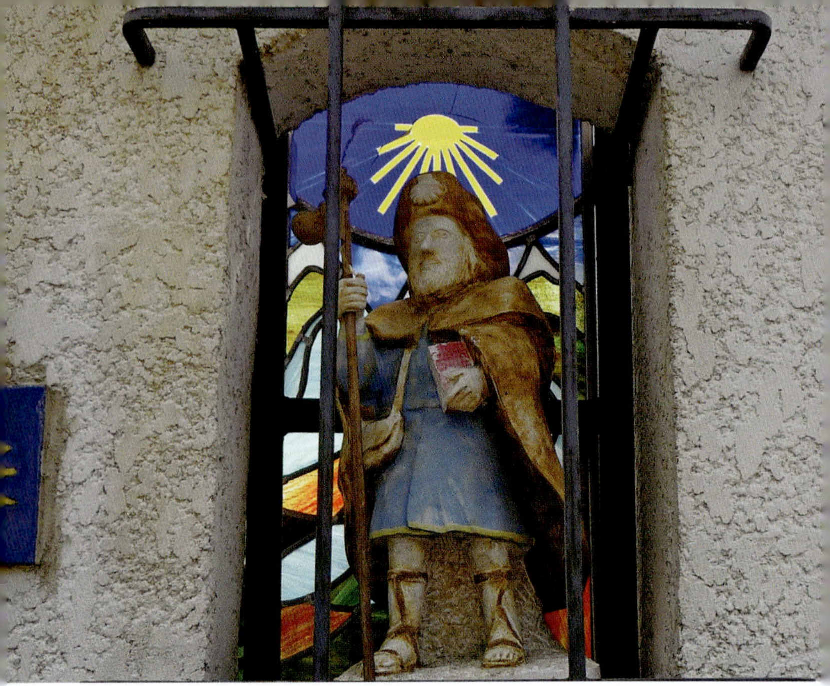

*Jakobusdarstellung an der Wegabzweigung in Valencogne.*

***Hinweis:*** *Oben auf der Route du Bas Juvenin geradeaus geht es zur Übernachtung bei Alain und Florentine. Das Ehepaar übermittelt den Betrag für die Übernachtung Waisenkindern in Madagaskar.*

Oben angekommen **(3)** führt der Jakobsweg nach rechts weiter, ins Tal hinab und wieder aufwärts, dann auf dem Sträßchen nach links durch den kleinen Weiler **Vieux Saint-Ondras**.

Nach den Häusern werden wir nach rechts auf einen Feldweg gewiesen **(4)**. Durch einen Hohlweg erreichen wir die Hochfläche und Häuser. Die Anliegerstraße mündet in die Montée du Bazin ein. Zuerst rechts haltend, dann geradeaus auf dem Chemin des Fosges sind wir richtig. Geradeaus geht es weiter in Richtung Valencogne; genießen wir die kilometerweiten Ausblicke! Wir sehen die Abzweigung zu den Chambre d'hôtes und kommen geradeaus auf der Route du Mont beim Wegkreuz Croix du Brocard zum Ortsanfang von **Valencogne**. Rechts weiter wandern wir in die Ortsmitte **(5)**.

Vor der Kirche weist unser Pilgerheiliger Jakobus links den Weg Descente de l'Ancien Lavoir abwärts. Geradeaus und wieder etwas ansteigend wan-

*Der kleine Ort **Valencogne** ist für uns eine große Anlaufstation an der Via Gebennensis. Wir sehen liebevoll gestaltete Kunstwerke am Weg, und die geöffnete Kirche, die Johannes dem Evangelisten geweiht ist, überrascht uns mit vielen Hinweisen und Zeugnissen zur jahrhundertelangen Tradition der Pilgerschaft nach Santiago de Compostela. Schon vor fast 1000 Jahren sind Pilger von hier nach Spanien gezogen, im Jahre 1109 war es beispielsweise der Erzbischof von Vienne. Einen Stempel gibt es im Haus Nr. 76 gegenüber der Kirche.*

dern wir durch ein Waldstück. Wir treffen auf einen geteerten Fahrweg, dem wir nach rechts folgen. Geradeaus weiter in Richtung Paladru wandern wir auf der Route du Cliaux.

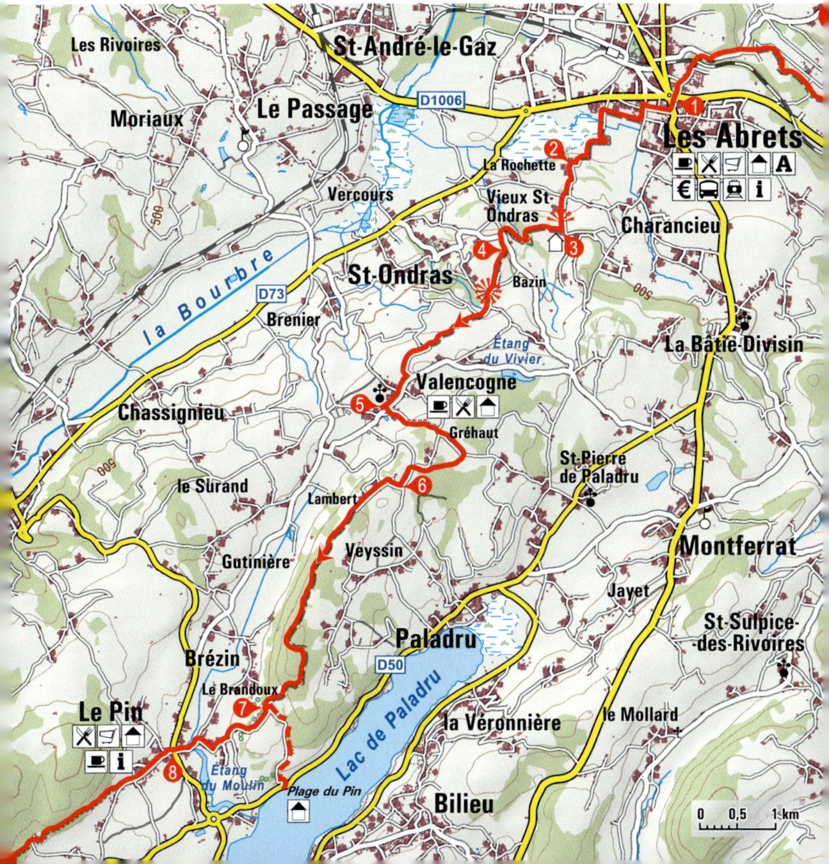

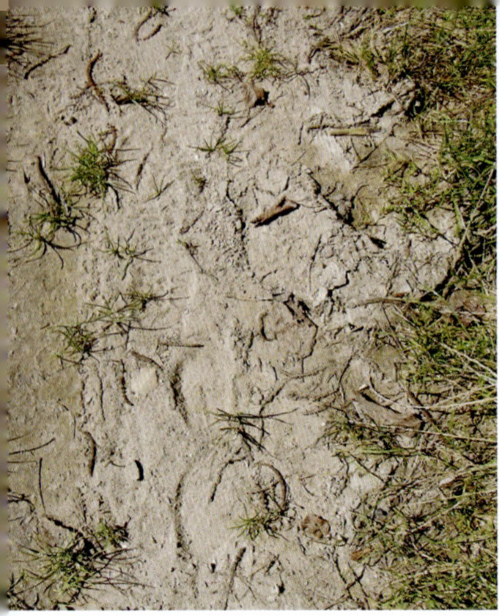

*Wir hinterlassen Spuren auf dem Jakobsweg und der Jakobsweg hinterlässt Spuren bei uns.*

**Hinweis:** *Eine Wegverlegung weist die Pilger kurz darauf bei den Häusern von Gréhaut nach links, dann in der Straßenkurve nach rechts auf einen Feldweg. Den nächsten Feldweg wieder rechts kommen wir zurück zum Sträßchen und nach links zum Croix / Feldkreuz Charpenne.*

Wenig später biegen wir auf der Hochfläche rechts ab **(6)** auf die Route de la Croix Charpenne. Links weiter und dann geradeaus wandern wir durch den kleinen Weiler **Lambert**.

Es schließt sich geradeaus ein Feldweg an, dann kommen wir in den Wald, in dem Maronibäume auffallen. Die Richtung Le Pin geradeaus ist richtig. Der gut markierte Weg verläuft teils im Schatten des Walds und teils über sonnige Feldlagen. Es geht um eine Linkskurve und dann rechts weiter, dann müssen wir einen etwas unangenehmen Weg mit groben Steinen abwärts.

Wir kommen zu den wenigen Häusern von **Le Brandoux** und gehen auf dem Teersträßchen rechts haltend weiter **(7)**.

**Hinweis:** *Hier ginge es nach links abwärts zur Übernachtung in Le Pin-Plage am Paladru-See.*

Geradeaus und abwärts gelangen wir nach **Les Allex**, und dort rechts abwärts sowie unten auf der Rue de la Caserne links haltend wandern wir am beschaulichen See Etang des Palles vorbei zur Kreuzung bei der Kirche Saint-Christophe in **Le Pin (8)**.

*i* *Die meist geöffnete Kirche* ***Saint-Christophe*** *steht gleich an der Kreuzung in* ***Le Pin****, ebenso finden wir eine Informationstafel zum Jakobsweg und überdachte Bänke für eine Rast. Ein kleines Lebensmittelgeschäft befindet sich ebenfalls nahe der Kreuzung. Die Kirche wurde 1769 errichtet, der Kirchturm hat neben den normalen Uhren auch eine Sonnenuhr. Im Innern sind die Tafeln aus dem ehemaligen Kloster Chartreuse de la Sylve-Bénite zu sehen.*

*Le Pin: Die Kirche Saint-Christophe mit den verschiedenen Uhren.*

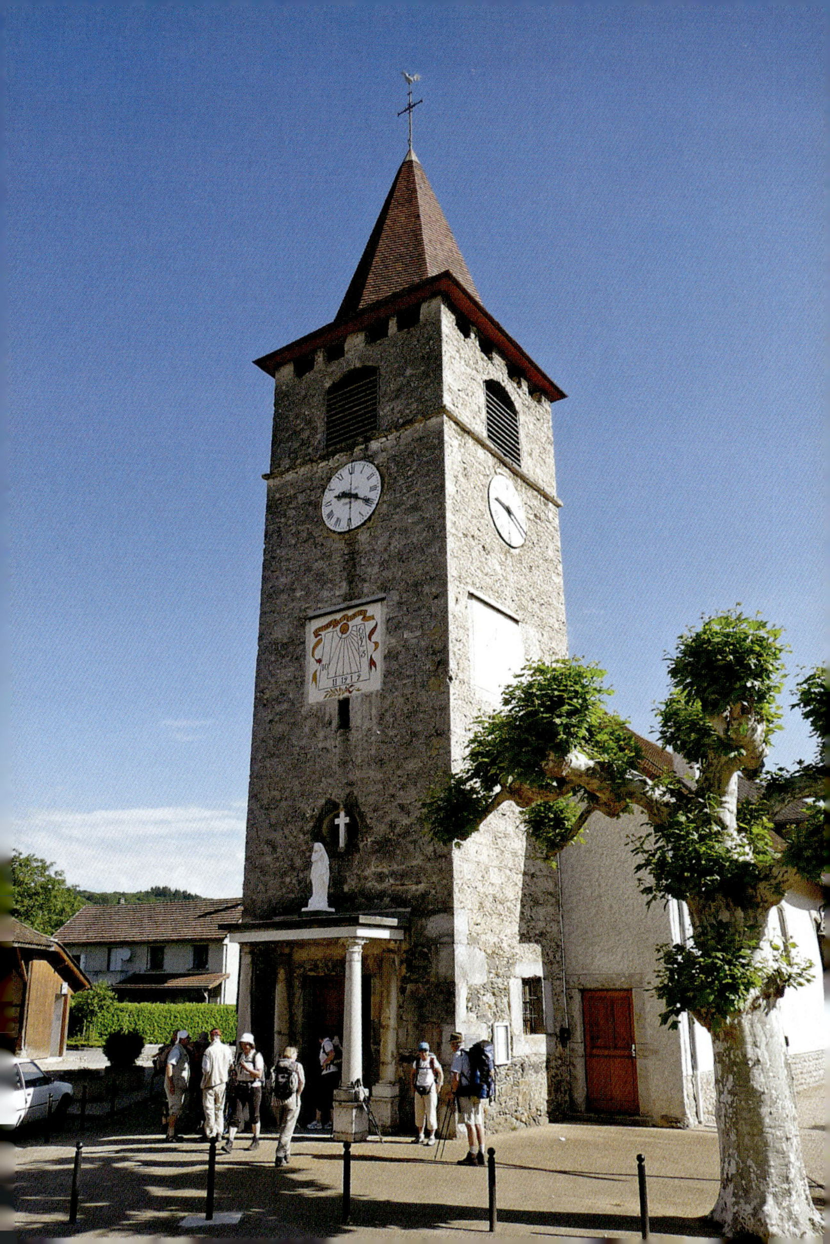

## 10 *Le Pin – La Côte-Saint-André*

**6.45 Std.**
**25,5 km**

**Herbergen: La Côte-Saint-André** (376 m, 4830 EW): L'Accueil Pèlerin des Apprentis d'Auteuil, Maison Jean-Marie Vianney, 22 Avenue Hector Berlioz, Ü 11 €, Tel. +33 7 8368 3520.

**Unterkunft: La Frette** (425 m, 1080 EW): (1) Françoise Rey-Jolly, Gérard Chavrier, 308 Rue de l'Eglise, HP 50 €, Tel. +33 4 7456 6473, +33 6 7016 4085. (2) Hotel Des Voyageurs, 61 Route de la Côte-Saint-André, Pilgerpreise Ü EZ 32 €, DZ 50 €, F 4 €, HP EZ 50 €, DZ 86 €, Tel. +33 4 7454 6420.

**Le Grand-Lemps:** Chambre d`Hôtes Le Mas Dauphinois, (nicht im Hauptort, mehr in Richtung Bévenais), 172 Chemin Vieux, 5 Plätze/Ü ab 50 €, F 6 €, Pool, tolle Lage, Tel. +33 6 0805 6190.

**Saint-Hilaire-de-la-Côte:** Chambre d' hôtes La Ceriseraie, April bis Oktober, Ü 32 €, F 6 €, Menü 15 €, Küche, Tel. +33 4 7454 6055, +33 6 6306 6116.

**Montgontier** (zu Gillonay): Gîte d'Etape de Montgontier, am Weg, 1062 Route de Montgontier, wichtig: nur nach Anmeldung, HP 37 €, Tel. +33 4 7420 2578.

**La Côte-Saint-André:** (1) Chambre pèlerins Bernadette und Jean-Jacques Bouthier, 9 Chemin du Biel, HP ab 55 €, Tel. +33 4 7457 9417, +33 6 0861 0698. (2) Hotel de l'Europe, 20 Rue de la Republique, 13 Zi/HP EZ 60 €, DZ 105 €,

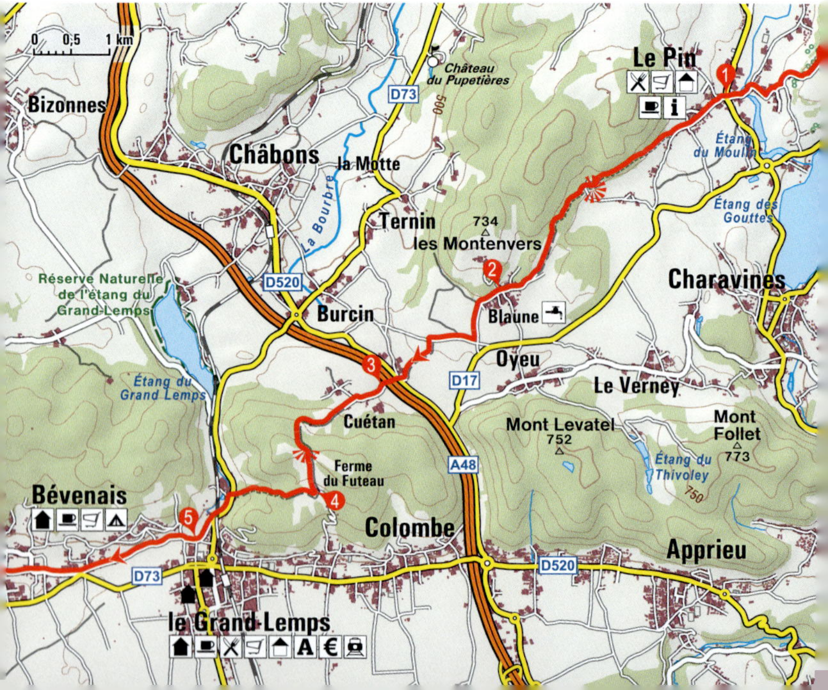

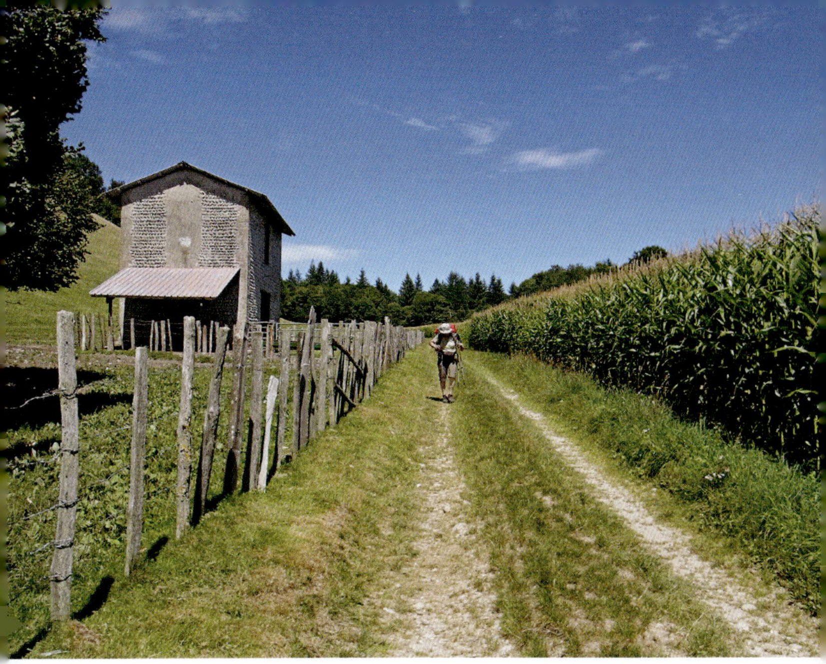

*Wir ziehen durch Wälder und über Felder.*

Tel. +33 4 7420 5310.
**Die Strecke:** Kleinere Auf- und Abstiege prägen den ersten Teil dieser Etappe, steiler Abstieg nach Le Grand-Lemps hinunter. Ab Le Grand-Lemps wandern wir zumeist auf nur noch leicht hügeligen und ruhigen Teersträßchen und Wegen.
**Höhenunterschied:** 420 m im Aufstieg, 560 im Abstieg.
**Kritische Stellen:** (1) Nach dem Start in Le Pin auf die Abbiegung nach rechts auf den Feldweg achten. (2) Nach dem Château de Montgontier biegt die Route rechts auf den Pfad ab. (3) In La Côte-Saint-André geht es überraschend links durch den Mauerdurchlass.
**Landschaft:** Schöne kilometerweite Ausblicke prägen die Etappe durch die Landschaft Bièvre-Valloire, die Sicht reicht bis zu den Bergen, je nach Jahreszeit grasen Kühe auf den Weiden. In den Wäldern gibt es immer wieder Maronibäume.
**Infrastruktur:** Blaune (580 m)
Le Grand-Lemps
Bévenais
La Frette
Saint-Hilaire-de-la-Côte
Gillonay
Montgontier
La Côte-Saint-André (Place Hector Berlioz, Tel. +33 4 7420 6143).
**Anmerkungen:** (1) La Côte-Saint-André ist der Geburtsort von Hector Berlioz. Jedes Jahr findet Mitte/Ende August ein Festival statt, hierbei kann es mit den Übernachtungen eng werden.
(2) Am Wegweiser Rondet bei Gillonay zweigt eine Route des Jakobswegs nach Süden ab, siehe Seite 110.

In **Le Pin (1)** gehen wir geradeaus über die Kreuzung, dann am Place Saint-Christophe links haltend auf die Route du Chassigneu. Immer noch sehen wir die typische Block-Lehmbauweise der Häuser und bleiben auf dem Teersträßchen immer geradeaus in Richtung Grange Dimière.
Dann müssen wir kurz vor den letzten Häusern, vor einer Scheune, etwas überraschend rechts auf den Feldweg abbiegen. Es geht aufwärts und wir haben faszinierende und weite Blicke in die noch immer von Berggipfeln geprägte Landschaft, die an das Allgäu erinnert.

*i* *Wir erreichen ein ummauertes Landgut. Diese Gebäude gehören zum ehemaligen Kloster **Chartreuse de la Sylve-Bénite**, das 1116 gegründet wurde. Heute ist das Anwesen im Privatbesitz.*

Wir gehen links herum und genießen den aussichtsreichen Abschnitt.
An der folgenden Kreuzung geht es in Richtung Blaune und Oyeu zuerst geradeaus, dann setzen wir wenige Meter später nach rechts abbiegend unseren Weg durch den Wald und über die Felder fort. Rechts auf dem Chemin des Chartreux weiter erreichen wir **Blaune (2)**.
Geradeaus gehen wir auf dem Chemin du Calvaire weiter, dann auf den Feldern links und noch vor der Straße am Wegweiser Le Fayard rechts. Dabei

*Ein netter Blickfang!*

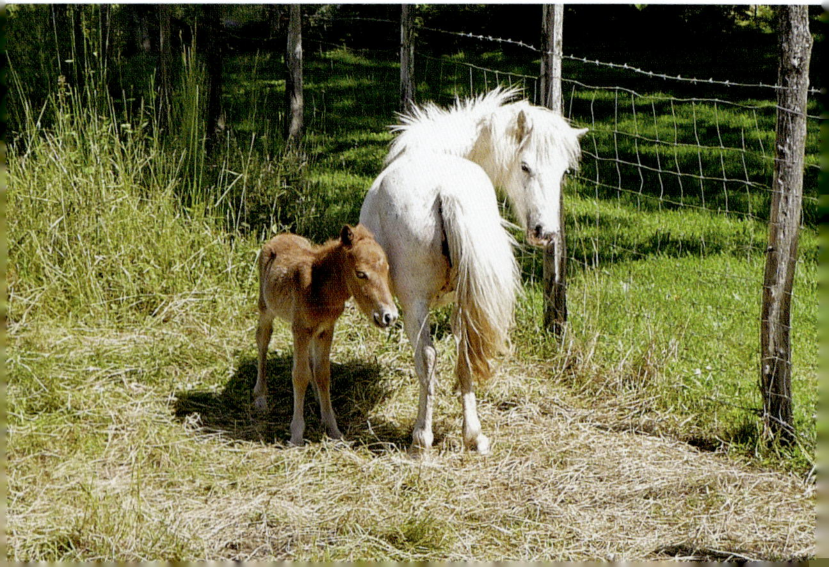

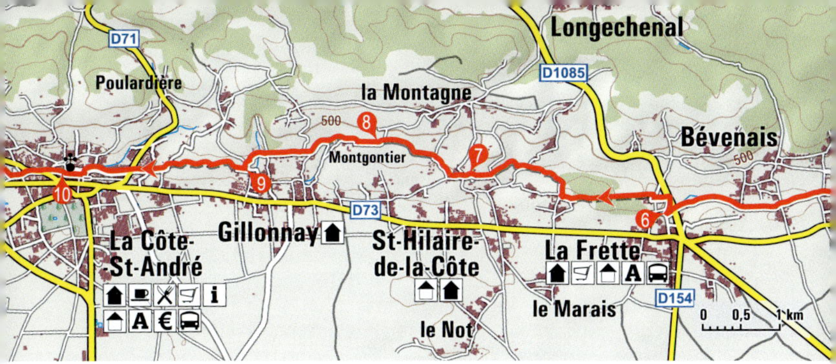


haben wir den markanten Hügel Calvaire du Mollard Rond mit den drei Kreuzen im Blick.
Gut 500 m später biegen wir links in Richtung Le Grand-Lemps ab, überqueren die Straße und unterqueren bei **Cuétan** (zu Burcin) die Autobahn A 48.

*i Ein Wegkreuz, ein Wasserhahn mit Trinkwasser und das Buswartehäuschen mit Bank – das ist wirklich schon die Ortsmitte des kleinen Ortes* ***Blaune****.*

Am **Wegkreuz (3)** links haltend wandern wir durch den kleinen Ort und nochmals links haltend geht es dann auf dem Weg Chemin du Crêt aufwärts. Wir gewinnen auf dem holprigen Feldweg deutlich an Höhe und überqueren links haltend und dann geradeaus den Höhenzug. Aussichtsreich geht es zum Gehöft **La Ferme du Futeau (4)** hinab und dort rechts weiter.
Der Jakobsweg führt um das Wildgehege nach rechts herum, dann in den Wald und auf einem steilen, holprigen Pfad hinab nach **Le Grand-Lemps**.
***Hinweis:*** *Für dieses steile Wegstück abwärts ist seit 2015 auch eine Alternativstrecke ausgewiesen.*
Wir treffen auf die Straße, gehen links und unterqueren die Bahnlinie. Danach biegen wir rechts und sofort wieder links auf die Anliegerstraße Chemin

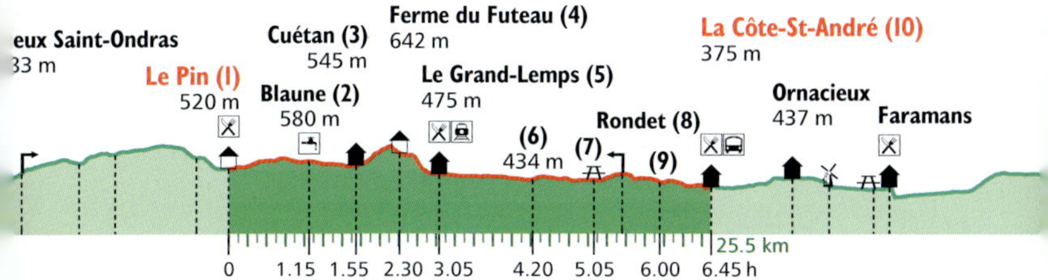

*Die geöffnete Kirche ist Johannes dem Täufer geweiht. Im Innern sehen wir bemerkenswerte Glasfenster, die unter anderem die Verkündigungsszene des Erzengels Gabriel an Maria und die Weihnachtsszene im Stall von Bethlehem darstellen.* ***Le Grand-Lemps*** *hat einen sehenswerten Ortskern mit historischer Markthalle und ehemaligem Stadtturm.*

du Barbaillon ab. Die Route des Jakobswegs berührt weder die Kirche noch den Ortskern von **Le Grand-Lemps**. Wer dahin möchte, biegt vom Jakobsweg **(5)** links auf die Rue de l'Eglise ab.

Ansonsten gehen wir im leichten Bogen nach rechts weiter und biegen dann links auf das Teersträßchen Chemin des Prairies ab. Im Tal erreichen wir beim Wegweiser La Bourgeat die Straße und das Ortsschild von **Bévenais**, gehen jedoch sofort rechts haltend auf dem Chemin de Compostelle weiter. Immer geradeaus weiter ist richtig, und dann wechselt der Bodenbelag: Wir haben einen Feldweg unter den Schuhsohlen. Nach **La Frette** ziehen wir, geradeaus über die Straße D 1085 hinweg, auf dem Chemin des Pèlerins ein.

Kurz darauf werden wir nach rechts gewiesen und wandern an einer AJ-Unterkunft vorbei (Haus Nr. 308). Wir haben die Kirche vor uns im Blickfeld, die Zeichen weisen jedoch rechts durch einen Garten aufwärts **(6)**.

***Hinweis:*** *Wer möchte, kann an dieser Stelle auch geradeaus in Richtung Kirche Saint-Ours bleiben und dann an der Kirche geradeaus weiter aufwärts gehen. Oben bei den Bäumen nach links auf das Schloss zu ist man dann wieder auf der markierten Route.*

Nach dem Garten gehen wir geradeaus weiter, kurz vor der Straße wenden wir uns nach links und steuern auf das Schloss Château de la Villardière zu. Wir werden nach rechts gewiesen, wandern links an der Anlage entlang und erreichen dann auf dem Chemin du Bois die kleine Ansiedlung **Le Plantier**.

*An der Kirche* ***Saint-Hilaire*** *gibt es einen überdachten Rastplatz, ein WC und Informationstafeln zum Jakobsweg.*

Am Wegweiser geht es rechts auf den Chemin du Plantier, dann geradeaus auf den Feldweg und links haltend ins Tal. Links weiter auf dem Chemin du Moulin gewinnen wir etwas an Höhe und kommen nach **Saint-Hilaire-de-la-Côte (7)**.

Geradeaus und dann rechts auf den Chemin de Gondrine, daraufhin am Wegkreuz Croix de chez Rival links haltend über die Felder mit weitem Ausblick gelangen wir am Wegweiser Rondet an eine Verzweigung des Jakobswegs, die mit einem Kunstwerk gestaltet wurde **(8)**.

***Hinweis:*** *An dieser Stelle beim* ***Wegweiser Rondet*** *gabelt sich der Jakobsweg. Geradeaus in Richtung La Côte-Saint-André führt der üblicherweise in Richtung Le Puy-en-Velay begangene Jakobsweg. Die andere Möglichkeit*

*biegt links ab und führt in Richtung Süden. Dieser Weg stellt die Verbindung über das Kloster Saint-Antoine Abbaye nach Arles dar.*
Geradeaus geht es weiter, dann umwandern wir das Château de Montgontier nach rechts. Für eine Rast bietet sich die links gelegene Abri Randonneurs an. Wir biegen rechts auf den Pfad abwärts ab und gehen unten rechts. Wieder etwas aufwärts erreichen wir das Château Pointières. Danach wandern wir wenige Schritte links und gleich darauf rechts auf dem Chemin des Vignes weiter.
***Hinweis:*** *Die Kapelle Notre-Dame du Mont ist nach rechts ausgeschildert. Sie liegt zwar nur 600 m abseits der Route, doch oben auf einem Hügel.*
Abwärts und nach links erreichen wir die meist geöffnete Kirche Saint Maurice am Ortsrand von **Gillonay**, die zu besinnlicher Einkehr einlädt (mit WC). Am Friedhof rechts **(9)** und geradeaus weiter treffen wir auf den Chemin de Parady. Links abwärts und an der Gabelung geradeaus erreichen wir die ersten Häuser von **La Côte-Saint-André**. Es geht geradeaus über die Straße D 71 hinweg, dann sehen wir ein markantes Château. Links haltend gehen wir nur noch einige Meter weiter, dann biegen wir an der Mauer links auf den etwas versteckt liegenden Place Jean Terrail ab. Es bietet sich ein herrlicher Blick auf das Tal und über die Dächer der Stadt. Abwärts steigen wir zum Place Guillaume Davaux und zur historischen Markthalle, deren Anfänge ins Jahr 1309 zurückreichen.
Wir orientieren uns in der überdachten Markthalle nach rechts, nehmen dann oberhalb des Brunnens die Straße Rue de l'Hôtel de Ville und erreichen den Platz mit Bänken an der **Kirche Saint-André (10)**.

*So sieht der Sommer aus: roter Mohn im Gerstenfeld!*

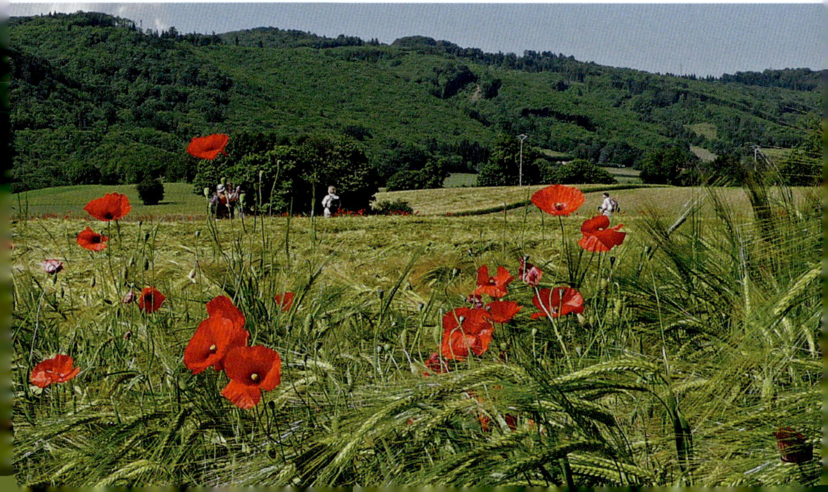

# La Côte--Saint-André

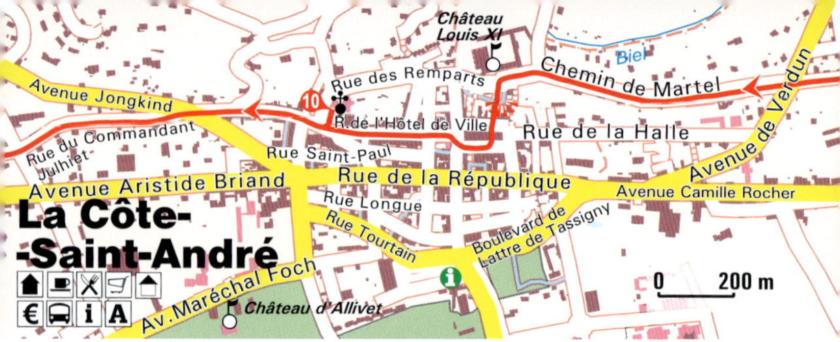


*Das hübsche Städtchen **La Côte-Saint-André** beeindruckt mit seinen vielen historischen Gebäuden und alten Steinhäusern mit auffallend schönen Portalen. Es ist die Geburtsstadt von Hector Berlioz, der vom 11. Dezember 1803 bis 8. März 1869 lebte und in Paris starb. Er war Komponist, Begründer der sinfonischen Programmmusik und Musikkritiker, hatte seinem Vater zuliebe, der Arzt war, jedoch zuerst mit einem Medizinstudium begonnen. Kaum vorstellbar, bei seinen Werken werden bis zu 1000 Aufführende benötigt. Bei seinen Reisen kam er auch nach Berlin. Diesem großen Sohn zu Ehren findet jedes Jahr Mitte bis Ende August ein großes Musikfestival statt. Zur romanischen **Kirche Saint-André** geht es einige Stufen aufwärts. Das Innere weist leuchtende Glasfenster auf, einige Madonnendarstellungen werden verehrt. Die brennenden Kerzen geben dem Kirchenraum eine feierlich-ruhige Note.*

*Blick vom Jakobsweg über die Dächer von La Côte-Saint-André.*

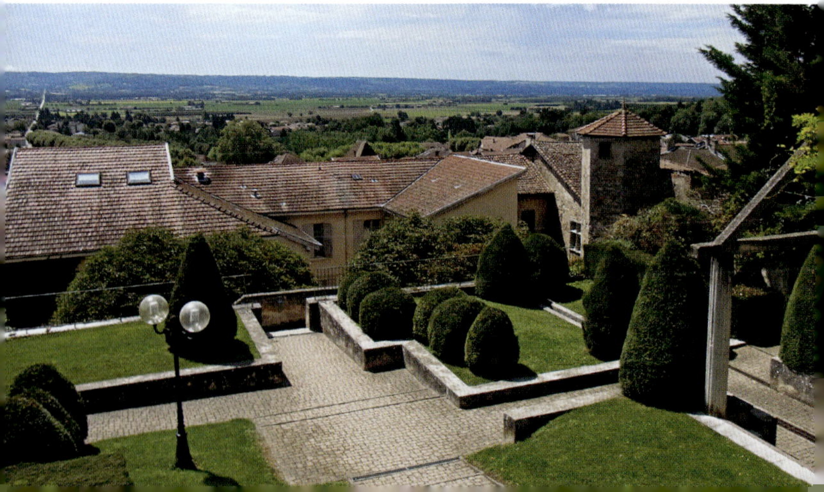

6 Std.

22 km

# La Côte-Saint-André – Revel-Tourdan

11

**Herbergen:** **Pommier-de-Beaurepaire** (456 m, 720 EW): (1) Sylvain Gimenez, Chemin du Jayon, Tel. +33 4 7485 1649, +33 6 7925 2058. (2) Gîte Auberge de Pommier, 23 Place du Baron du Teil.

**Unterkunft:** **Faramans** (373 m, 950 EW): (1) Jacqueline Charrel, 207 Chemin du Guyard, Tel. +33 4 7459 7377, +33 6 6021 3043. (2) Gîte à la Ferme La Milandiére, 215 Chemin des Chapelles, HP 45 €, Tel. +33 4 7454 2445. (3) Gîte au Clair Matin, 25 Chemin de Chantemerle, Ü 25 €, MenüaufBestellung,Tel. +33 6 6549 0706. (4) Camping des Eydoches, 1.3.–1.10. geöffnet, 515 Avenue des Marais, Ü 20 €, F 8 €, Tel. +33 4 74 54 2178, +33 6 4852 5024.

**Revel-Tourdan:** Auberge-Resturant L'Escapade, 91 Rue Basse, 10 B in 4 Zi/HP 46 €, Tel. +33 4 7484 5704, +33 6 1067 0264.

**Die Strecke:** Mäßige Auf- und Abstiege auf geteerten Wegen und Feldwegen prägen dieses Wegstück, auf dem immer wieder weite Fernblicke möglich sind.

**Höhenunterschied:** 350 m im Aufstieg, 340 im Abstieg.

**Kritische Stelle:** In Balbins überraschende Abzweigung nach rechts auf den Fußweg.

**Landschaft:** Wir wandern durch die alte, landwirtschaftlich geprägte Kulturlandschaft Bièvre-Valloire. Es geht über Felder und durch Wälder mit Eichen. Eindrucksvolle Zeugnisse der Geschichte sind die Kirchenbauten aus dem 12. Jahrhundert. Noch immer sehen wir die aus faustgroßen Feldsteinen errichteten Häuser, Kirchen und Mauern, die in der typischen gegenläufigen schrägen Schichtung mit waagerechten Zwischenlagen erbaut wurden.

**Infrastruktur:** Balbins (Friedhof)
Faramans A
Pommier-de-Beaurepaire (Bäckerei)
Revel-Tourdan

*Sonnenblumen lachen bis ins Herz hinein.*

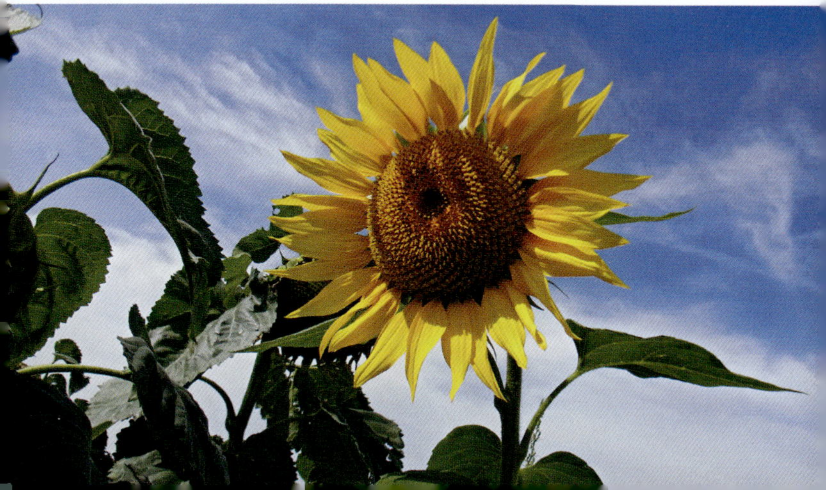

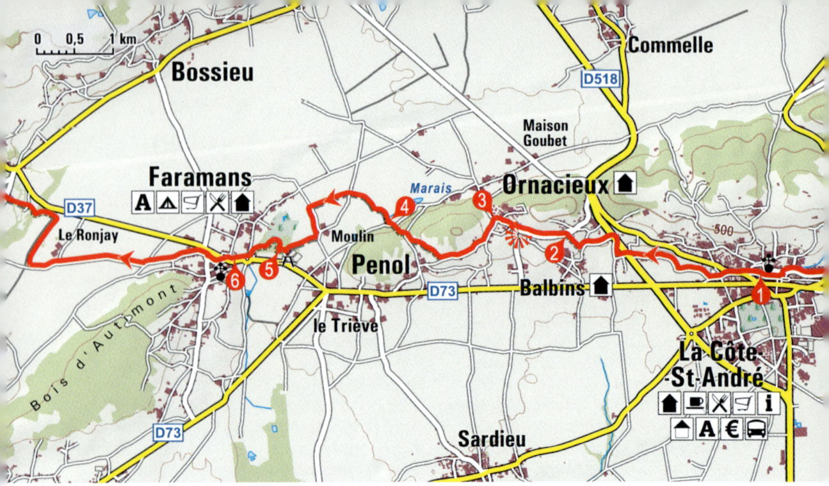


Wir starten in **La Côte-Saint-André** am Place Saint-André unterhalb der gleichnamigen Kirche **(1)**. Wir sehen die Muschelmarkierungen am Boden und folgen ihnen über die Verlängerung des Platzes hin auf die Straße Rue Commandant Julhiet. Es geht hinweg über die Straßen Rue des Cordiers und D 518, die Avenue Jongkind.

*Ornacieux: Brunnen Fontaine de Larraz mit Lavoir.*

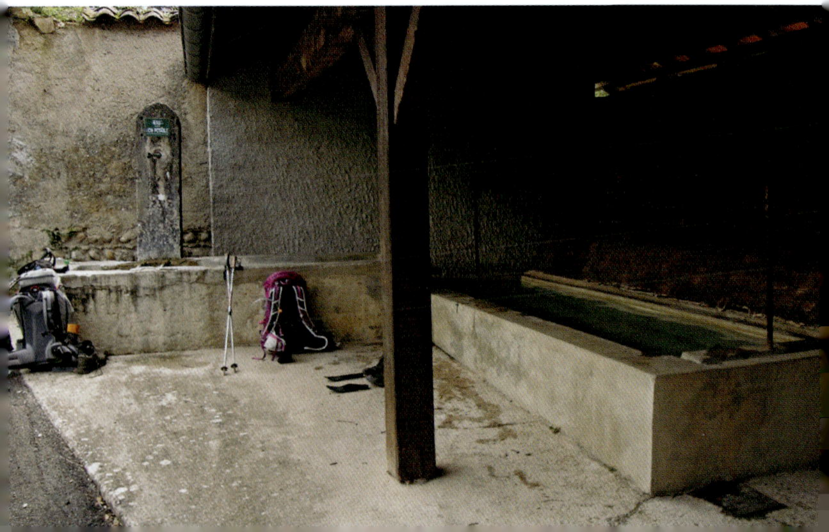

*i* ***Johan Barthold Jongkind**, geboren 1819 in den Niederlanden, wohnte ab 1878 hier in La Côte-Saint-André, war Maler und starb im Ort im Jahr 1891. Er zählt heute nicht zu den bekanntesten Künstlern, wird jedoch von vielen Kunstkennern als Begründer des Impressionismus angesehen. Von Claude Monet ist bekannt, dass er Jongkind als Vorbild verehrte. Nach der Kreuzung sehen wir auf der rechten Seite eine Skulptur von ihm.*

Unser Jakobsweg führt am Friedhof vorbei, dann rechts haltend und an einer Mauer entlang. Achtsam überqueren wir die lebhaft befahrene Straße D 518 a und setzen unseren Weg – wenige Schritte nach rechts – auf dem Chemin de Fagot fort. Wir erreichen die vereinzelt stehenden Häuser von **Balbins**, gehen rechts (Chemin de la Chapelle) und oben links.
Es geht nochmals links weiter, dann müssen wir 100 m später auf die Abbiegung nach rechts auf den Fußweg achten. Auf dem steilen Pfad wandern wir im Sommer schön schattig durch einen Blättertunnel aufwärts, oben links auf dem Chemin de la Planta **(2)** weiter.
Mit wunderbaren kilometerweiten Ausblicken wie von einem phänomenalen Panoramabalkon spazieren wir, ebenfalls links weiter, an der Landstraße Chemin de Bellevue entlang nach **Balbins-Ornacieux**.

*i* *Der wirklich nicht sehr große Ort **Ornacieux** blickt auf eine große Vergangenheit zurück. Schon zu Zeiten der Römer führte hier eine Handelsstraße durch. Den Brunnen Fontaine de Larraz gibt es seit dem 17. Jahrhundert, das Lavoir kam im Jahre 1890 dazu. Wer erfrischende Fußbäder liebt, ist hier an der richtigen Stelle.*

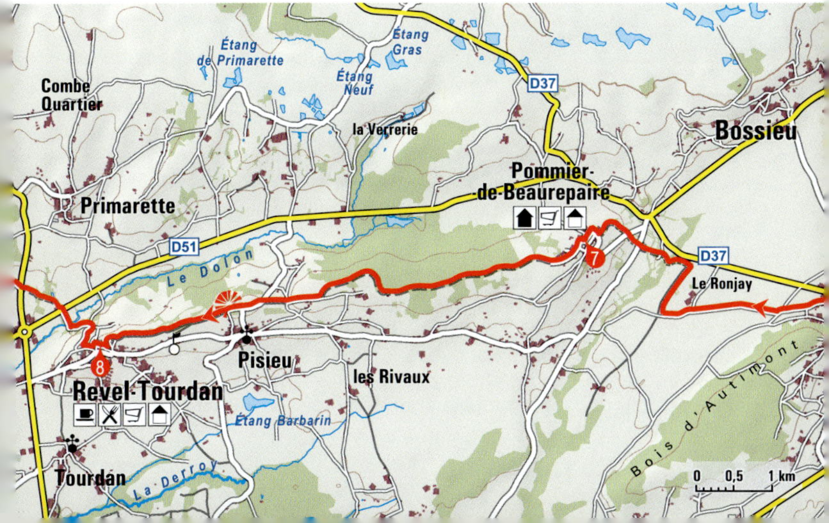

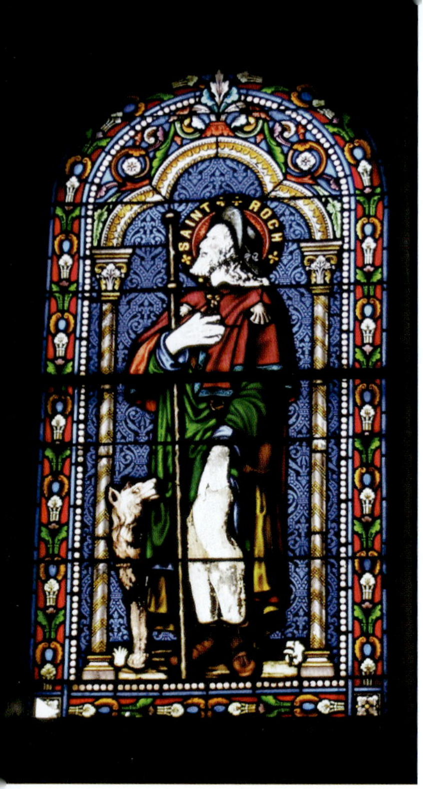


Faramans: Heiliger Rochus mit Stab und Muschel im Pilgergewand.

Geradeaus wandern wir durch den Ort mit seiner Kirche. Dann geht es links auf den Chemin du Lavoir sowie am **Brunnen** mit dem Lavoir **(3)** vorbei, etwas ansteigend. Geradeaus und dann am Wegkreuz rechts haltend sind wir auf dem wiederum aussichtsreichen Chemin Saint-Jacques unterwegs. Am nächsten Wegkreuz ist nochmals rechts richtig. Auf dem Teerweg gut 100 m rechts weiter, dann biegen wir links auf einen abwärts führenden Pfad ab, der uns zum Mühlengebäude **Moulin Pion Gaud/Piongo** bringt. Hier biegt der Jakobsweg zwischen den Gebäuden nach rechts auf einen Grasweg ab **(4)**.

***Hinweis:*** *Bei feuchter Wetterlage könnte man einen Teil des Graspfades umgehen: links auf dem Teersträßchen bis zu den nächsten Gebäuden, dann rechts haltend weiter, darauf nochmals rechts. Vor dem Bach biegt dann der ab hier wieder markierte Jakobsweg links ab.*

Von der Mühle weiter wird der Bach Ruisseau des Eydoches überquert, dann geht es rechts und vor dem nächsten Wasserlauf links haltend weiter. Ein Teerweg wird gekreuzt, dann setzen wir den Weg auf der anderen Bachseite fort. Auf dem nächsten Teerweg gehen wir links, dann rechts weiter. 100 m darauf werden wir nach dem Bach nach rechts gewiesen.

Wir kommen am Sportplatz vorbei, gehen rechts über den Parkplatz und sind im Freizeitgelände **Etang Le Marais**, mit WC und Rastplätzen, angekommen. Links weiter zum ersten Rastplatz **(5)**, dann wandern wir rechts über den Holzsteg. Es geht zum Ufer des Weihers, dort scharf links. Der Weg schlängelt sich gut markiert durch das Gelände, dabei werden immer wieder kleine Brückchen überquert. An der Straße angekommen haben wir **Faramans** erreicht und gehen rechts über den Kreisverkehr hinweg aufwärts in den Ort **(6)**.

*Die Kirche **Saint-Joseph und Saint-Roch** in **Faramans** liegt links wenige Meter abseits der Route (auch der Weg zur Gîte ist nach links beschildert). Sie ist meist geöffnet und im Innern sehen wir in einem Glasfenster den heiligen Rochus im Pilgergewand sowie mit Stab und Muschel.*

Geradeaus weiter und dann am großen Platz links haltend auf dem Chemin de la Porte-Bleue sind wir richtig.

Rechts auf dem Chemin du Guyard verlassen wir den Ort. An der Straße wenige Meter rechts, dann links weiter in Richtung Le Guyard und geradeaus wandern wir auf ebene Felder hinaus. An der Einmündung eines weiteren Weges bleiben wir wenige Meter geradeaus und biegen dann rechts ab.

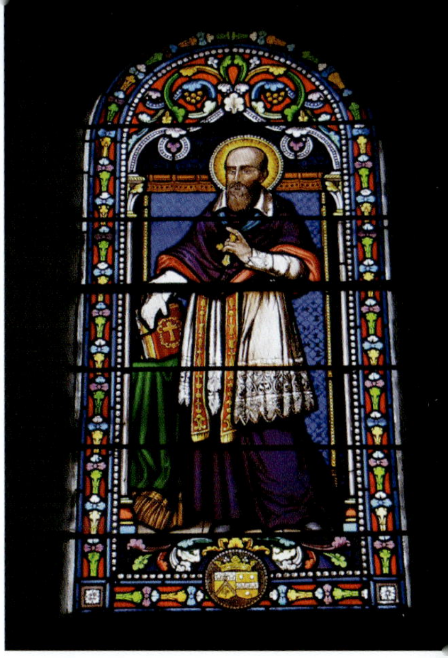

*Pommier-de-Beaurepaire: Ganz unten im Wappen sind Muscheln zu erkennen.*

Auf der Hügelkette vor uns sehen wir bereits den Ort Pommier-de-Beaurepaire, das ist unser nächstes Ziel. Geradeaus weiter am Gehöft vorbei haben wir einen Feldweg unter den Schuhsohlen.

Wir biegen am Wegweiser Le Ronjay rechts ab und werden vor der nächsten Straße nach links auf einen Waldpfad gewiesen. Nach rechts und geradeaus weiter treffen wir bei einem Gehöft auf eine Landstraße, die überquert wird. Wir gewinnen auf dem Pfad merklich an Höhe und überqueren nochmals eine Straße. An der Feldwegekreuzung wandern wir nach links und kommen so zur Straße. Rechts geht es in den Ort **Pommier-de-Beaurepaire** und links weiter am WC vorbei in Richtung Kirche **(7)**.

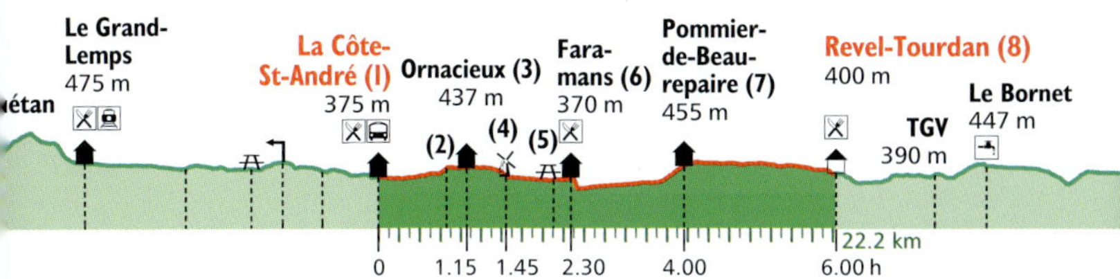

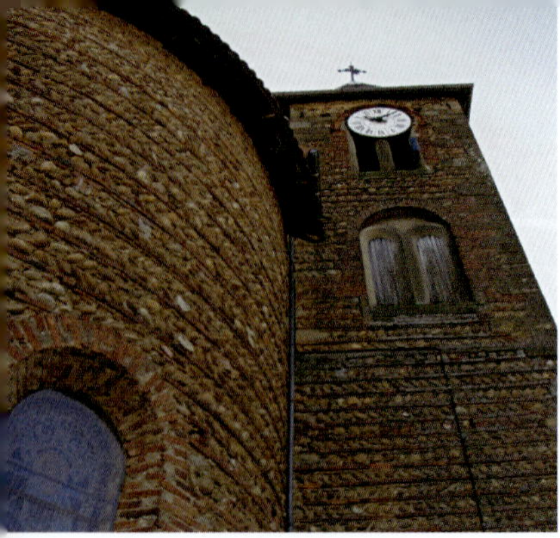

Auch diese Kirche wurde im typischen Baustil der Region errichtet.

*Die Kirche **Saint-Romain und Saint-Antoine** in **Pommier-de-Beaurepaire** wurde im typischen Baustil mit den faustgroßen, schräg gestellten Feldsteinen erbaut und 1852 geweiht. Sie ist geöffnet und hat im Innern elf Glasfenster. Wer sich diese ganz genau anschaut, kann im zweiten Fenster rechts, ganz unten im Wappen, Muscheln erkennen. Es ist das Fenster, in dem Saint François de Sales abgebildet ist. Der Ort liegt am Beginn der Hügelkette, auf der wir bis Revel-Tourdan wandern.*

Nach der Kirche gehen wir rechts auf der Allée de la Motte Féodale, biegen links ab und geradeaus am Wasserbehälter vorbei aus dem Ort hinaus.
Immer geradeaus sind wir bis zum Wegweiser Le Cumer richtig. Dort müssen wir rechts und kommen um eine Linkskurve zu einem kleinen Rastplatz unter einer Eiche. An der folgenden Gabelung rechts haltend wandern wir über die Hochfläche und treffen wieder auf den Teerweg.
Hier führt die Markierung rechts weiter. Der Weg bleibt darauf immer geradeaus auf der Hochfläche und führt oberhalb des Ortes Pisieu vorbei. Einmal müssen wir wenige Meter rechts und sofort links weiter. Mit weiten Ausblicken zum markanten rot-weißen Funkturm erreichen wir den Ortsteil Revel der Gemeinde **Revel-Tourdan**. Am Ortseingang finden wir einen schönen Rastplatz bei den Ruinen des alten Schlosses. Abwärts gelangen wir an einem Lavoir (mit Wasserhahn) in den Ort und nach rechts an bemerkenswert alten Häusern auf der Grande Rue zur Kirche **Saint-Jean-Baptiste (8)**.
***Hinweis:*** *Die offizielle Wegführung biegt am Lavoir nochmals rechts ab und geht im Bogen aufwärts, dann links abwärts und an einer oft fotografierten Jakobusfigur oberhalb unserer Köpfe vorbei hinab zur Kirche.*

***Revel** liegt in schöner Lage am Ende der Hügelkette, auf der wir seit Pommier-de-Beaurepaire gewandert sind. Die Kirche **Saint-Jean-Baptiste** wurde zwischen dem 12. und 15. Jahrhundert erbaut. Im Innern liegen ein Stempel sowie ein Pilgergästebuch aus. Wir sehen vom Platz an der Kirche den Jakobus am Hauseck weiter oberhalb, in der Nische im zweiten Stockwerk. Um das Jahr 1360 wird in den Aufzeichnungen in dem kleinen Ort ein Hospital erwähnt, in dem damals auch die Pilger beherbergt und verköstigt wurden.*

Die Kirche Saint-Jean-Baptiste in Revel im Abendlicht.

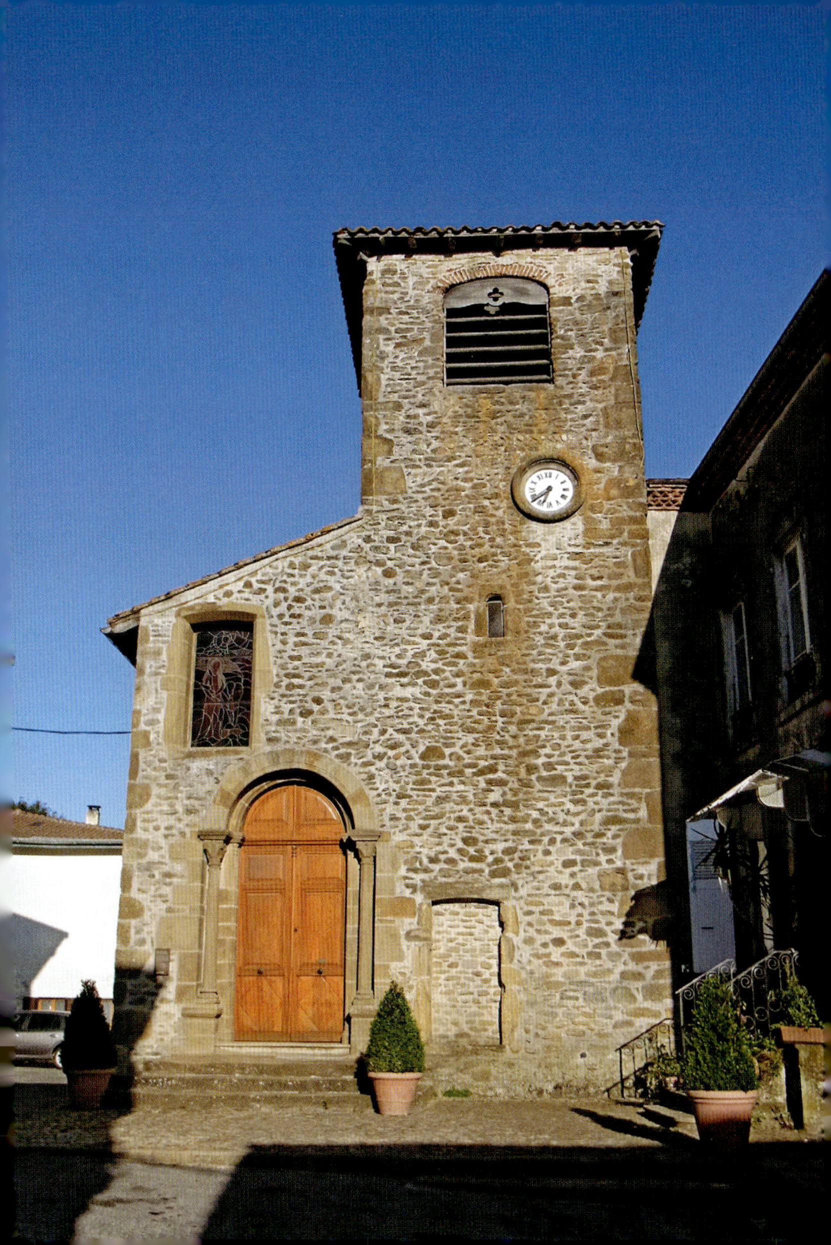

## 12 *Revel-Tourdan – Clonas-sur-Varèze*

**7 Std.**
**26,5 km**

**Herbergen: La Gerbaudière** (zu La Chapelle de Surieu): Gîte de Gerbaudiére, 2 Impasse de Gerbaudiére, HP 41 €. Tel. +33 4 6932 4686, +33 6 5210 5904.
**Assieu** (262 m, 1300 EW): Thierry Vitoz, 12 Rue de Taramas, 6 B/Ü 15 €, F 5 €, Menü 16 €, Küche, Tel. +33 4 7456 8718, +33 6 8322 8350.
**Südliche Route: Bellegarde-Poussieu** (400 m, 1000 EW): Agnés und Oliver Pras, 745 Route de Miancon, HP 45 €, Tel. +33 6 6044 3311, +33 9 8339 6710.
**Primarette**: 1,5 km hinter Revel-Tourdan, direkt am Weg, 305b Chemin de Saint-Jacques, (1) Gîte d'Etape La ferme de 1000 Couleurs, ÜF 25 €, Menü 15 €, Tel. +33 6 6870 1832, es wird indisch gekocht. (2) Bar-Restauran Chez Lucas, 185 Rue de la Marie, Abholservice, HP 40 €, Tel. +33 4 7484 5743, +33 6 71245542.
**Unterkunft: L'Allemane** (zu Montseveroux): 542 Chemin de l'Allemane, HP-42 €, Tel. +33 4 7487 4418, +33 6 5908 1946.
**Saint-Romain-de-Surieu-Le Molymard:** Gîte Une Pause sur la Colline, 2 Rue du Molymard, DZ/Ü 65 €, F 7 €, Tel. +33 7 6173 3277, +33 6 9975 1222.
**Assieu**: La petite Ferme des Vitoz, Chambre d'Hotes, Rue de Taramas, DZ/HP 106 €, Tel. +33 6 8322 8350.
**Die Strecke:** Auf- und Abstiege prägen dieses Wegstück, auf dem immer wieder weite Fernblicke möglich sind. Wir sehen bereits das Rhonetal und die hinter dem Rhonetal aufragenden Berge.
**Höhenunterschied:** 380 m im Aufstieg, 590 im Abstieg.

*Ausblick am Ortsende von Revel bis hin zur Hügelkette nach dem Rhonetal.*

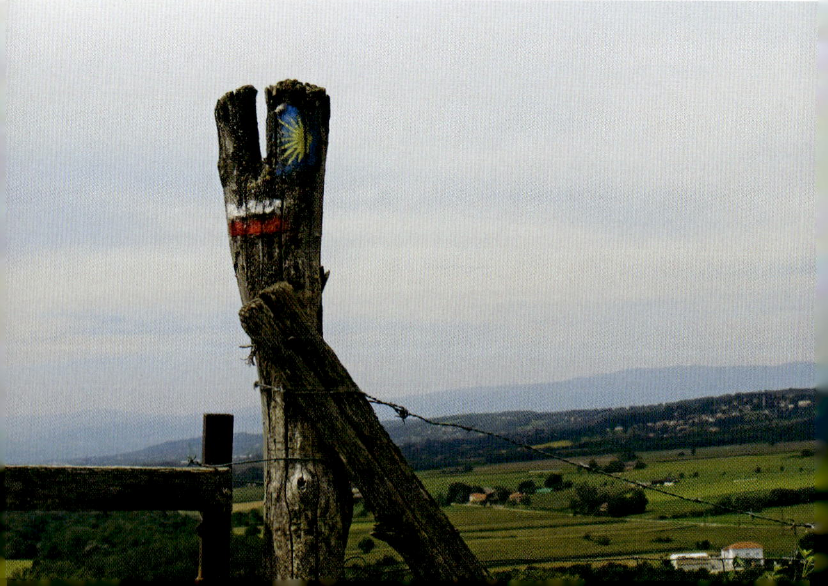

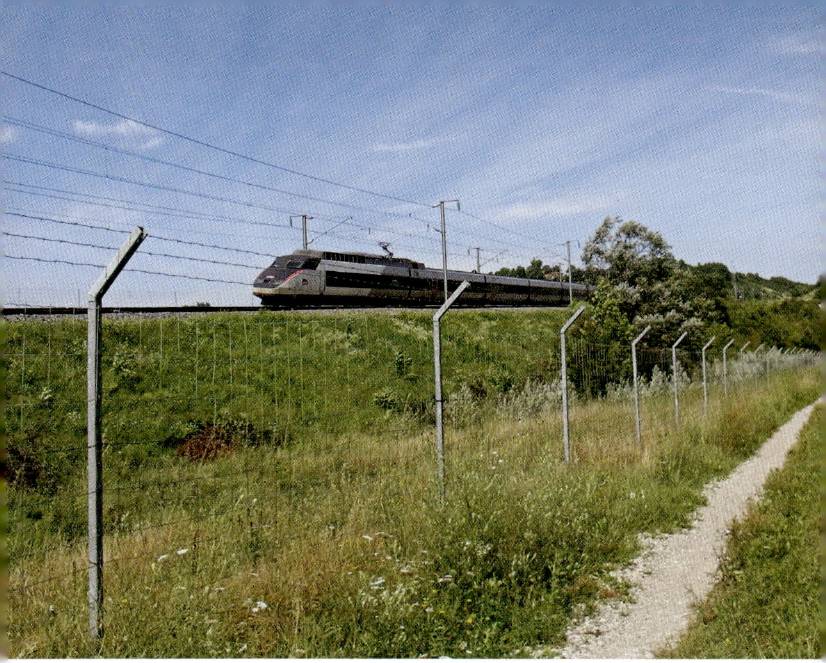

*Wegstück an der TGV-Linie entlang – auch beeindruckend.*

**Kritische Stelle:** Nach dem Wasserhochbehälter nach den Gehöften Combaud und Brosses überraschende Abzweigung nach rechts auf Wiesenpfad.
**Landschaft:** Wir wandern durch hügeliges Gelände mit Feldern und Wäldern dem Rhonetal entgegen. Aussichtsreiche Höhenlagen bieten weite Fernsichten. In den Wäldern gibt es, wie die Tage zuvor auch schon, zahlreiche Maronibäume.
**Infrastruktur:** Primarette
Moissieu-sur-Dolon
Le Bornet (Rastplatz).
L'Allemane
La Gerbaudière
Bellegarde-Poussieu
St-Romain-de-Surieu (314 m, 324 EW)
Assieu (262 m, 1450 EW)
Auberives-sur-Varèze A €
Clonas-sur-Varèze (Nähe N 7)
(in 4 km Entfernung).
**Anmerkung:** Bei der Angabe der Gesamtstrecke wurde die kürzere nördliche Wegführung zugrunde gelegt.
**Variante:** Am »Selbstbedienungs-Brunnen« und der kleinen Schutzhütte Le Bornet oberhalb von Moissieu-sur-Dolon gibt es bis in den Wald am Platz Le Grand Chêne kurz vor dem Ort Assieu zwei Routen des Jakobswegs. Zum einen die kürzere nördliche alternative Wegführung (knapp 10 km; in der Karte auf der nächsten Seite als Hauptroute eingezeichnet), die eine direktere Route wählt. Zum anderen die südliche Wegführung, bei der die leider meist geschlossene Kapelle Notre-Dame de la Salette bei Bellegarde-Poussieu und später die Klosterkirche des Carmelklosters aus dem 12. Jahrhundert oberhalb von Saint-Romain-de-Surieu berührt wird, Weglänge 15 km.

An der Kirche Saint-Jean-Baptiste in **Revel-Tourdan (1)** gehen wir abwärts auf die Auberge L'Escapade zu, dann rechts und links abwärts. Wir kommen zum zweiten Lavoir des Ortes. Nach rechts auf dem Chemin Neuf sowie an der Bäckerei vorbei lassen wir die letzten Häuser hinter uns, verabschieden uns von der Hochfläche und gehen rechts abwärts.
Wir werden darauf nach links in Richtung Moulin Coquaz gewiesen und wandern an dem Anwesen vorbei. An der Straße darauf geht es wenige Meter links, dann rechts. 100 m später biegen wir vor einem Weiher links ab.
Der Weg verengt sich zu einem Pfad und führt geradeaus durch ein kurzes Waldstück. Wir überqueren die Straße D 538, gehen auf dem Teerweg Chemin de Saint-Jacques weiter und gewinnen dann deutlich an Höhe. Geradeaus weiter aufwärts kommt der Kreislauf ganz ordentlich in Schwung.
Oben schauen wir wieder weit ins Land hinaus und gehen aussichtsreich zweimal links haltend weiter. Am Wegweiser La Garenne müssen wir rechts und wandern kurz darauf nochmals rechts am Zaun der TGV-Linie entlang. Die schnellen Züge fahren in überraschend großer Anzahl in beiden Richtungen.
An der Unterführung wenden wir uns links **(2)** und treffen auf die Landstraße nach **Moissieu-sur-Dolon** (der Ort selbst wird nicht berührt). Links weiter, dann biegen wir rechts ab und steigen auf der Route des Fontaines zu den Häusern von **L'Hôpital** aufwärts. Zuerst rechts, dann links weiter kommt der Wasserturm auf der Höhe ins Blickfeld, der nach rechts erreicht wird.
Am Wasserturm biegen wir links ab und kommen geradeaus zum Waldrand mit kleinem überdachtem Rastplatz und »Selbstbedienungs-Brunnen« am **Wegweiser Le Bornet (3)**.

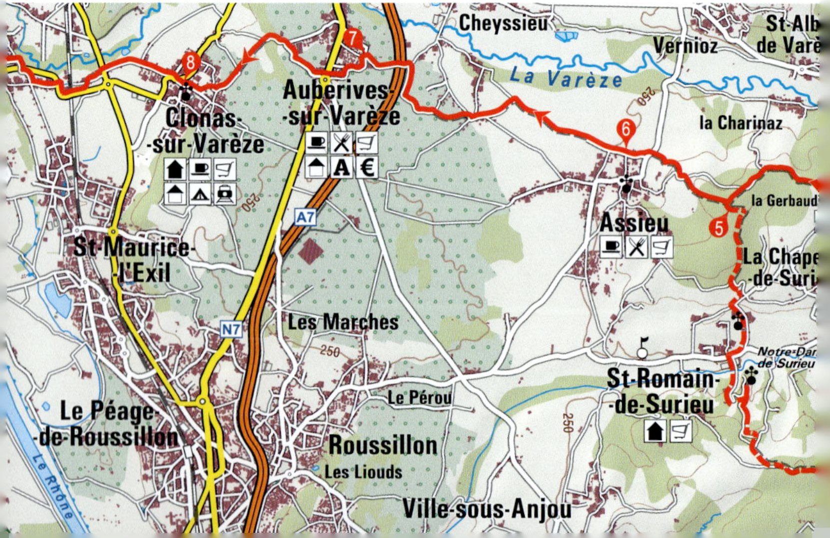

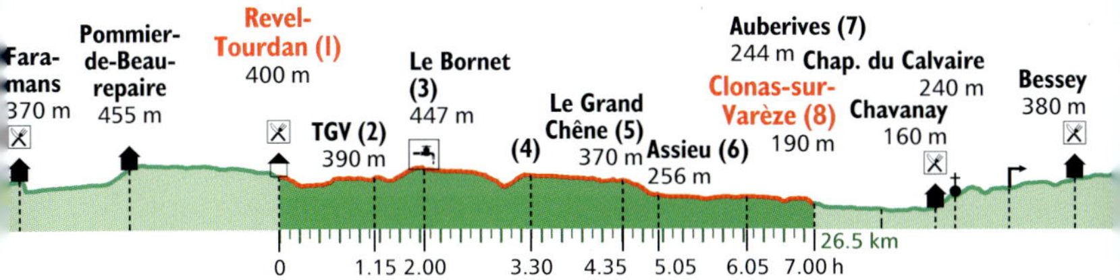


Hier haben wir die Wahl zwischen zwei Wegführungen des Jakobswegs, der nördlichen und der südlichen, die kurz vor Assieu wieder zusammentreffen.

**Die nördliche Wegführung des Jakobswegs** (gut 2.30 Std., knapp 10 km) Die nördliche Route hat die kürzere Wegführung. Sie biegt mit der blau-gelben Muschel mit dem zusätzlichen gelben Punkt am Wegweiser **Le Bornet** rechts ab. Sie führt dann links haltend weiter zum Platz beim Wegkreuz Croix Blachon. Wir bleiben der Richtung geradeaus treu und verlassen dann den Wald. Geradeaus treffen wir auf die Anliegerstraße Chemin de l'Allemane, auf der wir aussichtsreich und abwärts an den Gehöften von **L'Allemane** vorbeigehen. Geradeaus vor uns sehen wir schon den Bergrücken, den wir nach der Durchquerung des Rhonetals erklimmen werden.
Unten an der Straße gehen wir rechts, bleiben an der Straßenverzweigung geradeaus und biegen auf das nächste Sträßchen rechts ansteigend ab

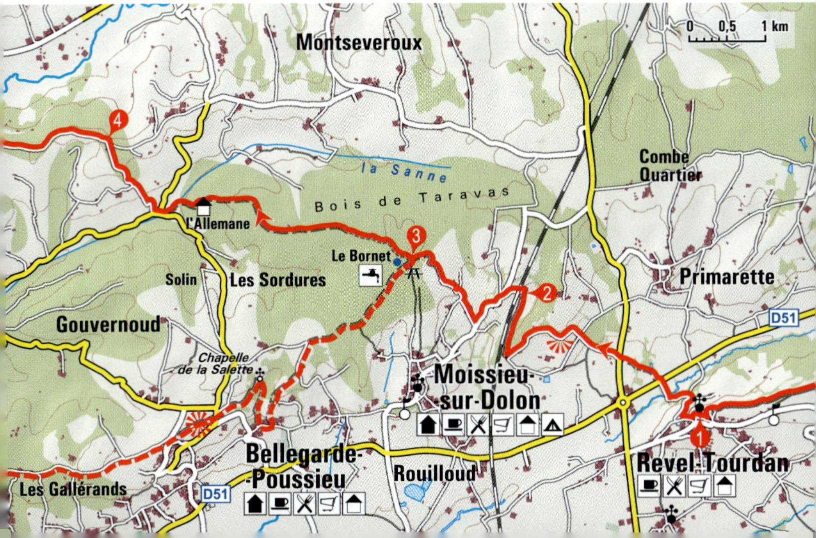

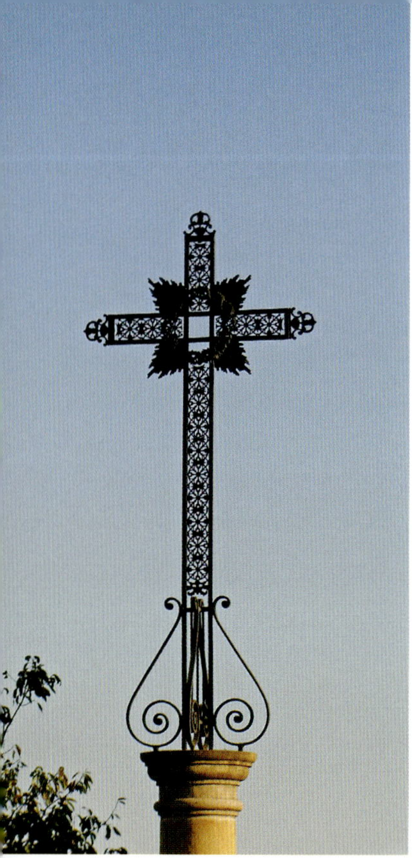

*Tief durchatmen und einen Moment Ruhe finden am Wegkreuz.*

(Chemin du Pré Cocard). 50 m später nehmen wir links haltend den Pfad durch das Waldstück und treffen wieder auf die Straße.

Geradeaus aufwärts gewinnen wir auf dem Chemin des Grandes Bruyères (Bruyères bedeutet übersetzt Heidekraut, Erika) weiterhin an Höhe und Aussicht. Wir stoßen oben nach einer Scheune auf einen Weg und biegen links ab **(4)**. Auf dem Feldweg wandern wir am hölzernen Croix Mayanconne vorbei und bleiben immer auf diesem Weg durch den Wald und über die Felder. Die Route mündet geradeaus in ein Teersträßchen ein, das an den Gehöften Combaud und Brosses vorbeiführt. Dann erreichen wir einen Wasserhochbehälter.

***Hinweis:*** *Hier geradeaus weiter würde man 200 m später das Gehöft* ***La Gerbaudière*** *erreichen.*

Hier müssen wir 50 m später rechts auf den Grasweg abbiegen. Geradeaus weiter wird ein Sträßchen überquert, dann geht es sanft abwärts und wieder aufwärts. Achten wir darauf, dass wir im Waldstück links haltend auf den Pfad abbiegen müssen, wenig später treffen wir auf ein Teersträßchen.

Es geht links weiter und dann verlassen wir das Sträßchen geradeaus auf dem Fußweg in den Wald Bois de la Limone. 200 m später treffen an einem auffälligen Platz mit Eichen – **Le Grand Chêne (5)** die beiden Jakobswegrouten wieder zusammen. Rechts geht es auf dem Jakobsweg in Richtung Assieu weiter.

**Die südliche Wegführung des Jakobswegs** (4 Std., 15 km)

Die als Jakobsweg markierte südliche Wegführung bleibt am Wegweiser **Le Bornet (3)** geradeaus auf dem Waldweg, der dann in einen Teerweg übergeht und auf Feldlagen hinausführt. An der Gabelung Les Grandes Bruyères

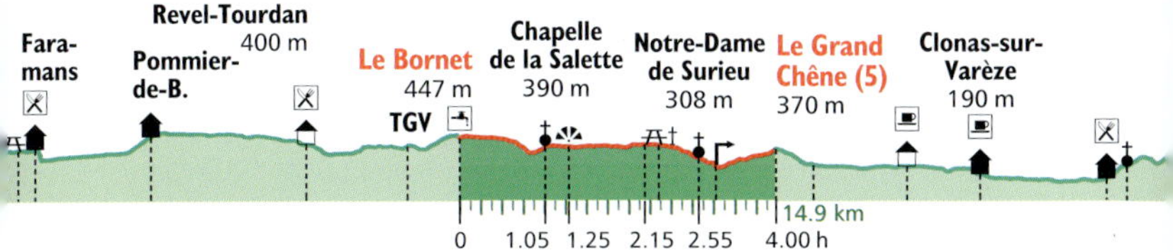


werden wir aussichtsreich nach links gewiesen. 400 m später biegen wir rechts auf den Feldweg ab und steigen einen alten Hohlweg hinunter, der von Felsen gesäumt ist. Rechts haltend abwärts gelangen wir zu den ersten Häusern von **Bellegarde-Poussieu** sowie zur Straße.

Rechts weiter und schon nach gut 100 m werden wir wieder nach rechts gewiesen. Ansteigend erreichen wir die leider meist geschlossene Kapelle **Notre-Dame de la Salette** mit kleinem umliegenden Friedhof.

Weiter aufwärts treffen wir zuerst auf das Sträßchen Chemin du Château (auf das wir kürzer auch gekommen wären, wenn wir vorher oben an der Gabelung geradeaus weitergegangen und kurz vor der Straße links auf den Chemin du Château abgebogen wären) und geradeaus auf die Straße D 46, die überquert wird.

*Le Bornet: Wasserstelle mit dem »Selbstbedienungs-Brunnen«.*

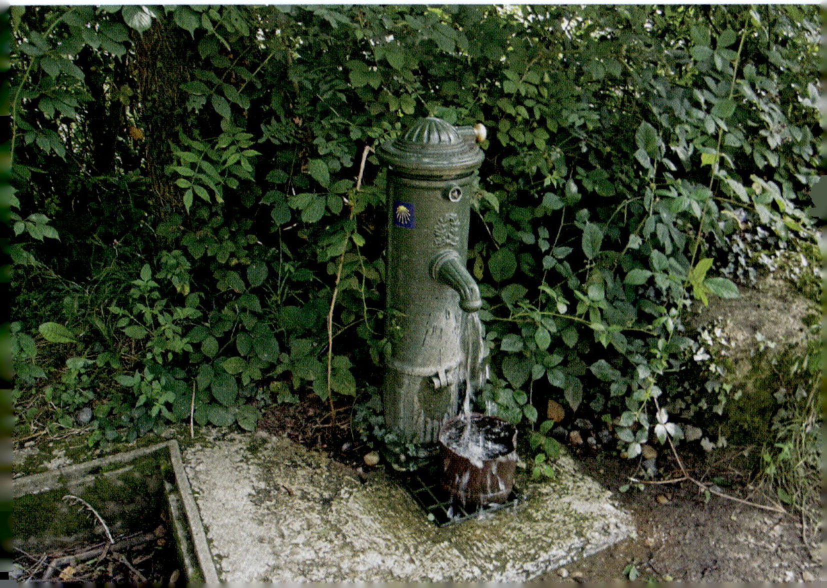

Geradeaus weiter wandern wir zu einem **Aussichtspunkt** mit Orientierungstafel (liegt links am Weg).
Auf dem Höhenweg weiter wird die nächste Straße überquert, dann wandern wir an den letzten Häusern von Bellegarde-Poussieu vorbei. Immer geradeaus ist unsere Richtung. Wir erreichen auf dem Teersträßchen das Gehöft **Le Mouillat** und bleiben nochmals geradeaus. Dann werden wir in der Rechtskurve der Straße geradeaus auf den Waldweg geleitet. Wir gelangen zu einem Wasserhochbehälter, werden nach rechts gewiesen und biegen dann jedoch gleich wieder links und danach rechts ab (und behalten somit die ursprüngliche Richtung bei).
Geradeaus wandern wir an einem **Wegkreuz** mit Bank vorbei und entscheiden uns an der Gabelung wenig später (mit Hochsitz) für die rechte Möglichkeit. Wir erreichen eine Wegkreuzung und gehen wenige Schritte rechts. Wir biegen links ab und nähern uns dem Carmelkloster **Notre-Dame de Surieu.** Mit einem kurzen Abstecher nach rechts erreichen wir das Kloster mit dem beeindruckenden Turm und der Kirche aus dem 12. Jahrhundert.

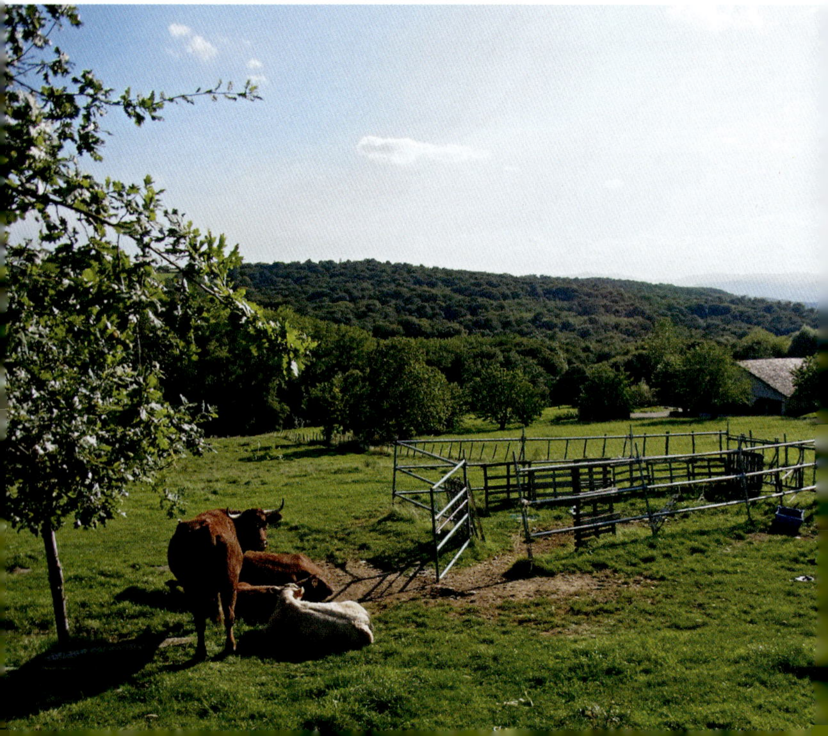

*i* *Die Kirche des Carmelfrauenklosters **Notre-Dame de Surieu** ist ein schlichtes Bauwerk aus Sandstein, in der man Stille und Ruhe findet. Am Gebet der Schwestern kann man teilnehmen, die Zeiten sind unter der Woche um 7.00 und 17.00 Uhr (Stilles Gebet), 8.00, 11.30, 17.30 und 21.15 Uhr (außer Montag), an Sonntagen 8.00, 11.45, 16.30 (Stilles Gebet), 17.30, 18.00 und 21.15 Uhr (carmel-nd-surieu.fr).*

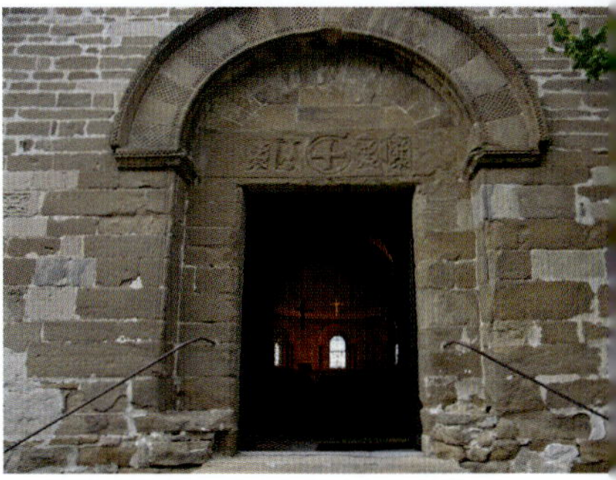

Abwärts gehen wir nur einige Schritte auf dem Sträßchen Montée de Surieu und biegen dann links ab. An einem Rastplatz vorbei und rechts die Stufen hinab treffen wir in der Kehre wieder auf die Straße.
***Hinweis:** Nach der Kehre geht es links aufwärts zu den Übernachtungsmöglichkeiten in **Le Molymard**.*
Im Tal erreichen wir den Ortsrand von **Saint-Romain-de-Surieu** sowie die Straße D 134. Hier gehen wir rechts und biegen dann links ansteigend ab. Wir wandern an der links gelegenen (meist geschlossenen) Kirche Eglise de St-Romain aus dem 11. und 12. Jahrhundert und einer Fromagerie/Käserei mit Verkauf vorbei. Rechts weiter und 150 m später links in Richtung Le Canard und Assieu sind wir richtig. Wir überqueren die Brücke über den Bach Limone und biegen in der Linkskurve der Straße rechts auf den Feldweg ab. Anschließend bleiben wir im Wald geradeaus und folgen dann der deutlichen Wegspur nach links und etwas aufwärts. Im Wald gelangen wir zu einem markanten Platz unter Eichen – **Le Grand Chêne (5)**. Hier trifft von rechts her die nördliche Variante ein.

### Gemeinsam weiter:

An dem Platz unter den Eichen **(5) (Le Grand Chêne)** gehen wir geradeaus weiter und treten aus dem Wald hinaus. Erfreuen wir uns an dem weiten Blick über das Rhonetal hinweg! Einmal geht es geradeaus, wieder im Wald abwärts, dann müssen wir rechts abbiegen. 50 m später weist die Markierung nach links abwärts, unten rechts gelangen wir bei einer Infotafel zum Jakobsweg kurz vor **Assieu** zur Straße D 131. Wir gehen links in den Ort und zweigen dann am Wegkreuz mit Jakobusbildstock auf die Rue Saint-Jacques de Compostelle rechts ab. Wer in die Ortsmitte möchte, biegt links auf die Rue d'Ecarlat **(6)** ab.

*Oben: Blick in die Kirche Notre-Dame de Surieu.*
*Links: Angenehmes Wandern über aussichtsreiche Höhenlagen.*

*i* ***Assieu** wird nur am Rande gestreift, der Ortskern liegt links der Route. Auf der Rue d'Ecarlat gelangt man zur Kirche **Saint-Pierre-aux-Liens**, die ebenfalls im lokaltypischen Baustil aus Feldsteinen errichtet wurde.*

Geradeaus weiter wandern wir auf die Felder hinaus. Der Teerweg wechselt zu einem Feld-, dann zu einem Grasweg. Am Wegweiser Les Meuilles biegen wir links in Richtung Clonas-sur-Vareze ab und kommen nach **Cheyssieu** (mit Buswartehäuschen mit Bank).

Die Route des Jakobswegs verläuft geradeaus über den Bach Beson, wenige Schritte rechts und dann links ansteigend weiter. Obstplantagen säumen den Weg. Immer geradeaus nähern wir uns der Autobahn A 7, gehen rechts und parallel dazu. Auf der Brücke wird die A 7 nach links überquert und an der Straße entlang erreichen wir den Ortsanfang von **Auberives-sur-Varèze (7)**.

Überraschend weist die Markierung nach links und durch die Wohnsiedlung am Ortsrand. Es geht rechts und im Bogen links weiter auf dem Chemin des Vignes. Die Ortsmitte von Auberives-sur-Varèze wird von der Route nicht berührt. Wir treffen am großen Kreisverkehr auf die Straße N 7.

Geradeaus weiter streifen wir danach ein Wohngebiet mit hübschen Häusern, gehen links auf dem Sträßchen abwärts und verlassen dieses dann geradeaus auf den Feldweg. Geradeaus weiter erreichen wir den Ort **Clonas-sur-Varèze**.

*Die Rhoneebene wird durchquert.*

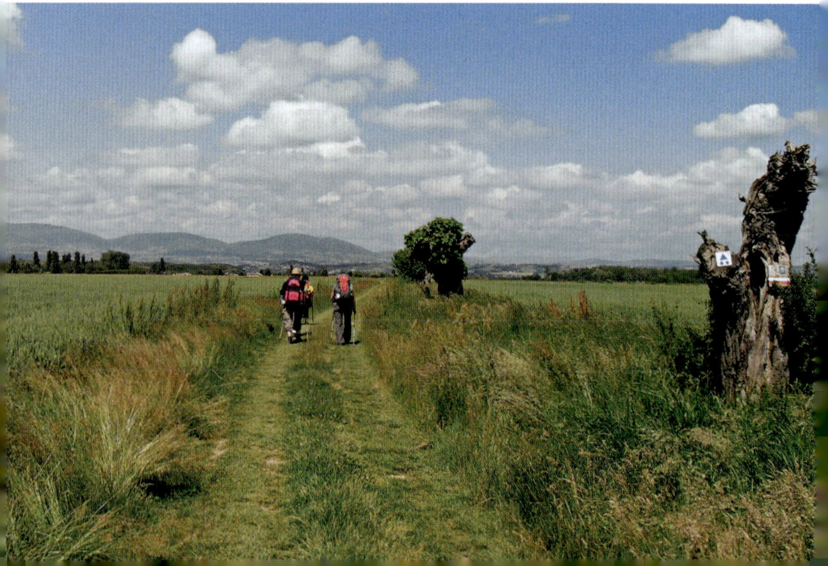

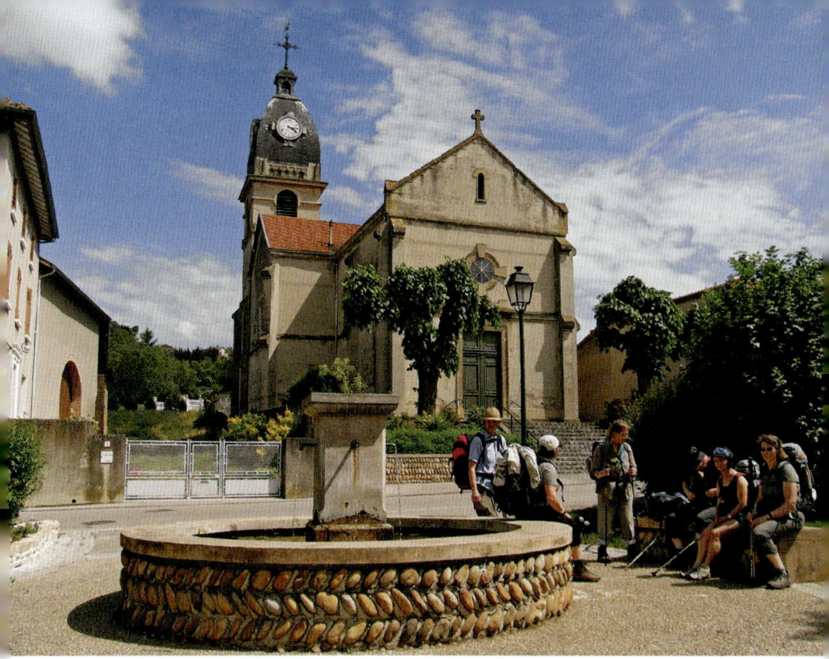

*Clonas-sur-Varèze ist ein geschichtsträchtiger Ort.*

Geradeaus vor uns haben wir den Wasserturm im Blickfeld, biegen jedoch deutlich davor rechts auf die Rue du Grand Chêne ab und gehen gleich darauf links den Grasweg weiter abwärts. Rechts hinab und links haltend die Stufen weiter abwärts haben wir die Kirche des Ortes im Blickfeld. Links geht es auf der Rue des Cerisiers (und Rue de la Convention) wenige Schritte in die Ortsmitte mit Bar, Brunnen, Bänken und Kirche **(8)**.
**Hinweis:** *Die Route des Jakobswegs biegt kurz davor auf die Straße Rue du 11 November 1918 rechts ab.*

i ***Clonas-sur-Varèze*** *ist der westlichste Ort im Departement Isère. Vier andere Departements der Region Rhône-Alpes grenzen im Bereich von 10 km an die Ortschaft: Rhône, Loire, Ardèche und Drôme. Das Gebiet war schon in der Römerzeit besiedelt. Von diesen einstigen Bewohnern auf dem heutigen Gemeindegebiet wurden Wandmalereien und wunderschöne Bodenmosaike gefunden, die eindrucksvolle Zeugnisse dieser Vergangenheit sind. Das Museum in der Villa de Licinius befindet sich nur 100 m nach dem zentralen Platz beim Rathaus und der Kirche (April bis Oktober geöffnet).*

# Loire

Die Abgrenzung zwischen den Departements Isère und Loire bildet die Rhone. Das Departement Loire mit der Ordnungsnummer 42 gehört ebenfalls noch zur Region Rhône-Alpes. Die Hauptstadt ist Saint-Etienne, und heutzutage leben rund 768.000 Einwohner in dieser ehemals unter dem Namen Forez bekannten Provinz. Das Wappen ist rot und hat einen goldenen Delfin. Die Loire ist der größte Fluss Frankreichs, der in den Atlantik mündet. Ihr Ursprung befindet sich im Zentralmassiv und ist kaum 200 km vom Mittelmeer entfernt. Doch nimmt der Fluss nicht den Lauf nach Süden, sondern orientiert sich nach Norden, dann weiter in Richtung Westen. Auf rund 100 km Länge fließt die Loire durch dieses gleichnamige Departement und mündet nach mehr als 1000 km in den Atlantischen Ozean. Bei dieser enormen Länge verwundert es nicht, dass noch viele weitere Departements das Wort »Loire« als Zusatz in ihrem Namen aufweisen.

*Prachtvoller Blick von der Kapelle Chapelle du Calvaire hinab auf Chavanay und die Rhone.*

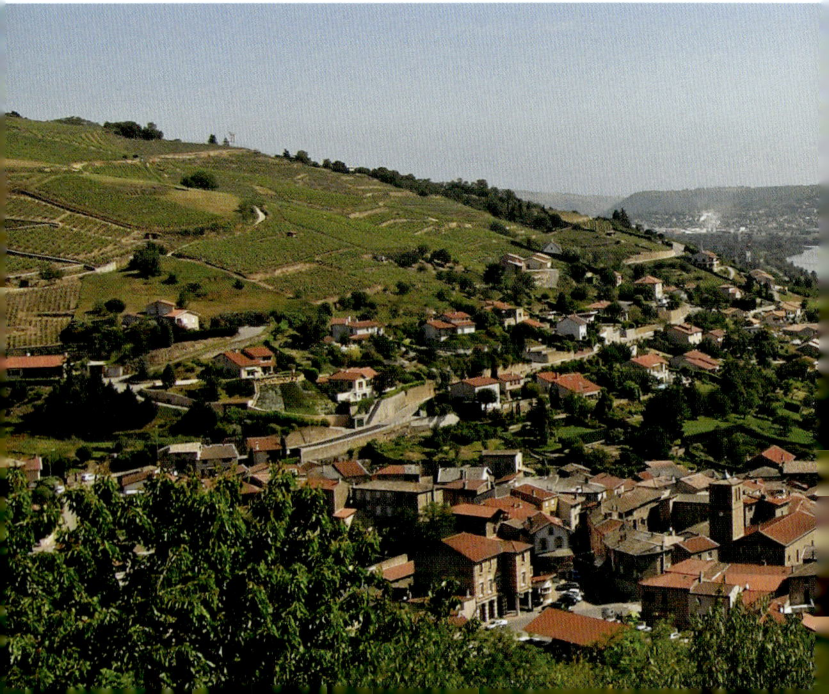

Das Departement Loire hat in etwa die Form eines Rechteckes; wir durchwandern dabei die schmale Seite und dies ganz im Süden.
Die Landschaft und die Bauweise der Steinhäuser verändert sich merklich: Es gibt nun keine Häuser mehr aus den faustgroßen Feldsteinen.
Die Wegweisung des Jakobswegs ist nach wie vor zuverlässig, im Departement Loire sind es zumeist Holzschilder, auf denen der rot-weiß markierte GR 65, das Muschelzeichen sowie die nächsten Orte angegeben sind.

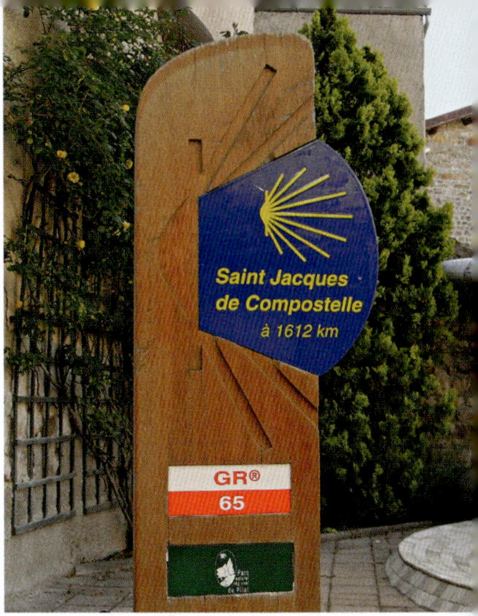


*Jakobsweg und GR 65 verlaufen fast immer parallel.*

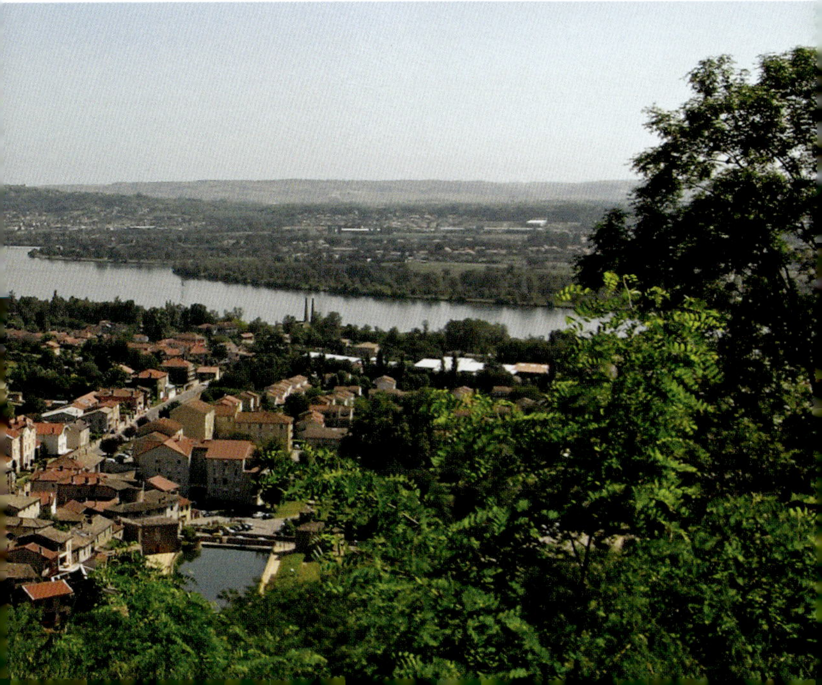

# 13 Clonas-sur-Varèze – Saint-Julien-Molin-Molette

**7.00 Std.**

**25 km**

**Herbergen: Chavanay** (155 m, 2800 EW): Gîte d'Etape Les Amis de St-Jacques, 1 Rue de l'Ancienne Cure, 10 B/ÜF 17 €, Küche, 1.4.–15.10. ab 15 Uhr geöffnet.
**Bessey** (380 m, 450 EW): (1) Gîte Communaux, nur jeweils zusammen 6 Betten Ü 80 €, Küche, Tel. +33 4 7487 3683, +33 6 8430 6753. (2) Bar-Restaurant Chez Carsi, 5 La Fougie, HP/EZ ab 40–55 €, DZ 85 €.
**Le Buisson:** Chambre d'Hôtes La Buissoniére, 110 Chemin de Chez Rambert, ÜF 40-65 €, Menü auf Anfrage, Tel. +33 4 7487 4137, +33 6 7213 1688.
**Croix de Saint Blandine** (690 m): Gîte d'Etape de Sainte Blandine, 14 B/HP 45 €, nur nach Reservierung, Tel. +33 4 7448 3615, +33 6 4145 3772.
**Saint-Julien-Molin-Molette** (585 m, 1240 EW): (1) Accueil-Gîte Radio d'ici, 6 Rue de la Modure, 20 B/Ü 10 €, Küche, Tel. +33 4 7751 5745, +33 6 1313 6686. (2) Chambre d'Hôte Suryahome, Nicole Fombonne, 10 Rue du Mas, Ü ab 25 €, Menü vegetarisch bio 18 €, Tel. +33 4 7702 3771, +33 6 7610 9392. (3) Chambre d'Hôtes Frank Pernet, 256 Montee des Fabriques, ÜF EZ 40 €, DZ 60 €, Menü auf Anfrage.
**Unterkunft: Chavanay:** (1) Chateau de la Petite Gorge, 35 La Petite Gorge, auf Anfrage bis zu 5 Zi/ÜF 33 €, HP 49 €, Tel. +33 4 7487 2980, Pool, April bis Oktober geöffnet, Tel. +33 4 7487 2980, +33 6 2603 4672. (2) Gîte d'Etape Les Amis de St-Jacques, 1 Rue de l'Ancienne Cure, 10 B/ÜF 17 €, Küche, 1.4.–15.10. ab 15 Uhr geöffnet (3) Chambre d' hôtes Claudine Orsini, 6 Chemin de Vigne, HP 38 €, Tel. +33 4 7431 0307, +33 6 3839 7562.
**Bessey:** Bar-Restaurant Chez Carsi, 5 La Fougie, HP/EZ ab 40–55 €, DZ 85 €. Tel. +33 4 7487 3641.
**Choron** (zu Saint-Appolinard): Chambre d'Hôtes L'espace Temps, 351B Chemin des Chataignes, nach Pilgerpreis fragen.
**Die Strecke:** Zuerst ebenes Wegstück bis Chavanay, dann Aufstieg hinauf zur Chapelle du Calvaire, immer wieder weite Fernblicke.
**Höhenunterschied:** 770 m im Aufstieg, 370 im Abstieg.
**Kritische Stellen:** (1) Die Abzweigung nach links durch die kleine Bahnunterführung kurz nach dem Ortsschild von Chavanay kann leicht übersehen werden. (2) Kurz nach Le Mas de Goely: In der Linkskurve des Feldwegs bleiben wir geradeaus.
**Landschaft:** Die Route führt durch das Rhonetal und überquert den Fluss. Dann steigen wir durch Wald, Weinberge, Obstplantagen und Wiesen in die Berge des Naturparks Pilat, dabei bieten sich immer wieder weite Ausblicke. Im Frühsommer begleitet uns der gelb blühende Ginster.
**Infrastruktur:** Saint-Alban du Rhône
Chavanay A €
Bessey
Le Buisson
Croix de Saint Blandine und Rastplatz.
Saint-Julien-Molin-Molette A € i
**Anmerkung:** Der tiefste Punkt des ganzen Jakobswegs von Genf bis Le Puy-en-Velay befindet sich im Rhonetal vor Chavanay.

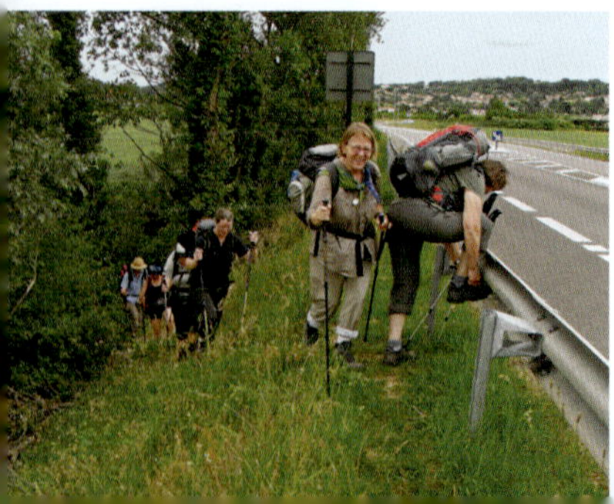

*Ein Pfad führt die Böschung hinauf.*

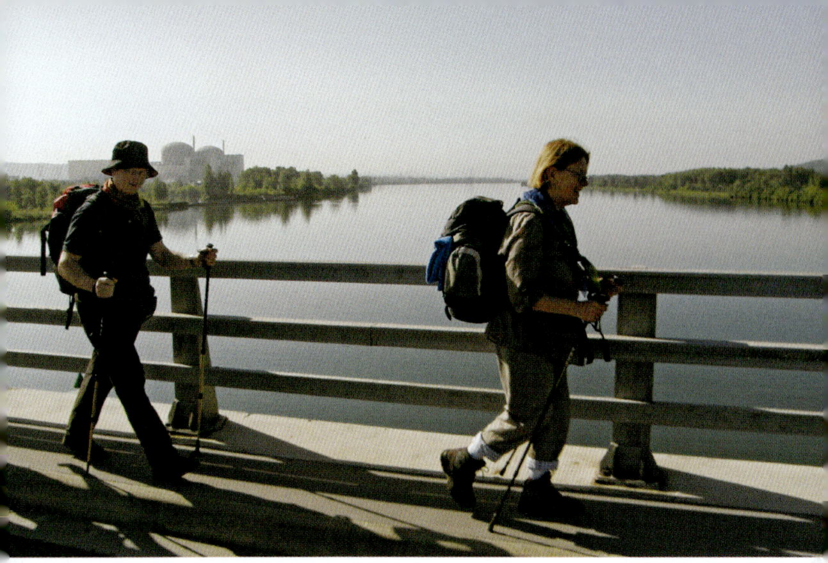

*Die eindrucksvoll breite Rhone wird überquert.*

In **Clonas-sur-Varèze (1)** starten wir auf der Straße Rue du 11 November 1918, gehen dann geradeaus auf der Route de la Varèze abwärts und verlassen den Ort. An einem Freizeitgelände vorbei gelangen wir zur Straße D 4, die überquert wird. In Richtung geradeaus (vorher noch fünf Schritte nach links) bleiben wir noch 150 m, dann biegen wir links ab. Ja, es geht die Böschung hinauf und hinter der Leitplanke sowie an der Straße entlang über die Bahnlinie hinweg.
Dann biegen wir links auf die Route de Chavanay ab und erreichen **Saint-Pierre**, das noch zu Clonas-sur-Varèze gehört. An der nächsten Kreuzung geht es rechts und wir passieren das Ortsschild von **Saint-Alban du Rhône** (die Ortsmitte wird nicht berührt).

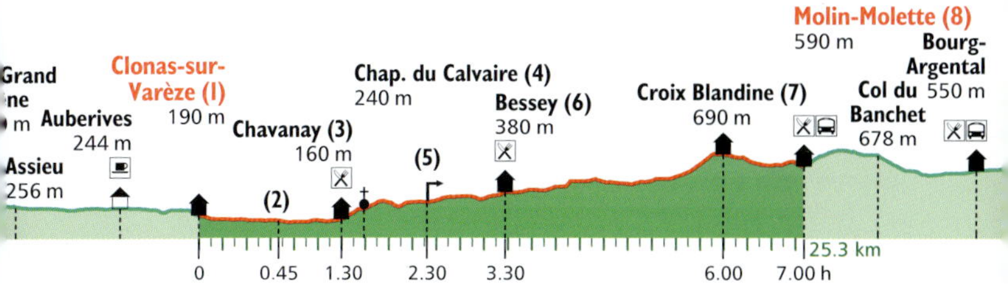

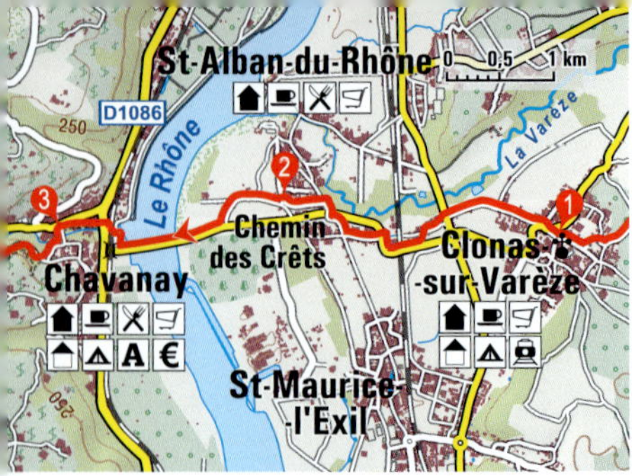


Rechts haltend weiter überqueren wir auf der Brücke sowohl die Bahnlinie als auch die Straße, dann biegen wir links auf die Anliegerstraße Rue du Ranch ab. Scharf nach links abwärts weiter **(2)** und scharf rechts weiter kommen wir auf die Landstraße, die uns dann im Bogen nach links in Richtung Rhonebrücke bringt.
Die stark befahrene Straße wird überquert und dahinter nehmen wir nach rechts den Schotterweg parallel dazu. An der Gabelung bleiben wir rechts und kommen zur breit dahinfließenden Rhone. An der Brücke steigen wir den kurzen steilen Pfad zur Straße aufwärts und überqueren dann den uns schon bekannten Fluss, der seit Seyssel nochmals beeindruckend breiter geworden ist.

*i* *Die **Rhone**, die uns seit Genf ja immer wieder begleitet hat, überqueren wir hier zum letzten Mal. Sie hat seit unserer ersten Bekanntschaft deutlich an Größe zugenommen. Gleichzeitig kommen wir vom Departement Isère ins Departement Loire. Hier befindet sich der tiefste Punkt unserer Via Gebennensis.*

Von der Straße biegen wir am Ortsschild von **Chavanay** rechts ab und gehen dann gut 50 m später links unter der Bahnlinie durch. Wir gelangen zur Straße D 1086 und überqueren nach rechts den Bach Valenzice. Sofort danach steigen wir rechts die Treppe hinab und unterqueren die recht niedrige Brücke. Auf dem Pfad durch die parkähnliche Grünanlage erreichen wir die sogenannte Friedenslinde, steigen die Treppe hinauf und durchschreiten den Mauerbogen **(3)**. Über das Bassin hinweg sehen wir oben am Hang die Chapelle du Calvaire.
***Hinweis:*** *An der Kirche geht es rechts zur Herberge, sie befindet sich bei der Fahrschule im Haus Nr. 1. Es gibt eine Rue und einen Place des Pèlerins.*

*i* *Im historischen Ortskern von **Chavanay** könnte man einen Mittelalterfilm drehen, man fühlt sich hier wirklich um Jahrhunderte zurückversetzt. Gerade in der abendlichen Beleuchtung wirken die Steinhäuser und die oft prächtigen Portale besonders malerisch. 50 m links von der Ortsmitte steht die meist geöffnete Kirche mit einer großen Jakobus-Holzfigur. Ein Schiff im Innern zeigt die Nähe und die Bedeutung der Rhone an. Gegenüber der Kirche befindet sich eine Wasserstelle.*

Die Jakobswegroute geht nach dem Mauerbogen am großen Bassin links weiter, dann rechts auf der Rue de La Chorerie ansteigend durchs Wohngebiet. Oben an der Straße ist rechts richtig und 50 m später biegen wir links auf einen Waldpfad ab. Wir gewinnen rasch an Höhe, gehen dann nach rechts auf dem Pfad am Hang entlang weiter und erreichen die wunderbar aussichtsreich gelegene **Chapelle du Calvaire (4)**.

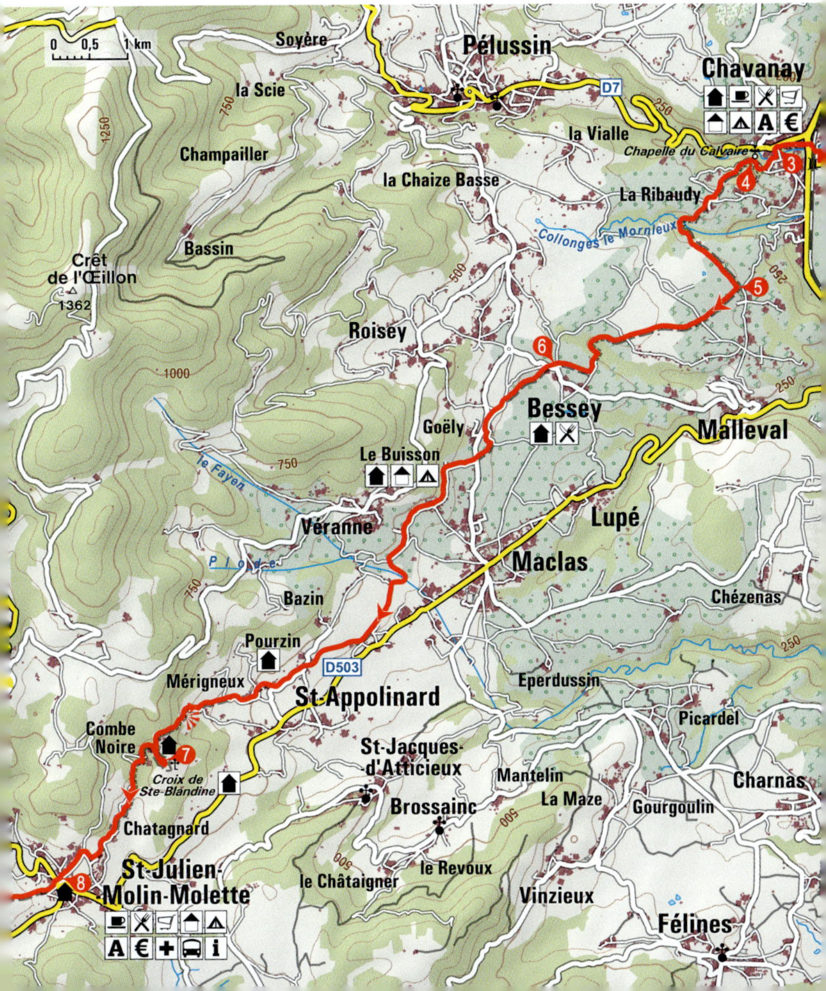

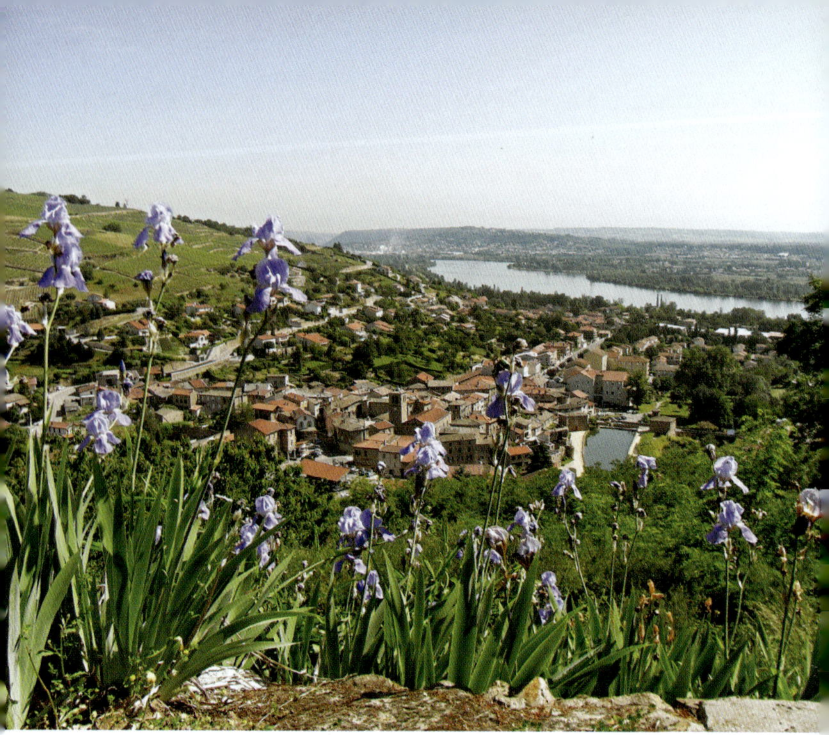

»Fern-sehen« von der Kapelle Chapelle du Calvaire.

*i* *Die Türe der **Chapelle du Calvaire** ist von 7.30 bis 18 Uhr mit dem Drücker zu öffnen. Die Ursprünge der Kapelle gehen auf das 16. Jahrhundert zurück. Das Innere überrascht mit einer Vielzahl von Jakobusdarstellungen, wie zum Beispiel einem Jakobusfenster vorne rechts, oder der Wandmalerei. Genießen wir den herrlichen Blick auf Chavanay, auf die Weinberge und auf die Rhone!*

Die Jakobswegroute führt ansteigend durch den Wald und Weinberge weiter. Ein Wegweiser informiert, dass es bis Santiago noch 1631 km sind. Geradeaus wandern wir auf dem Teerweg weiter, dann nehmen wir an der Gabelung bei **La Ribaudy** die linke Möglichkeit.
Durch den kleinen Weiler geht es geradeaus haltend abwärts und dann rechts auf dem Feldweg weiter. Nochmals links weiter ist richtig und der Pfad führt durch die Weinberge abwärts ins Tal. Der Bach Le Mornieux wird überquert und nach links weiter gewinnen wir wieder an Höhe.

Links weiter an Apfelplantagen entlang wandern wir aussichtsreich über die Hochfläche. Bei den Häusern und am Wegweiser **Morzelas** biegen wir rechtwinklig nach rechts ab **(5)** und nehmen den schmalen Pfad zwischen den Obstplantagen, auch einzelne Kirsch- und Pfirsichbäume gedeihen hier. Geradeaus weiter sind wir richtig und an der Kreuzung mit vielen Wegen ebenfalls. Den bewaldeten Hügeln und Bergen sind wir schon merklich näher gekommen.

Wir überqueren geradeaus ein Sträßchen und kurz darauf den Bachlauf Moulina. Der Ort **Bessey** mit seiner Kirche rückt ins Blickfeld. Nach rechts über die Felder halten wir darauf zu und erreichen ihn auf der Rue de l'Alambic. Nach links und vor der Kirche rechts weiter verläuft der Jakobsweg auf dem Gehweg mit den deutlichen Muschelsymbolen **(6)**.

*i* *Die Kirche **Saint-Jean Baptiste** in **Bessey** ist geöffnet, ein WC befindet sich gleich daneben. In der Kirche sehen wir im Chor im rechten Glasfenster unseren Pilgerheiligen Jakobus mit Pilgerstab und Kalebasse. Die bepflanzte historische Weinpresse verdeutlicht, dass wir uns nun wieder in einer Weingegend befinden. Laut Wegweiser sind es noch 1624 km bis nach Santiago.*

Wir wandern auf dem muschelverzierten Gehweg weiter und sehen rechts einen überdachten Rastplatz mit Tisch und Bänken. An dieser Stelle biegen wir links auf den Feldweg ab.

Geradeaus geht es bis zu Häusern, dann links haltend zum steinernen Kreuz in **Le Mas de Goely** (mit Bank). Hier rechts haltend weiter und kurz darauf weisen die Markierungen zweimal links abwärts. Achten wir darauf: In der Linkskurve des Feldwegs bleiben wir leicht rechts und kommen zur Straße D 19.

Diese wird geradeaus überquert und auf dem sonnigen Teerweg geht es ansteigend zu den Höfen und Plantagen bei **Chez Rambert** weiter. Oben ist nach links richtig. Kilometerweit schauen wir ins Land hinaus. Über das Rhonetal hinweg erkennen wir bei klarer Wetterlage die Höhenzüge, über die wir in den letzten Tagen gewandert sind.

Wir erreichen den Weiler **Le Buisson** und gehen geradeaus weiter. Als nächstes liegt **Chez Paret** an der Route und wir gelangen zu einer Straße. Auf der anderen Seite führt der Jakobsweg nach rechts und parallel zur Straße als Fußweg weiter, um dann wieder in die Straße einzumünden. Von der Route de Maclas werden wir nach links abwärts gewiesen. Scharf nach rechts umwandern wir ein Motorsportgelände und kommen abwärts auf **Choron** zu (und fast bis zur D 503). Doch vom Chemin des Chataignes biegen wir noch davor rechts auf einen Fußweg ab. Aufwärts erreichen wir auf der Rue du Lavoir den kleinen Weiler **Pourzin**. Links weiter wandern wir nach **Le Curthil**. Wir haben die Obst- und Weinbauregion verlassen, Wiesen und Wälder prägen nun wieder das Landschaftsbild.

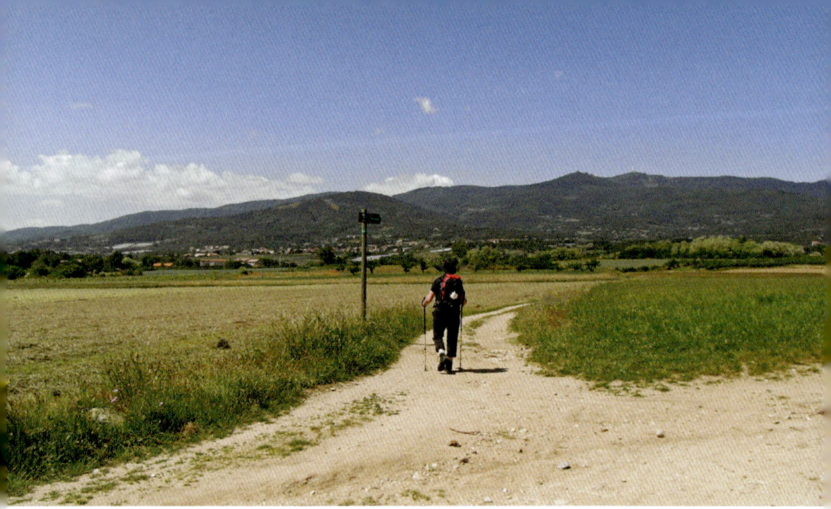


*Auf dem Weg nach Bessey.*

Bei den wenigen Häusern verlässt die markierte Jakobsweg-Route den Teerweg nach rechts. Geradeaus geht es auf einem Grasweg aufwärts und **Mérigneux** wird erreicht. Wir wandern rechts durch den kleinen Ort und verlassen das Sträßchen in der Rechtskurve geradeaus auf den Feldweg.
Es geht neben einem Bachlauf aufwärts und am Hof Les Rotisses ebenfalls. Links weiter in Richtung Croix de Sainte Blandine wandern wir weiterhin ansteigend auf einem holprigen Steig.
Die Route führt um das weitläufige Gelände der Gîte herum, dann rechts haltend und im Bogen nach links weiter **(7)**.
***Tipp:*** *Mit einem kurzen Abstecher nach links erreichen wir das Kreuz* ***Croix de Sainte-Blandine****, das Ende des 19. Jahrhundert aufgestellt wurde. Bänke laden zu einem Verweilen ein. Wir sehen in der Nähe einen kunstvollen Stein, auf dem wir lesen: 100 km bis Le Puy und 1600 km bis Santiago.*

*i* *Der Blick weitet sich: Vor uns sehen wir die in idyllischer Umgebung gelegene Gîte d'Etape de Sainte-Blandine, zurück schauen wir kilometerweit in die Ferne über das Rhonetal hinweg.*

Unsere Route führt aussichtsreich im Bogen nach rechts, überquert den Bach Pontins und erreicht das Gehöft **Combe Noir**. Rechts haltend kommen wir auf einen Grasweg, steigen Stufen hinab und wandern durch den Wald abwärts. Am Gehöft **Chatagnard** treffen wir auf die Straße.

Diese wird nach der Kurve bereits wieder nach rechts aufwärts verlassen (Chemin de Saint Jacques de Compostelle). Wenig später erreichen wir eine Wohnsiedlung und gehen auf der Teerstraße überraschenderweise nach rechts. Die nächste Straße links ist richtig und steil abwärts haben wir bereits **Saint-Julien-Molin-Molette** im Blick.
Unten links (Rastplatz) und noch vor der Hauptstraße rechts auf die schmale Gasse Rue Vieille gelangen wir zum Platz mit dem besonderen **Sechsröhrenbrunnen (8)** und zur Kirche Saint-Julien.

*i* ***Saint-Julien-Molin-Molette*** *liegt im Naturpark Pilat und ist ein hübsches Kleinstädtchen im Tal des Baches Ternay. Der ursprüngliche römische Name lautete »Molendino Moletane« und bedeutete einst: »Mühle« und »einen Stein wetzen« beziehungsweise »schärfen«. Aus der Zeit von 1000 v. Chr. wurden im Gemeindegebiet Stelen und Menhire gefunden. Das Wasser des Baches hat früher viele Mühlen und Webereien angetrieben. Heute haben sich Künstler und Handwerker in diesem Ort niedergelassen. Der Sechsröhrenbrunnen mit dem Gittergewebe darüber wirkt zunächst etwas befremdlich. Wenn man jedoch weiß, dass dies die Geschichte der hier ansässigen Webereien symbolisiert, macht es Sinn. An dem Platz laden Bänke zu einem Verweilen ein. In der Kirche* ***Saint-Julien*** *sehen wir in den Glasfenstern rechts und links die vier Evangelisten, in der Mitte Saint Julien, Christus und Petrus.*

*Saint-Julian-Molin-Molette: Am Platz in der Ortsmitte mit Kirche.*

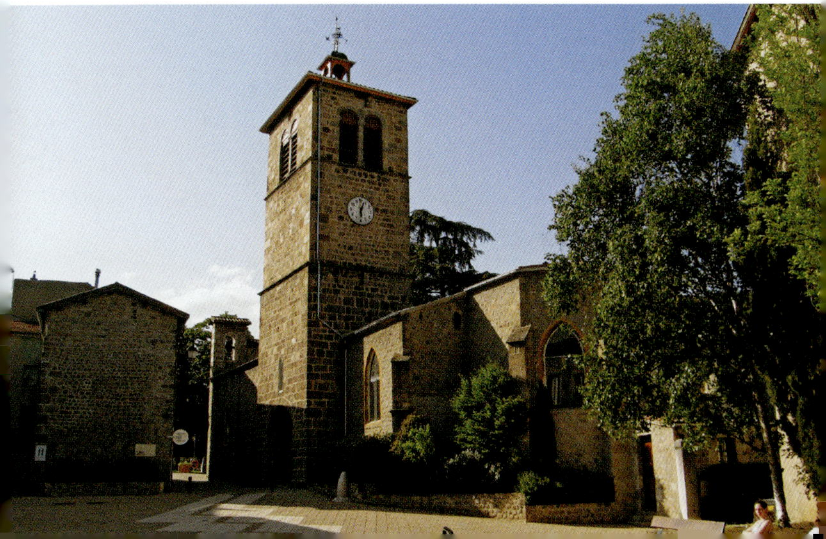

# 14 Saint-Julien-Molin-Molette – Les Sétoux

**7.15 Std.**
**24,5 km**

**Herbergen: Mounes:** Gîte d'Etape, Agnes u. Bernard Courbon, Ü 10 €, Küche, keine Mahlzeiten, Tel. +33 4 7739 1815, +33 6 3031 8401.
**Les Sétoux** (1142 m): Gîte d'Etape Le Combalou, 24 B/Ü 8 €, Küche, Menü und Frühstück sind im Restaurant möglich.
**Unterkunft: Bourg-Argental:** (1) Chambre d'hôtes Annie und Joseph Oduard, 12 Rue Mandarel, Küche, Tel. +33 4 7739 6260, +33 6 2052 5499. (2) Hotel-Restaurant Le Relais, 35 Rue du Dr Guyotat, HP 54 €, Tel. +33 4 7739 6121.
**Saint-Saveur en Rue:** Camping Les Régnières, 29 Route du Tracol, April bis September geöffnet, Tel. +33 7 62232411, +33 9 8380 0917.
**Les Sétoux:** Gîte Le Combalou, 24 B/Ü 35 €, Tel. +33 6 5076 2015, +33 6 6394 6685.
**Clavas** (zu Riotord): 2 km abseits in einem alten Kloster: Gîte La Clavarine, Ü ab 15 €, Menü 16 €, F 7 €, Tel. +33 4 7161 9641, +33 6 2945 0047
**Die Strecke:** Mit Auf und Ab kommen wir nach Bourg-Argental. Weiter aufwärts steigen wir auf meist guten Wegen und Pfaden in die bewaldeten Berge. Ein Wegstück hinter Bourg-Argental wird auf einer ehemaligen Bahntrasse zurückgelegt. Der Anstieg ist zumeist moderat, nur kürzere Wegabschnitte sind etwas steil.

*In vielen Kirchen liegen Pilgergästebücher aus.*

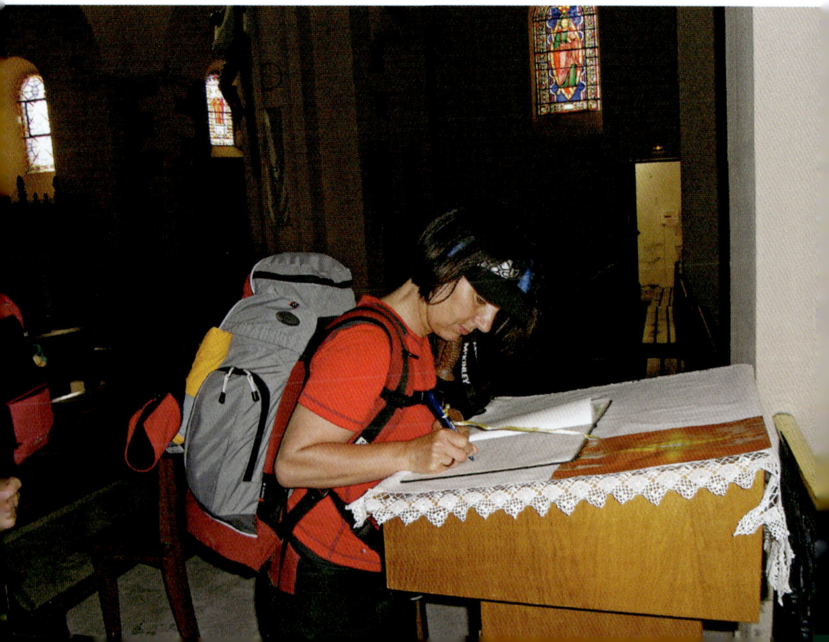

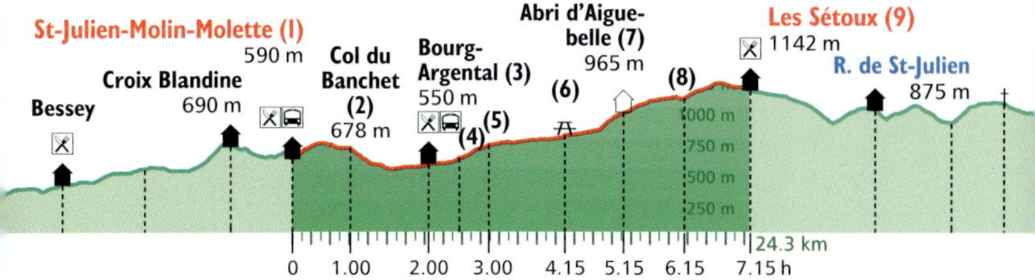


**Höhenunterschied:** 880 m im Aufstieg, 310 im Abstieg.
**Kritische Stellen:** Keine.
**Landschaft:** Zunächst geht es mit weiten Blicken in die hügelige Landschaft über Felder und Weiden nach Bourg-Argental. Auch von der ehemaligen Bahntrasse bietet sich manch eindrucksvoller Ausblick. Zum Schluss wandern wir durch Waldgebiete, kurz vor Les Sétoux haben wir einen wunderbar weiten Blick.
**Infrastruktur:** Bourg-Argental (L'Allier)
Bourg-Argental A € i (18 Pl. de la Liberté, Tel. +33 4 7739 6349).
Mounes
Saint-Saveur en Rue €.
Abri d'Aiguebelle (mit Rastplatz).
Les Sétoux
Clavas
**Anmerkungen:** (1) Bourg-Argental ist bis Montfaucon-en-Velay die letzte Einkaufsmöglichkeit direkt an der Route.
(2) Wir kommen in der Nähe des Passes Tracol in die Region Auvergne. Kurz vor Les Sétoux sehen wir dann unsere ersten Vulkanhügel, der 1388 m hohe Suc de Lizieux ist dabei einer der markanten Gipfel.

In **St.-Julien-Molin-Molette** starten wir am Platz bei der Kirche Saint-Julien und dem Sechsröhrenbrunnen **(1)**. Wir sehen den Wegweiser in Richtung Saint Jacques de Compostelle, der 1612 km ausweist.
Die nächste Straße wird überquert und links haltend steigen wir die steile Montée des Anges (*ange* = Engel) aufwärts. Es geht am ummauerten Le Calvaire vorbei und geradeaus aufwärts gelangen wir zu Wiesen und Feldern. Wir schauen bereits hier weit ins Land hinaus, kommen auf dem noch sanft ansteigenden Grasweg zu einem Hof und geradeaus weiter nach **Lampony**. An den ersten Häusern bleiben wir noch geradeaus, dann geht es links hinab und links weiter. Geradeaus streben wir auf die Landstraße zu, hier ist der **Col du Banchet** mit 678 m Höhe erreicht **(2)**.
Rechts und dann links haltend geht es neben der Straße in Richtung Chanteperdrix und Bourg-Argental abwärts. Das Städtchen können wir im Tal vor uns schon sehen. An der Einmündung in einen weiteren Weg gehen wir geradeaus weiter, an der nachfolgenden Gabelung nehmen wir die linke Möglichkeit.
Im Tal treffen wir bei einem Wegkreuz mit blumenreicher Bepflanzung auf den Boulevard Jean-Louis Richard, gehen zunächst rechts weiter und biegen darauf links ab in Richtung Campingplatz (vor der Tankstelle, Bushaltestelle L'Allier).

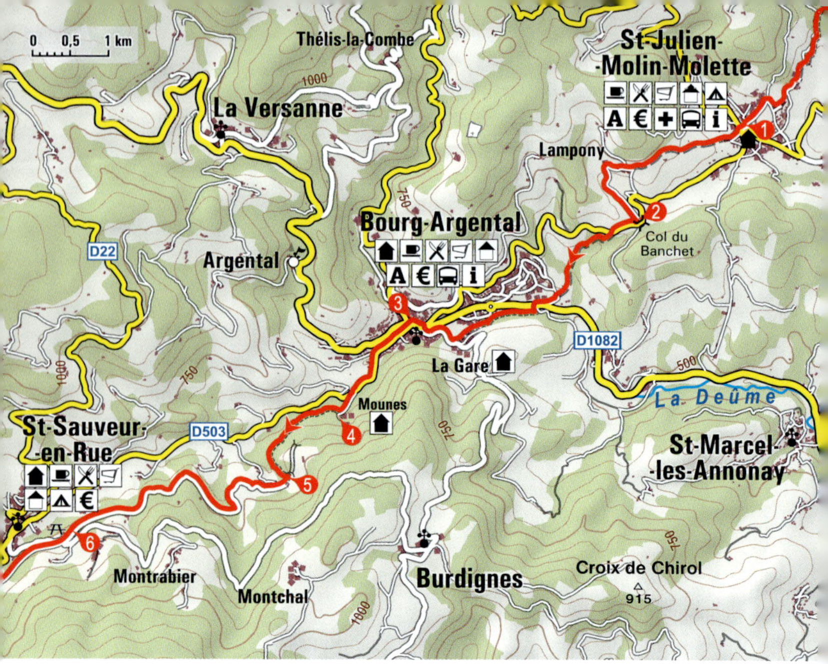


Gut 50 m später wandern wir rechts weiter über den Parkplatz und überqueren auf einer Brücke den Bach La Déôme. Rechts spazieren wir in der Talaue weiter und steigen an der nächsten Brücke die Stufen nach links empor. Rechts weiter erreichen wir – links oben liegt der ehemalige Bahnhof – die Häuser von **La Gare** (zu Burdignes).

Nach rechts überqueren wir auf der D 29 den Bach La Déôme erneut und sind in **Bourg-Argental** angekommen. Wir folgen dieser Straße und sehen ein mit einer Jakobsmuschel verziertes Schmiedeschild. Nach links und am Rathaus (Hôtel de Ville) nochmals links kommen wir über den Bach La Riotet zur Kirche **(3)**.

*i* *Das lebendige Städtchen* ***Bourg-Argental*** *liegt ebenfalls im Naturpark Pilat und begrüßt uns in der Kirche* ***Saint-André*** *mit klassischer Musik. Die Ursprünge der Kirche gehen auf das 8. Jahrhundert zurück, ein Mosaik im Fußboden weist auf das 12. Jahrhundert sowie auf die Jahre 1856 und 1956 hin. Das Portal ist reich an figürlichen Darstellungen, die auf einer Tafel erläutert werden. Unter anderem ist am Portal auf der linken Seite die Enthauptung des Jakobus zu sehen: ganz oben in der inneren Ecke.*

Geradeaus weiter in Richtung Le Puy – 1605 km zeigt der Wegweiser noch für uns Pilger bis zum entfernten Ziel an – wandern wir an der Straße D 503 entlang links haltend aus dem kleinen Städtchen hinaus. Dann bleiben wir erst noch geradeaus an der Straße und biegen dann markiert links ab.

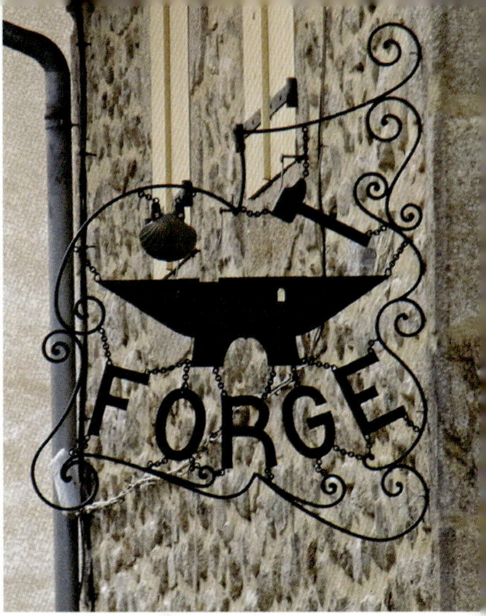


Altes Schild einer Schmiede mit Jakobsmuschel in Bourg-Argental.

Der Fußweg mündet wieder in die Straße; 150 m später verlassen wir diese endgültig nach links. Der Teerweg führt zu einer Verzweigung der Wanderwege, wir gehen rechts weiter **(4)**.

***Hinweis:*** *Nach links ist die Gîte d'Etape Mounes ausgeschildert.*

Durch den Wald geht es ansteigend aufwärts und wir treffen hinter einem Tunnel auf die ehemalige **Bahntrasse (5)**, rechts ist unsere Richtung. Mit weiten Blicken in die sanft hügelige Landschaft wandern wir auf diesem Teersträßchen, die einstigen Tunnels sind leider heute nicht mehr zugänglich und werden umgangen. Nur einzelne kleine Weiler und Höfe liegen an der Route.

Unter typischen Brückchen durch und über das stattliche Viadukt de la Poulette (*poulette* = Huhn) hinweg erreichen wir den Rastplatz mit Wasser **(6)** am ehemaligen **Bahnhof** von **Saint-Saveur-en-Rue**.

Dort gibt es Informationen zu den Jakobswegen in Frankreich, der Ort selbst liegt rechts und etwas abseits der Route.

Geradeaus über die Straße hinweg setzen wir unseren Weg fort. Wir schauen auf Saint-Saveur-en-Rue hinab und gelangen zum Gehöft **Sapet-Haut**. Weiterhin geradeaus erreichen wir auf der allmählich ansteigenden Bahntrasse ein markan-

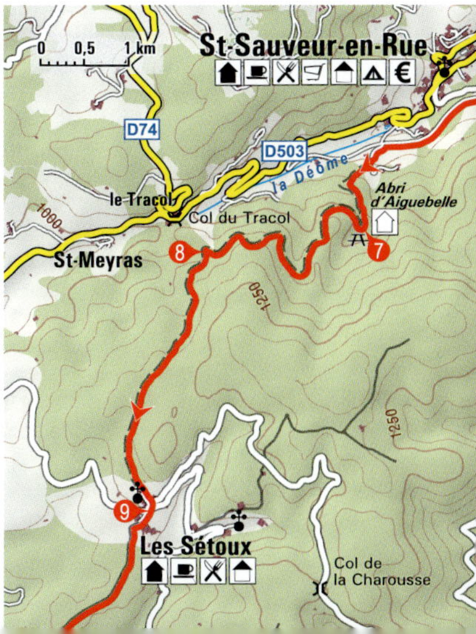

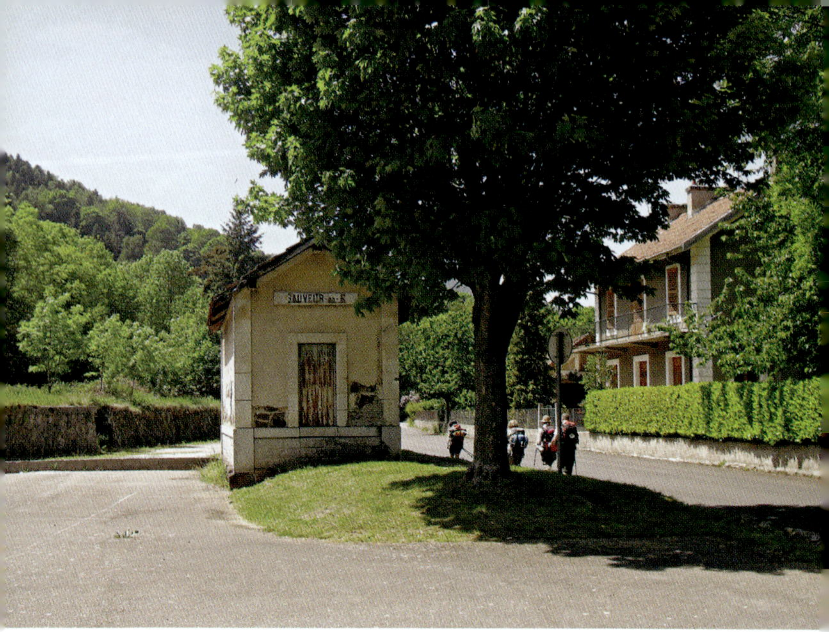


*Ehemaliger Bahnhof von Saint-Sauveur-en-Rue.*

tes Geländer einer kleinen Brücke. Hier biegen wir links aufwärts in Richtung Montgilier ab.
Am Waldrand 150 m später ist rechts der Feldweg für uns richtig. Wir gewinnen an Höhe, wandern um eine Kehre und erreichen an der großen Kreuzung die Schutzhütte **Abri d'Aiguebelle** mit Bänken oberhalb einer imposanten Schlucht mit steil abfallenden Felsen **(7)**.
Wir gehen rechts und weniger ansteigend weiter. An der ersten Gabelung ist links richtig, an der zweiten rechts. Wir gehen rechts um die Kurve und etwas aufwärts, dann werden wir nach rechts abwärts gewiesen. Darauf links haltend gelangen wir zu einer großflächigen Wegespinne im Wald **(8)**.

i *Hier befinden wir uns in der Nähe des Passes **Tracol**, der nicht nur die Grenze der beiden Departements Loire und Haute-Loire darstellt, sondern auch gleichzeitig der Übergang von der Region Rhône-Alpes in die Auvergne ist. Der Waldboden ist an vielen Stellen dicht von Heidelbeersträuchern bewachsen.*

Der Jakobsweg geht links ansteigend weiter und wählt an der Gabelung die Richtung Les Sétoux nach rechts. Auf dem teilweise steinigen Pfad durch den Wald gewinnen wir nach wie vor an Höhe. Beim Wegweiser **Suc du Tronche** haben wir die Höhe von 1204 Metern erreicht.

***Hinweis:*** *Die Stelle beim Wegweiser Suc du Tronche ist noch nicht der höchste Punkt unserer Route. Noch einmal werden wir – in der Etappe 17 – die Höhe von über 1200 Metern erreichen.*

Wenig später verlassen wir den Wald und werden von phänomenalen Weitblicken begrüßt. Bis hin zu den ersten Vulkanhügeln reicht die Sicht. Bald erreichen wir den kleinen, pilgerfreundlichen Ort **Les Sétoux**. Es geht rechts durch die nicht sehr große Ansiedlung abwärts. Am Restaurant vorbei gelangen wir zur **Kirche (9)**.

***Hinweis:*** *An der ersten Kreuzung im Ort sehen wir das Schild »Info Gîte«, hier kann man sich anmelden. Die Gîte Le Combalou selbst befindet sich am Ortsende. Dorthin gelangt man, indem man dem Jakobsweg über den Platz bei der Kirche abwärts und nach rechts durch die Gasse folgt.*

i ***Les Sétoux*** *wurde im Jahr 1273 das erste Mal urkundlich erwähnt. In dieser aussichtsreichen Höhenlage liegt im Winter Schnee und es wird Ski gefahren. Auch in den anderen Jahreszeiten kann es hier oben recht frisch sein. Die Kirche wurde am 23.11.1958 geweiht. Im Außenbereich und im Innenraum sehen wir viele Jakobusdarstellungen und -Kunstwerke.*

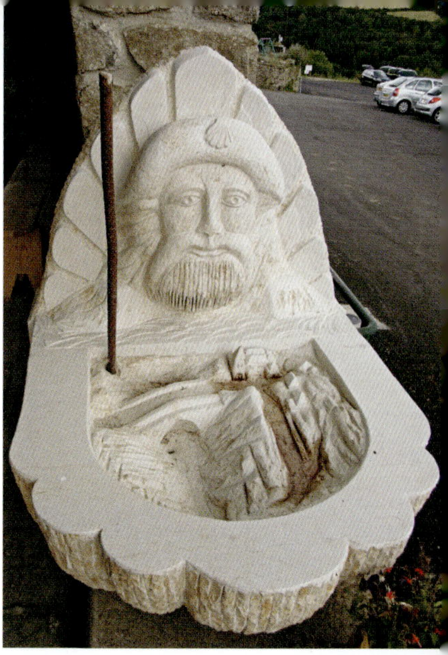

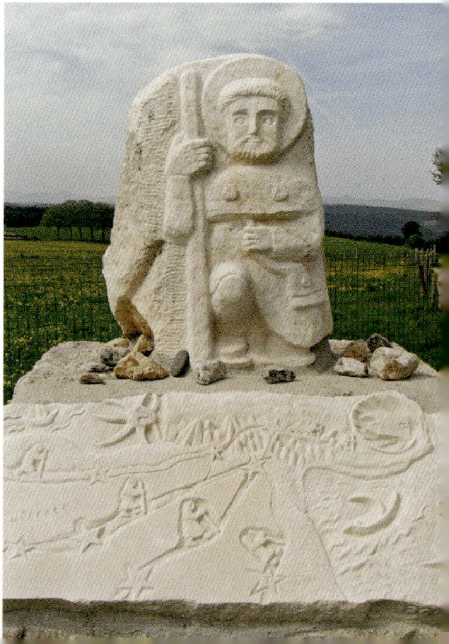

*Jakobuskunstwerke in Les Sétoux.*

# Region Auvergne

Von Rhône-Alpes kommen wir nun in die Auvergne und damit in eine neue französische Region. Von deren vier Departements Allier, Puy-de-Dôme, Cantal und Haute-Loire lernen wir nur das Letztere kennen. Unsere Via Gebennensis führt von kurz vor Les Sétoux bis zum Ziel Le-Puy-en-Velay durch dieses im Südosten gelegene Departement Haute-Loire.
Atemberaubende Ausblicke auf jahrtausendealte Vulkanhügel und -berge des Zentralmassivs erwarten uns in dieser bezaubernden Region. Mit jedem Kilometer wandern wir tiefer in diese faszinierende Landschaft hinein, deren Hauptstadt Clermont-Ferrand ist.
Die erloschenen grünen Vulkankegel – man nennt die bis zu 1900 Meter hohen Gipfel *Puys* – gestalten ein einzigartiges Landschaftsbild. Die Region ist relativ dünn besiedelt und lange Zeit gehörte sie zu den wirtschaftlichen Problemgebieten Frankreichs.
Übrigens ist nicht nur die Landschaft uralt, sondern auch der Name dieser Region, er leitet sich von einem keltischen Stamm, den Arvernern, ab. Diese siedelten hier noch vor der Zeit der Eroberung durch die Römer.
Am direktesten erleben wir das markante Basaltgestein in der kleinen Ortschaft Queyrières. Der kurze Abstecher von der Jakobswegroute nach rechts zur Kirche und dem aus dem dunklen Gestein bestehenden Gipfel bleibt lange in Erinnerung.
Noch etwas: Wer kennt die Asterix-Hefte? Band 11 der bekannten Comicserie »Asterix und der Arvernerschild« widmet sich ausführlich den landestypischen und historischen Eigenarten dieses ehemaligen »Arvernerlandes«.

*Pilgerwegkreuz und Croix de Couvet vor Saint-Jeures.*

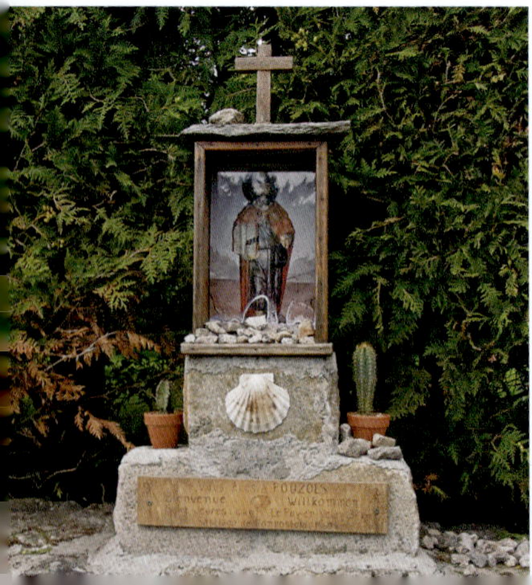


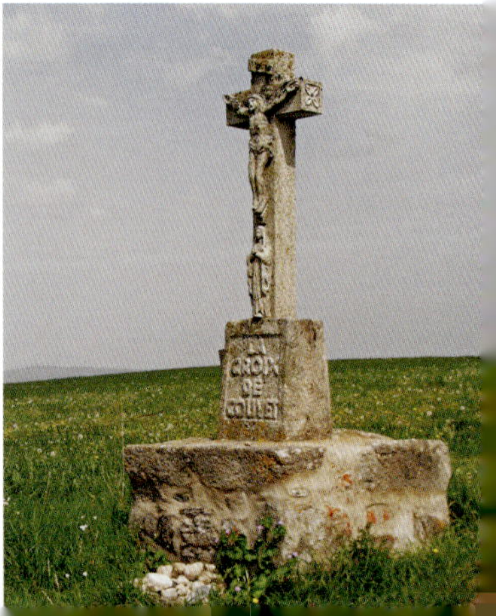

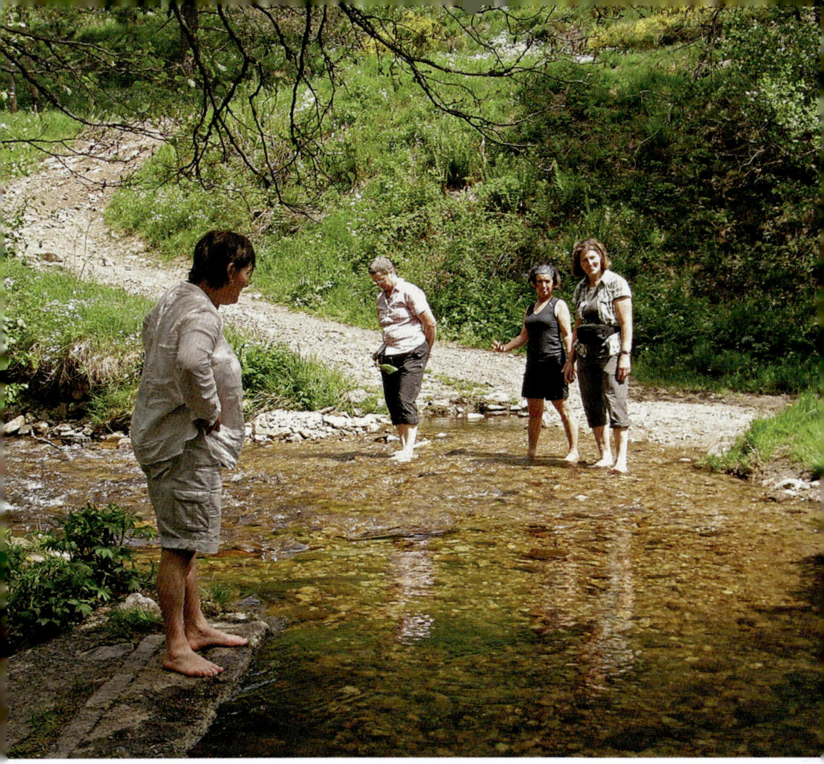

*Ein kühles Fußbad ist wunderbar erfrischend und wohltuend!*

## Haute-Loire

Unser Ziel Le Puy-en-Velay ist die Hauptstadt von Haute-Loire; rund 227.000 Einwohner leben in dieser bergigen Region, die nach dem Oberlauf der Loire benannt ist und die Ordnungsnummer 43 besitzt.
Das Departement befindet sich im östlichen Teil des Zentralmassivs, in dem auch die Quelle des bekannten Flusses Loire liegt. Als »Velay« wird die besondere Landschaft rund um das Meygal-Massiv im Südosten des Zentralmassivs bezeichnet. Dieses Zentralmassiv ist eine großflächige Mittelgebirgsregion, der rund 15 % der Landesfläche von Frankreich zugerechnet werden. Die Hochlagen reichen bis in eine Höhe von 1700–1800 m. Bei der Wanderung durch die ländlich geprägten Bergregionen erleben wir ein raues Klima, jedoch eine eindrucksvolle Natur.

## 15 *Les Sétoux – Montfaucon-en-Velay*

**4.30 Std.**
**17 km**

**Herbergen: Montfaucon-en-Velay** (915 m, 1270 EW): Gîte d'Etape, Nähe La Chapelle Notre-Dame, geschlossen von November bis März, 15 B/Ü 11 €, Küche, Schlüssel im Office de Tourisme, im Rathaus, im Maison de la Presse oder im Cafe Le Tire-Bouchon abholen, Tel. +33 4 7159 9573.

**Unterkunft: Etiennefy** (zu St-Julian-Molhesabate): La Maison d'a Coté, Souvignet (400 m abseits), 6 B/HP 38 €, Küche, Tel. +33 4 7161 9902, +33 6 2254 2417.

**Montfaucon-en-Velay:** (1) Hotel-Restaurant Le Relais Saint-Jacques, Mitte November bis 1. April nur auf Anmeldung, 8 Zi/HP 48 €, Tel. +33 4 7159 9244, +33 6 1835 4171. (2) Gîte Le Jardin de Mirandou, 30 Avenue de la Gare, 15 B/Ü 16 €, HP 37 €.

**Die Strecke:** Mit Auf und Ab wandern wir auf Pfaden und Wegen durch Wald Felder, Weiden und Teersträßchen. Freuen wir uns auf die abwechslungsreiche Landschaft des Velay.

**Höhenunterschied:** 420 m im Aufstieg, 650 im Abstieg.

**Kritische Stelle:** Vor der Einmündung in die Straße D 44 müssen wir am Gehöft vorbei und sofort danach links hinab.

**Landschaft:** Die herrlichen Ausblicke in die hügelige Landschaft und zu den markanten Vulkanhügeln bleiben sicher lange in Erinnerung. Im Frühsommer blüht der intensiv gelbe Ginster am Wegesrand.

**Infrastruktur:** Etiennefy
Montfaucon-en-Velay A €
(Museumseisenbahn) i (Rue Centrale, Tel. +33 4 7159 9573).

**Anmerkung:** Bis Montfaucon-en-Velay werden nur sehr kleine Ansiedlungen ohne Einkaufsmöglichkeit durchquert.

*Die Bäckereien haben allerhand Leckeres im Angebot.*

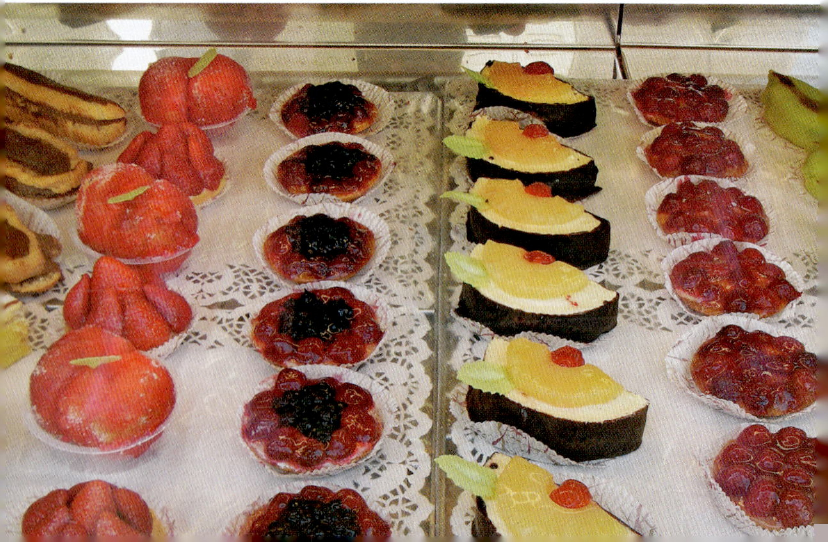

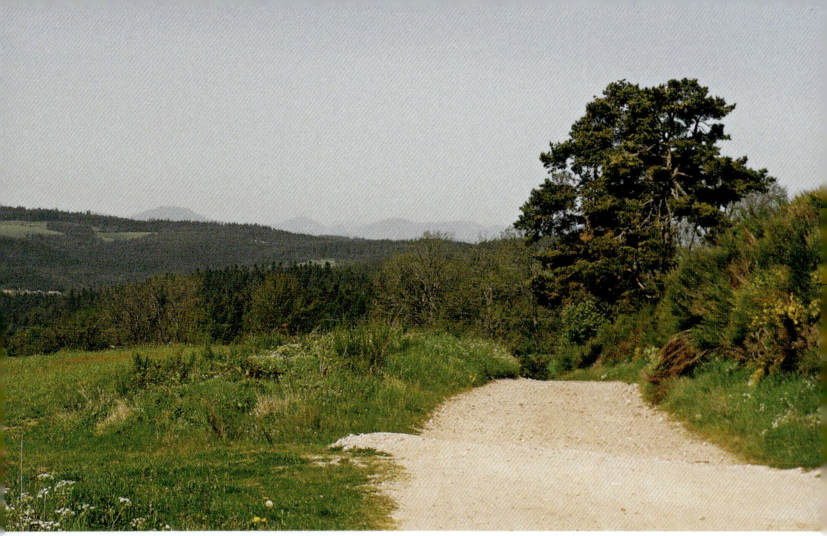

*In der Ferne sind die ersten Vulkankegel zu erkennen.*

Wir beginnen diese Etappe an der Kirche von **Les Sétoux (1)**. Abwärts und nach rechts kommen wir zur Gîte Le Combalou mit Pilger-Kunstwerk. Ab dort geradeaus weiter wandern wir, mit weiten Aussichten bis hin zu den Vulkanhügeln, über die Hochfläche. Immer geradeaus und dann durch den Wald erreichen wir den kleinen Weiler **L'Hermet (2)**. Wir biegen bei den Häusern links ab und am Lavoir vorbei geht es abwärts. Unten treffen wir auf die Straße D 18 und gehen links über die Steinbogenbrücke.
An der Straße entlang gehen wir um die Kurve und biegen danach links haltend ab. Wir kommen zu einem Sträßchen, auf dem wir mit einer Links- und Rechtskurve an Höhe gewinnen. Dann biegen wir rechts haltend auf den Feldweg ab und haben einen wunderbar aussichtsreichen Wegabschnitt vor uns.

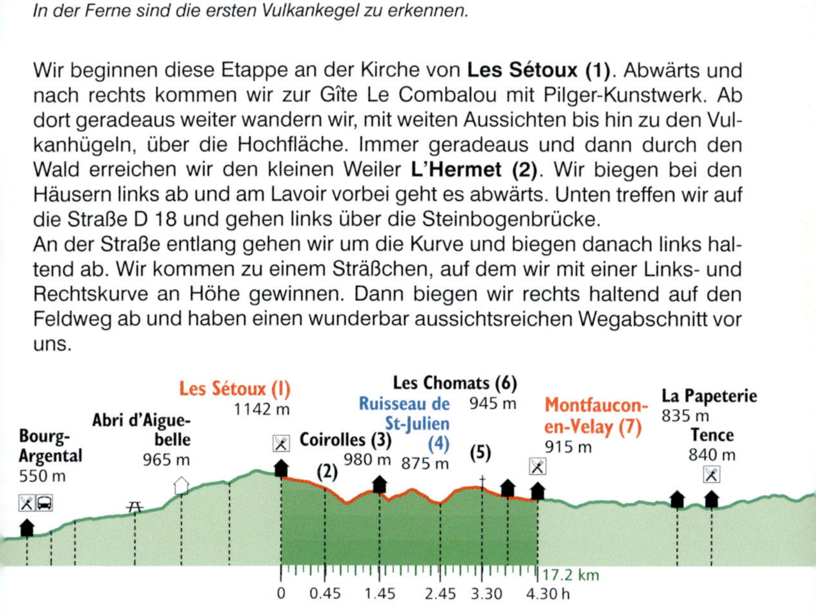

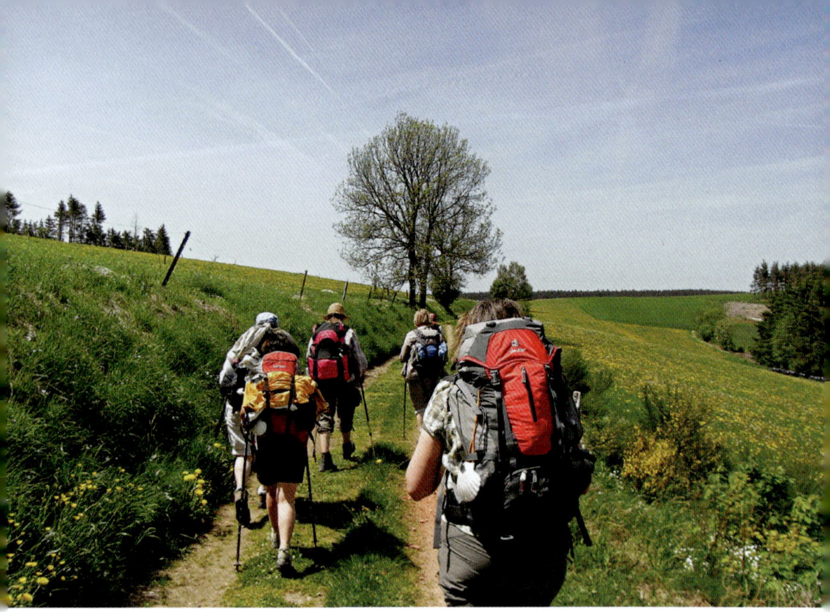

*Viel Blau über uns, viel Grün um uns – jeder Schritt ein Genuss!*

Den Weiler L'Hermet, den wir vorher durchwandert haben, sehen wir gegenüber auf der Hochfläche. Er ist schon überraschend weit entfernt, nicht wahr?
Über die Felder auf der Hochlage nach rechts gelangen wir zum Sträßchen und zur kleinen Ansiedlung **Coirolles (3)**. Der Jakobsweg biegt links ab, rechts haltend und nach links auf dem Grasweg weiter verlassen wir den kleinen Weiler bereits wieder. Wir wandern in ein idyllisches Tal, in dem wir das Plätschern des Baches vernehmen können.
Geradeaus weiter betreten wir den Wald, steigen etwas aufwärts und gehen links um die Kurve. Danach

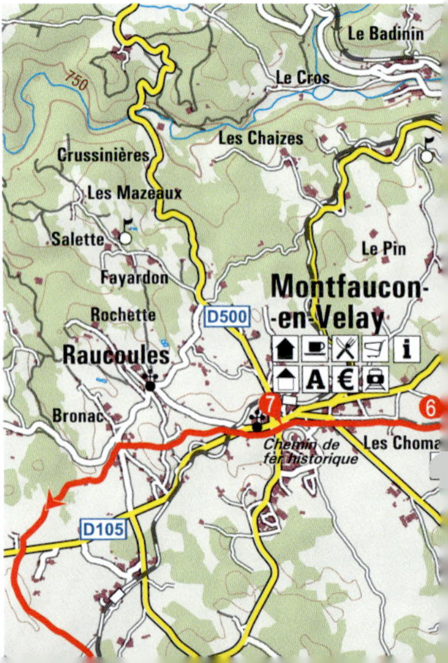

wandern wir eine U-förmige Schleife aus. Vor dem nächsten Gehöft biegen wir links auf das Sträßchen ab und gehen aufwärts.
Dann biegen wir in der Straßenkurve nach rechts in den Wald ab und gehen an der nächsten Möglichkeit links. Abwärts treffen wir auf einen Teerweg, auf dem wir uns rechts halten.
An einem Gehöft vorbei und sofort danach links hinab kommen wir zur Straße D 44. Rechts weiter wandern wir um zwei Rechtskurven an der Straße entlang. Die Route des Jakobswegs biegt darauf links haltend ins Tal ab.
Auf Trittsteinen wird der Bach überquert – oder bei sommerlichen Temperaturen auch barfuß durchwatet **(4)**. Dann geht es rechts an einem alten Gemäuer weiter. Der nächste Wasserlauf wird auf einem schmalen Steg überquert, dann müssen wir auf dem Pfad links aufwärts.
Schritt für Schritt gewinnen wir im Wald an Höhe. Geradeaus weiter aufwärts sind wir richtig und treffen dann auf einen breiten Waldweg. Dieser mündet geradeaus in den nächsten ein, weiterhin geradeaus setzen wir unsere Pilgerwanderung fort.
An der folgenden etwas größeren Kreuzung nehmen wir den Fußweg rechts haltend geradeaus. Wir überqueren ein Teersträßchen und gelangen geradeaus zu einem steinernen **Wegkreuz (5)** sowie zu dem Zaun eines weitläufigen Schweinegeheges.
Immer noch geradeaus quert der Jakobsweg die nächste Straße, und mit weiten Blicken zu den noch entfernten Vulkanhügeln wandern wir auf dem Feldweg neben eingezäunten Viehweiden und Feldern.

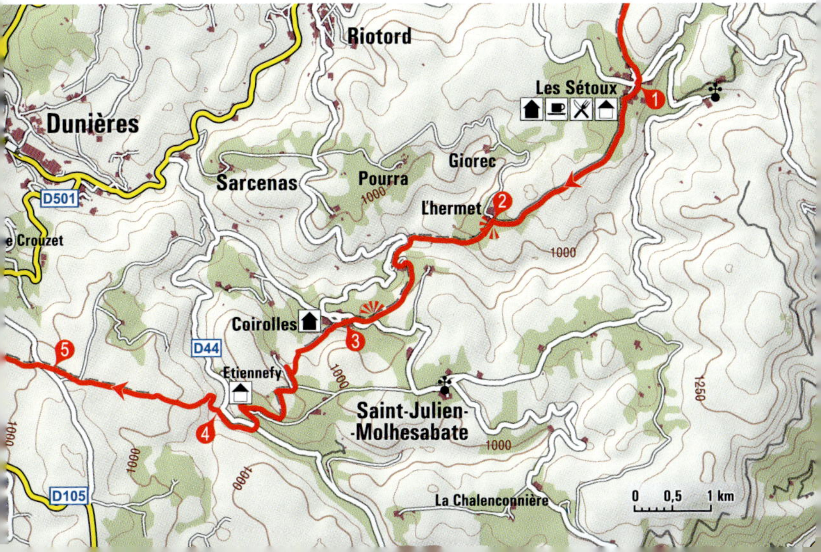

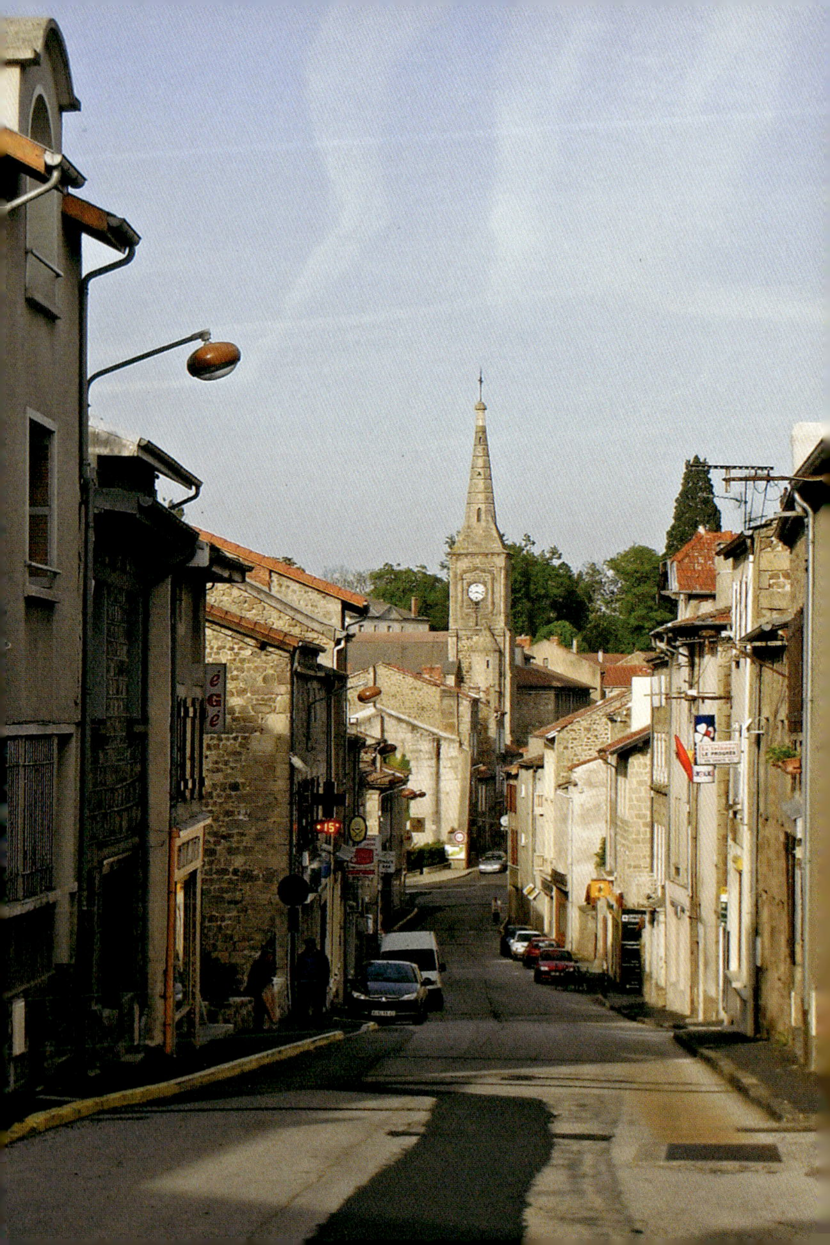

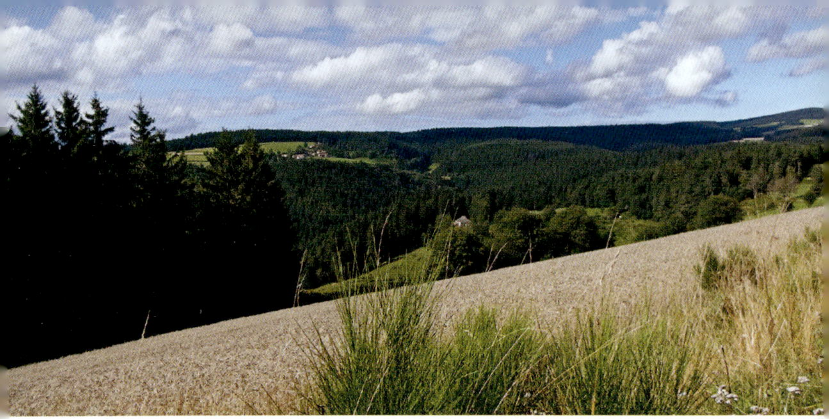

*Oben: Wir schauen zum kleinen Weiler L'Hermet zurück.*
*Links: Montfaucon-en-Velay mit der Chapelle Notre-Dame.*

An der nächsten Kreuzung biegt der rot-weiß markierte GR 65 rechts ab. Der Jakobsweg bleibt an dieser Stelle geradeaus auf dem Grasweg und erreicht den kleinen Weiler **Les Chomats (6)**. Nach links weiter, nach dem letzten Haus rechts und dann links auf dem Feldweg setzen wir unsere Via Gebennensis fort.
***Hinweis:*** *Schon beim Gehöft Suchets trifft der etwas längere GR-Weg wieder auf unsere Route.*
Geradeaus erreichen wir den Stadtrand von **Montfaucon-en-Velay**. Am Kreisverkehr gehen wir weiter geradeaus (Avenue du Vivarais) und dann links in den alten Ortskern. Vor uns sehen wir in einiger Entfernung den Kirchturm der Chapelle Notre-Dame, die **Pfarrkirche** finden wir nach der Tourist-Info **(7)** etwas zurückgesetzt auf der linken Seite.

*i* *Der Ort »Mons Falco« wurde gegen Ende des 13. Jahrhunderts erstmals urkundlich erwähnt. Man vermutet, dass dieser Name einen deutschen Hintergrund hat.* ***Montfaucon-en-Velay*** *weist zwei Kirchen auf: In der Stadtmitte finden wir die im Jahre 1817 im Stil der Neoromanik erbaute Pfarrkirche Saint Pierre, die Vorgängerbauten hatte. Die meisten Besucher interessieren sich jedoch für die* ***Chapelle Notre-Dame****, in der neben der Notre-Dame de Montfaucon zwölf Bilder des Künstlers Abel Grimmer (1570–1619) zu sehen sind. Die Bilder zeigen die Entwicklung der Natur von Monat zu Monat im Jahreslauf. Am 15. August findet eine Wallfahrt statt.*
*Es gibt eine Museumseisenbahn, die unter anderem Montfaucon-en-Velay mit dem nächsten Ort an der Route (Tence) verbindet. Dieser Train Touristique fährt jedoch nur in den Sommermonaten und an gewissen Tagen im Jahr.*

# 16 Montfaucon-en-Velay – Saint-Jeures

**5.15 Std.**

**19 km**

**Herbergen: Tence** (854 m, 3200 EW): 2,5 km vor dem Ort: Gîte la Petite Papeterie, 40 B/Ü 20 €, HP ab 35 € (Pilgerausweis erforderlich), Tel. +33 4 7156 3340, +33 6 8588 5221.
**St-Jeures** (1040 m, 900 EW): Gîte d'Etape L'Hirondelle, Place du Monument, 19 B/Ü 13 €, HP 32 €, Tel. +33 4 7159 6014.

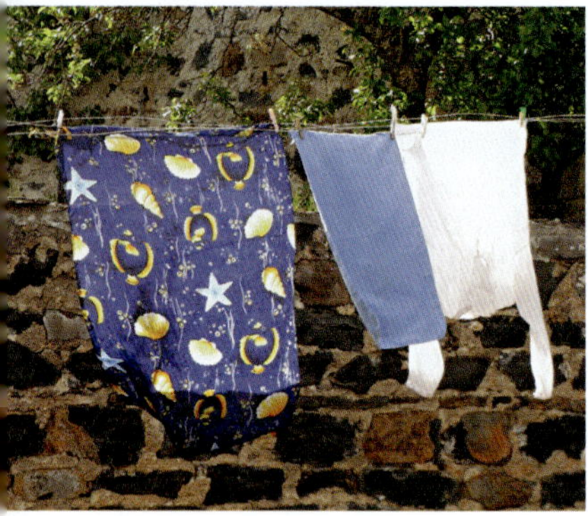

*Pilgeralltag: Wäsche waschen.*

**Unterkunft: Tence:** (1) Hotel-Restaurant Le Chatiague (direkt am Weg), 7 Place du Chatiague, 8 Zi/HP 38 € (Pilgerpreis), Tel. +33 4 7159 8282. (2) Gîte La Bergeronne, 4 km abseits in Chenereilles, Abholservice, Ü 40 €, Menü 15 €, Küche, Tel. +33 6 6978 2438, (3) Hotel de la Poste, 12 Rue de Saint-Agréve, ÜF ab 68 €, Tel. +33 4 7156 3925.
**St-Jeures:** Chambre d'hôtes Le Fougal, Place de la Poste, geschlossen von Oktober bis April, 14 B/HP 40 €, Küche, Tel. +33 4 7159 6664, +33 6 1633 0814.
**Die Strecke:** Nur kleinere Auf- und Abstiege stehen uns bei dieser Etappe bevor. Nach wie vor bewegen wir uns auf den Wanderwegen und Teersträßchen durch die Felder und Wälder »auf hohem Niveau«.
**Höhenunterschied:** 450 m im Aufstieg, 320 im Abstieg.
**Kritische Stelle:** In Tence biegt die Route von der Grande Rue überraschend schnell (nach 10 m) rechts durch den tunnelartigen Torbogen ab.
**Landschaft:** Wir bewegen uns auf Höhen um die 1000 m mit teilweise wunderbar weiten Fernsichten in die von den Vulkanhügeln geprägte Landschaft des Velay. Im Frühsommer begleitet uns der gelb blühende Ginster.
**Infrastruktur:** Tence (Museumseisenbahn) (Accueil de Tence, 8 Place de l'Esplanade, Tel. +33 4 7159 8199).
Pouzols
Saint-Jeures
**Anmerkung:** Die Anmeldung für die Gîte d'Etape in Saint-Jeures ist im kleinen Laden nebenan.

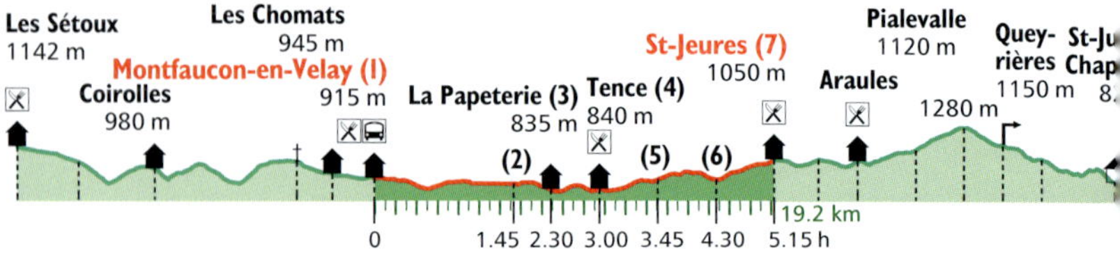

In **Montfaucon-en-Velay** starten wir an der Tourist-Information **(1)** und der zurückgesetzten Pfarrkirche Saint-Pierre. Geradeaus steuern wir auf die Chapelle Notre-Dame zu. Kurz danach nehmen wir rechts haltend die Straße Route de Raucoules (D 66) und queren das Bahngleis der Museumseisenbahn.

Wir werden nach links gewiesen, kommen zu einem steinernen Wegkreuz mit Rastplatz und gehen geradeaus weiter. Bei der kleinen Ansiedlung **Bronac** treffen wir auf die Straße, gehen wenige Schritte rechts (Wegkreuz und

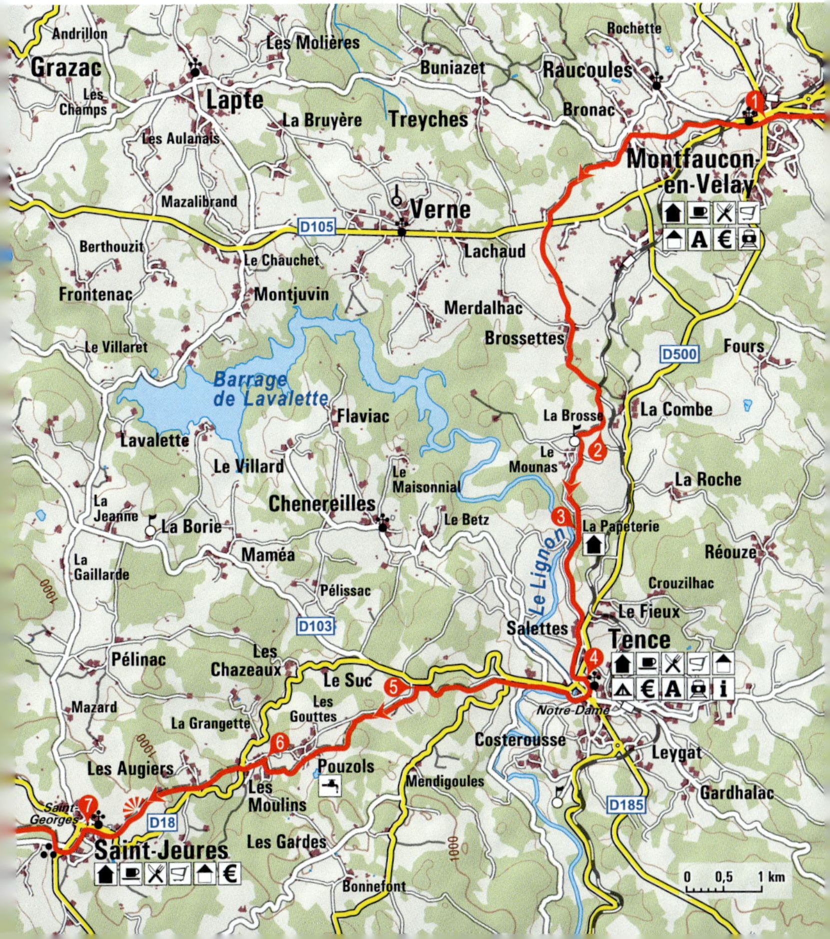

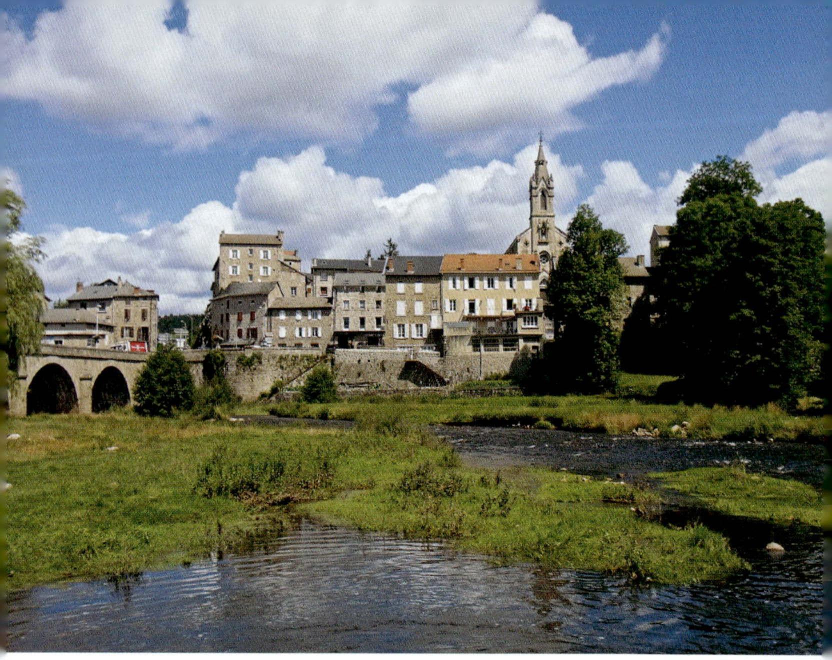

*Bezaubernder Blick vom Tal des Lignon auf das Städtchen Tence.*

Bushaltestelle mit Bank) und biegen sofort links ab. In der Rechtskurve des Sträßchens verlassen wir dieses geradeaus und wandern dann rechts haltend weiter.
Beim Gehöft **Les Olmes** geht es links und anschließend geradeaus über die Straße D 105 hinweg. An der Gabelung 700 m später werden wir nach rechts gewiesen. Wir kommen zum kleinen Weiler **Brossettes** mit Kapelle. Wir überqueren das Sträßchen geradeaus und wandern dann an der Mühle Moulin de Chasse vorbei. Wir gehen auf dem Chemin de Chasse sanft ansteigend weiter und achten dann auf die Abbiegung nach rechts (noch vor der Bahnlinie der Museumseisenbahn).
Wir treffen auf ein Sträßchen **(2)**, auf dem wir nach rechts zu den Häusern von **La Brosse** kommen. Links weiter sehen wir das Schloss.
An der Gabelung der Feldwege nehmen wir die rechte Möglichkeit, in Richtung Gîte la Petite Papeterie.
Mit herrlicher Sicht gelangen wir zu den Häusern von **Le Mounas** und rechts abwärts zur angekündigten Unterkunft **Gîte la Petite Papeterie** im Tal des Baches Lignon **(3)**.

*Das große Gebäude, in dem sich heute das Ferienheim* ***Gîte la Petite Papeterie*** *befindet, ist ein ehemaliges Fabrikgebäude. Jean Boyer gründete diese Papiermühle im Jahre 1645. Die Familie Montgolfier entwickelte sie im 18. Jahrhundert weiter, im 19. Jahrhundert kam das Aus. Nachfolgend wurde das Anwesen vielfältig anderweitig genutzt; heute präsentiert sich uns die ehemalige Papiermühle als ansprechender Bau.*

Geradeaus auf dem etwas ansteigenden Landsträßchen und dann wieder abwärts erreichen wir die Häuser von **Salettes**. Auf dem Chemin des Jonquilles nähern wir uns über die Brücke hinweg dem Städtchen **Tence**. Es geht links die Rue du Moulin aufwärts, links haltend weiter und geradeaus über die Straße hinweg auf der Avenue du Breuil weiter. Wir nähern uns etwas ansteigend der **Kirche Notre-Dame** von Tence **(4)**. Links weiter kommen wir in die ansprechende Ortsmitte mit Restaurant und einer Jakobsweg-Informationstafel am Place du Chatiague.

*Die heutige Kirche* ***Notre-Dame*** *in* ***Tence*** *wurde im Jahr 1891 anstelle eines früheren Gotteshauses errichtet. Einige Stufen führen zum Eingang hinab. Das Innere fasziniert mit einer reichen Ausstattung. Von der Kirche aus sind bis Saint-Jacques-de-Compostelle – beziehungsweise Santiago – 1563 km als Entfernung angegeben. In der hübschen Kleinstadt zieht die* ***Chapelle de Penitents*** *die überregionale Aufmerksamkeit auf sich. Sie ist heute als Museum in der Ortsmitte zugänglich.*

Es geht rechts hinab auf der Rue August Cuoq und nur 10 m links auf der Grande Rue. Wir müssen überraschend nach rechts durch den Torbogen in Richtung Sportgelände abbiegen (Chemin des Chauchères) und abwärts erreichen wir die niedrige Brücke über den Fluss Lignon.

*Vom Tal des Lignon aus haben wir einen bezaubernden Blick auf das Städtchen Tence. Der* ***Lignon****, der durch das Velay fließt, ist rund 85 km lang und mündet in die Loire.*

Nach der Brücke links weiter wandern wir neben dem Fluss am Sportgelände vorbei (mit Rastbänken) und halten uns dann nach rechts. Auf der Straße D 103 nach links verlassen wir Tence und nehmen

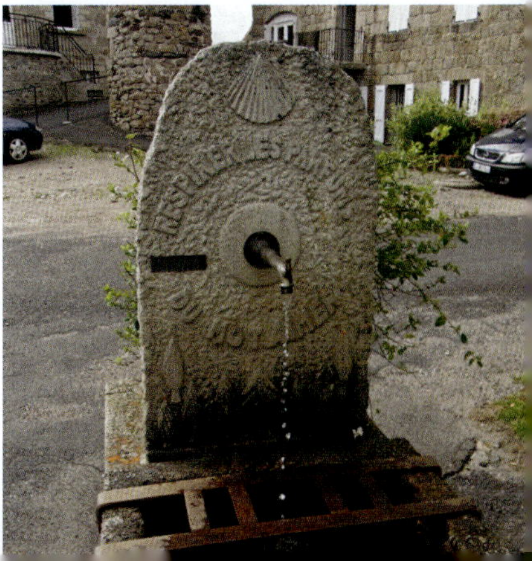

*Wasserhahn mit Muschel in Saint-Jeures.*

400 m später an der Straßenverzweigung die Anliegerstraße in Richtung Clautre geradeaus haltend aufwärts.
Es geht am Waldrand rechts haltend weiter, dann nochmals rechts und geradeaus treffen wir auf ein Teersträßchen. Links in Richtung Les Gouttes und Joux (Ziegenkäseverkauf etwas abseits der Route) ist richtig **(5)** und auf dem kleinen Landsträßchen geradeaus wandern wir bis zu einem Holzwegkreuz am Waldeck.
Der markierte Jakobsweg biegt daraufhin vor dem Gehöft **Les Gouttes** links auf den etwas ansteigenden Feldweg ab. Der Blick schweift kilometerweit zu den eindrucksvollen Vulkanhügeln.
Nach rechts abwärts erreichen wir den kleinen Weiler **Pouzols** und kommen links zu einem muschelverzierten Wegkreuz mit freundlichem Willkommensgruß für uns Pilger. Auf dem Sträßchen geradeaus, dann links hinab und auf dem Graspfad weiter setzen wir unsere Via Gebennensis fort. Zwischen Mäuerchen und Zäunen geht es rechts abwärts und zu einer kleinen Teerstraße. Nach rechts treffen wir wieder auf das Landsträßchen, von dem wir vorher abgebogen sind **(6)**.
Links wandern wir an den wenigen Häusern von **Les Moulins** vorbei, gehen links haltend weiter und überqueren geradeaus die D 18. Etwas ansteigend und immer geradeaus geht es bei den Gehöften **Les Augiers** geradeaus über die Straße, dann rücken der Kirchturm und die Häuser von Saint-Jeures ins Blickfeld.

*Die Sonne auf der Haut spüren, den Wind in den Haaren ...*

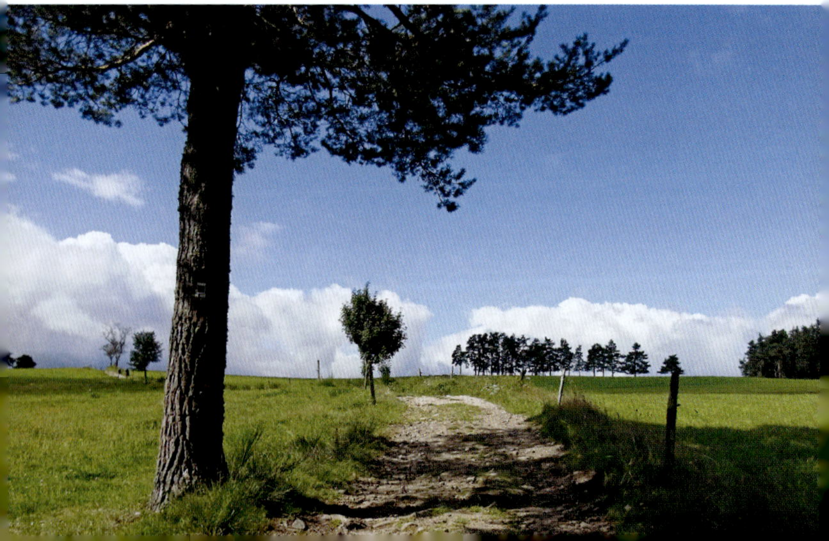

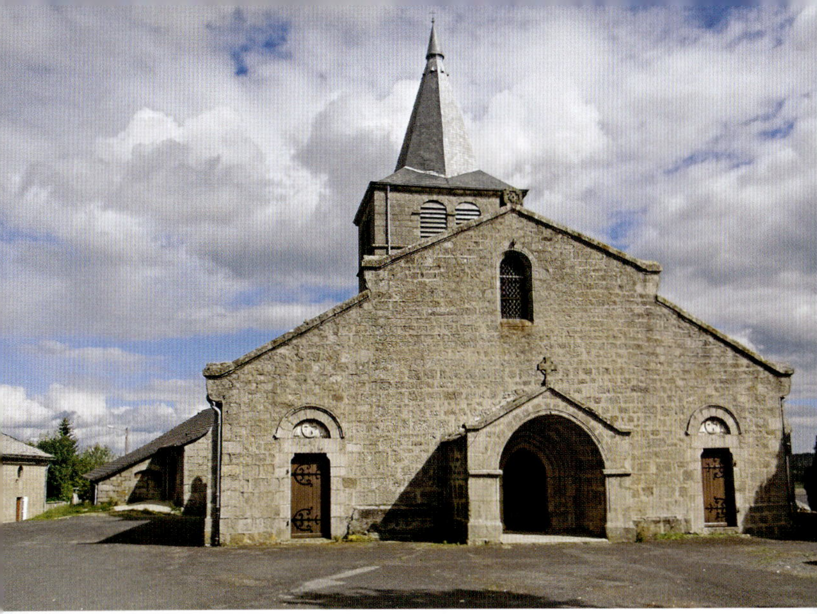

*Saint-Jeures mit der Kirche Saint-Georges.*

*Auf der Anhöhe lädt beim Wegkreuz **Croix de Couvet** ein flacher Felsblock mit Blick auf den 1388 m hohen Gipfel Lizieux zu einer Verschnaufpause ein. Eine französisch-deutsch-englische Tafel heißt uns Pilger bereits jetzt in der Gemeinde Saint-Jeures willkommen.*

Geradeaus weiter und dann rechts etwas ansteigend am Friedhof vorbei erreichen wir, nochmals rechts haltend, **Saint-Jeures** und den großen Platz an der **Kirche Saint-Georges** mit Pilgerbrunnen, Bänken und Marienstatue **(7)**. ***Hinweis:*** *Ein WC erreichen wir wenige Schritte nach links, die Gîte über die Straße hinweg.*

*Der nicht sehr große Ort **Saint-Jeures** liegt auf über 1000 m Höhe. Die sehenswerte Kirche **Saint-Georges** stammt in ihren Ursprüngen aus dem 12. Jahrhundert, die Fassade aus dem 15. Jahrhundert. Im Innern begegnen wir unter anderem Darstellungen der heiligen Therese und der heiligen Bernadette. Beim Anstimmen von Liedern gibt es einen angenehmen Nachklang. Die Inschrift am Pilgerbrunnen mit Jakobsmuschel lautet: »Respirer les parfums du mot AIMER« (übersetzt in etwa: »Atme den Duft des Wortes LIEBEN ein«).*

# 17 Saint-Jeures – Saint-Julien-Chapteuil

**5 Std.**

**18,5 km**

**Herbergen: Araules** (1044 m, 600 EW): 5 km abseits, Abholservice, Gîte Cotte, HP 40 €, Tel. +33 4 7159 6254, +33 7 7039 4602.

**Saint-Julien-Chapteuil** (815 m, 1870 EW): (1) Gîte d'Etape, Place-Robert, 15 B/Ü 13 €, von November bis Ende März Ü 16 € und nur für Gruppen ab 4 Personen geöffnet, Küche, Tel. +33 4 7108 4867. (2) Suzanne und André Gallien, 147 Route de Granges, HP 40 € Tel. +33 4 7108 7540, +33 6 8424 4119.

**Unterkunft: Queyrières** (1150 m, 300 EW): (1) Chambre d'hôtes La Boria Delh Chastel, Le Bourg, 4 Zi/ÜF DZ 68 €, Menü 22 €, HP 62 € (1 Person), Tel. +33 4 6384 9066, +33 6 2269 1379. (2) 500 m abseits: Chambre d'hôtes Le Fritz, Raucoule, 3 B/ÜF 36 €, Menü auf Bestellung 2 Tage vorher 16 € Küche, Tel. +33 9 6425 1144.

**Monedeyres**: Gîte Lou Nais, 1.4.-31.10. geöffnet, 6B/Ü ab 16 €, F 6€, Küche, Menü auf Anfrage 15 €, auch Zimmer sind verfügbar, Tel. +33 6 9907 2558.

**La Chapuze:** Chambre d'hôtes Les Yourtes de la Chapuze, 2 große Jurten, Tel. +33 4 7103 4159, +33 6 8749 1425.

**Saint-Julien-Chapteuil:** Hotel-Restaurant Barriol, 11 Zi/DZ HP ab 86 €, Tel. +33 4 7108 7017.

**Die Strecke:** Wir steigen auf Sträßchen, Wegen und Pfaden bis auf über 1200 m Höhe hinauf und anschließend wieder abwärts. Eindrucksvolle Passagen durch alte Ortschaften und die Ausblicke in die Berglandschaft sowie die ehemaligen Vulkanhügel prägen diese Etappe.

**Höhenunterschied:** 450 m im Aufstieg, 680 im Abstieg.

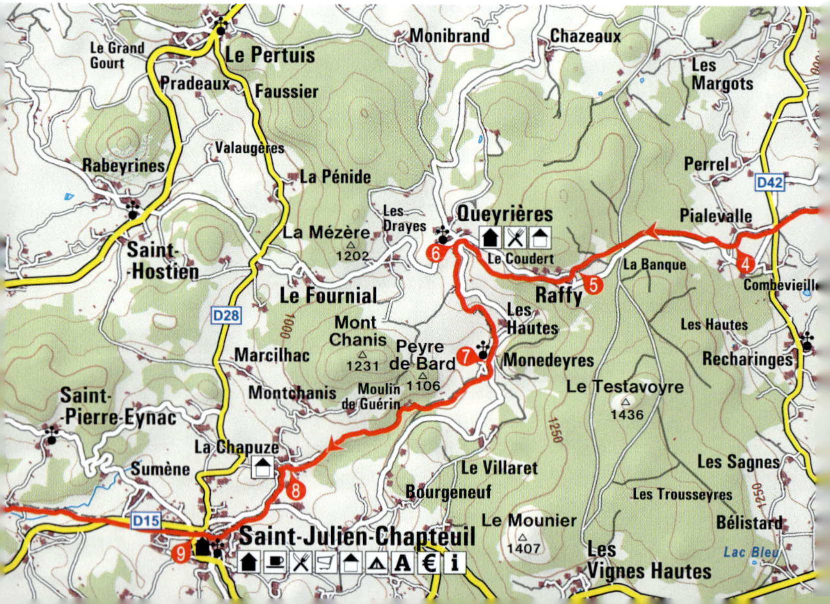

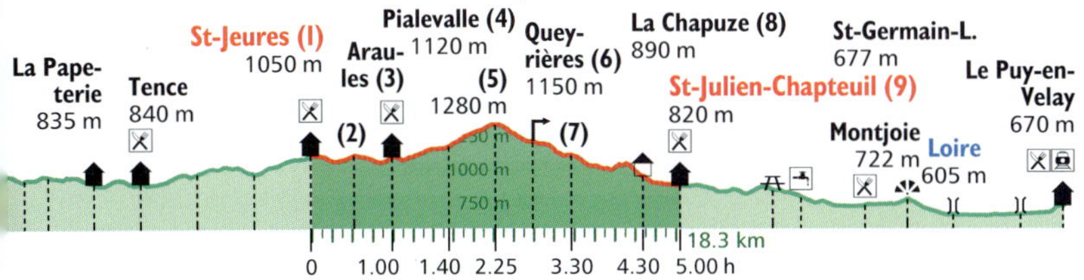


**Kritische Stellen:** (1) In dem kleinen Weiler Pialevalle biegen wir an der zweiten Gabelung rechts ab. (2) Nach Queyrières biegen wir von der Straße rechts ab und gehen 100 m später links auf den Grasweg. Das kann leicht übersehen werden.
**Landschaft:** Wir wandern mit Auf und Ab »auf hohem Niveau« inmitten der Meygal-Berge und Vulkanhügel. Herrlich weite Sichten prägen bei klarer Wetterlage diese Etappe.
**Infrastruktur:** Araules
Queyrières
La Chapuze
Monedeyres
St-Julien-Chapteuil (Pl. Saint-Robert, Tel. +33 4 7108 7770).
**Anmerkungen:** (1) Viele alte Häuser sind aus dem dunklen Vulkangestein erbaut.
(2) Auf diesem Wegabschnitt hat der Jakobsweg nach Saint-Julien-Chapteuil eine kürzere Streckenführung als der rot-weiß markierte GR 65. Da der Jakobsweg eindeutig markiert ist, wird dies nur der Vollständigkeit halber erwähnt.

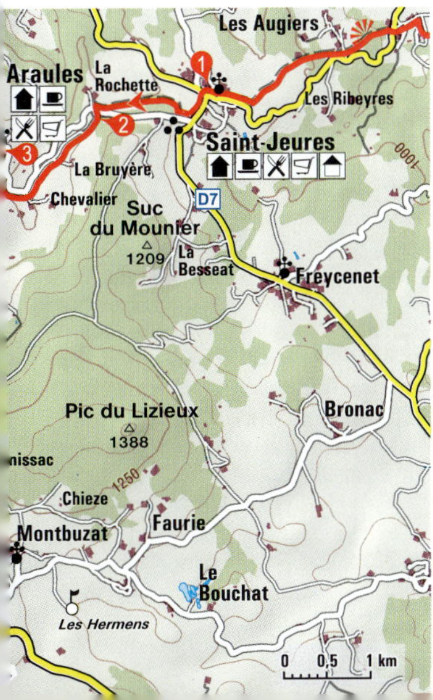


In **Saint-Jeures** starten wir am großen Platz an der Kirche **(1)**. Abwärts vorbei an der Madonnenstatue und am Gefallenendenkmal gelangen wir in den Ort (WC). An der Kreuzung mit Brunnen in der Mitte gehen wir links haltend in Richtung Araules auf der Straße D 7/18 aus dem Ort hinaus. Dann wandern wir nach rechts, weiterhin auf der D 18 Richtung Araules, und müssen schließlich rechts auf den Feldweg abbiegen.
***Tipp:*** *Diesen Bogen des Jakobswegs nach rechts könnte man sich sparen, wenn man noch gut 500 m geradeaus auf dem Sträßchen bleibt und dann links haltend am Hang entlanggeht. Geradeaus am Haus vorbei trifft man wieder auf die markierte Route.*
Wir folgen dem Wegverlauf über die Wiesen und Felder, dann geradeaus

weiter und erreichen an mehreren kleinen Brunnentrögen beziehungsweise Lavoirs vorbei nach links die Häuser von **La Rochette**. Die Straße wird geradeaus überquert und oben am Haus geht es rechts weiter **(2)**.
Abwärts gehend erkennen wir am Hang gegenüber Araules mit seiner Kirche und dem großen, markanten Fabrikgebäude.
Wir treffen auf die Straße, gehen nach links entlang und überqueren den Bach L'Auze. Bei der Kläranlage nehmen wir den Feldweg nach links aufwärts und kommen in die Ortsmitte von **Araules (3)**.

*i* *Den kleinen Ort **Araules** haben wir bereits von der Ferne gesehen, wir werden ihn auch im Rückblick noch eine Zeitlang an seinen markanten Gebäuden erkennen. Wer den kurzen Abstecher zur Kirche **Saint-Marcellin** mit dem Heiligtum Notre-Dame d'Araules machen möchte, geht rechts. Im Innern ist in einem Glasfenster auch die Notre-Dame de la Salette dargestellt, die im Jahre 1846 zwei Hirtenkindern, einem Geschwisterpaar, erschienen war. Am 15. August gibt es eine große Wallfahrt.*

Die Via Gebennensis geht links weiter, weist bis zum Ziel in Spanien 1551 km aus und biegt 100 m nach dem Ortszentrum links abwärts ab. Unsere Richtung lautet dann immer geradeaus. Es geht über den Bach und das Sträßchen hinweg. Entlang von Feldern und Weiden gewinnen wir an Höhe. Bald schon liegt Araules weit hinter uns.
An einem verwitterten Steinkreuz vorbei gelangen wir zur Straße D 18. Geradeaus gehen wir durch den Weiler **Pialevalle** und biegen an der zweiten Gabelung rechts ab **(4)**. Auf Verkehrsschildern sind Skilangläufer abgebildet. Im Winter werden bei entsprechender Schneelage in diesen Höhenlagen Loipen gespurt, die von den Freizeitsportlern gerne angenommen werden.
Der aufwärts führende Pfad mündet wieder in die Straße D 18. Weit reicht der Blick in die abwechslungsreiche Landschaft. Rechts weiter sind wir richtig, 600 m später nehmen wir im Wald des Meygal-Höhenzuges den Waldpfad nach rechts. Danach wird die Straße in Nähe der Kreuzung »4 Routes« auf 1248 m Höhe überquert.

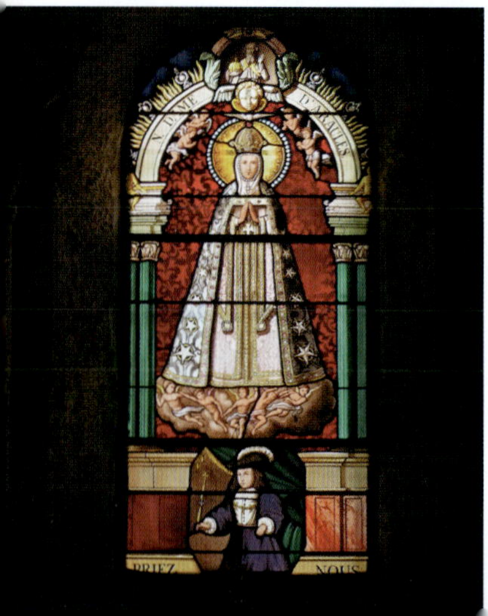

*Araules: Notre-Dame in der Kirche Saint-Marcellin.*

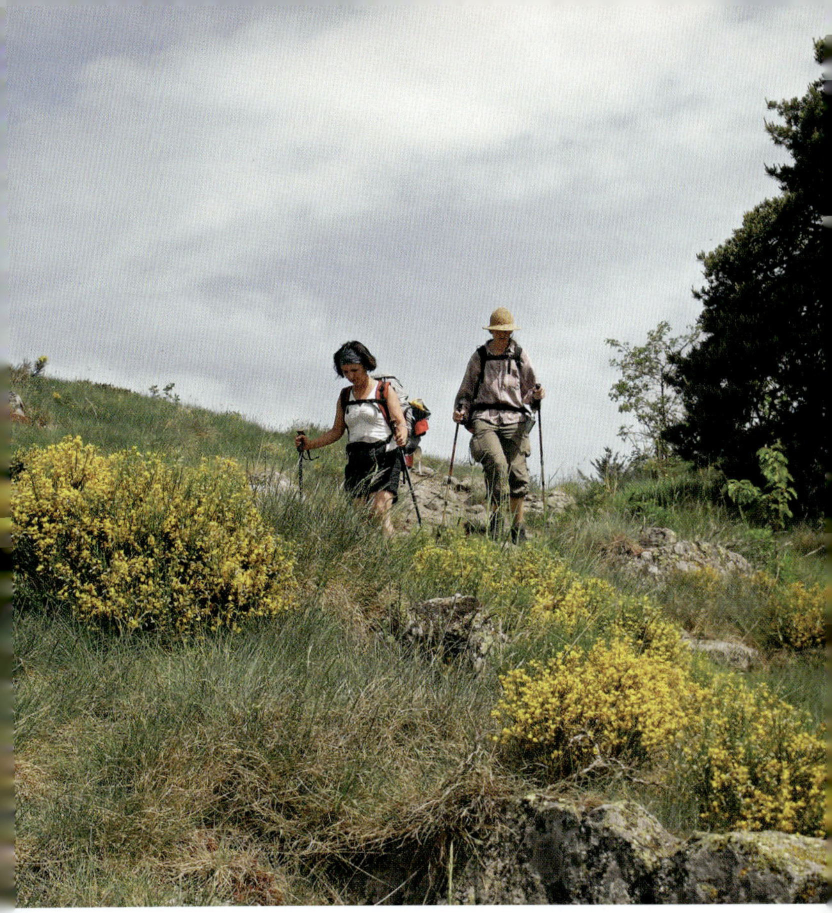

*Durch kräftig gelb blühenden Ginster geht es abwärts nach Monedeyres.*

Geradeaus weiter und am Wegweiser La Banque nochmals geradeaus auf dem Grasweg sind wir nun »ganz oben« auf der Route der Via Gebennensis. Wir haben die Höhe von knapp 1280 m und damit den höchsten Punkt des Jakobsweges zwischen Genf und Le Puy-en-Velay erreicht **(5)**.

***Hinweis:*** *Die Höhe von 1200 m haben wir kurz vor Les Sétoux (Etappe 14) schon einmal erreicht. Hier in den zumeist von Wald bedeckten Meygal-Bergen hat der höchste Gipfel, der Testavoyre, eine Höhe von 1436 m.*

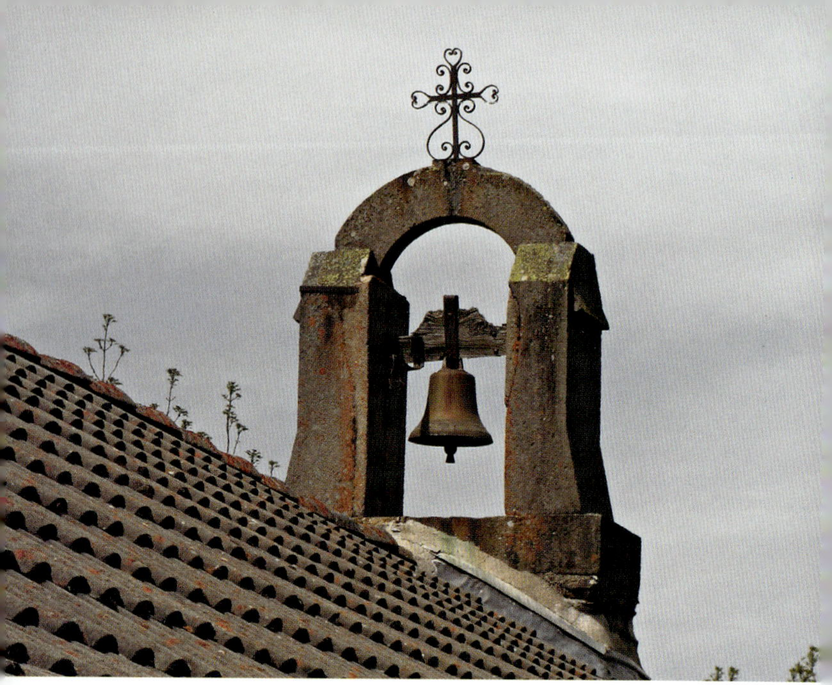

*Ganz malerisch wirkt diese frei hängende Glocke.*

Wir gelangen zum Weiler **Raffy** und haben weite Blicke in die jenseitigen Tallagen des Höhenzuges. Zusammen mit dem Chemin de Saint Regis, der ebenfalls von vielen Wanderern begangen wird, geht es danach zweimal links haltend abwärts. Wir treffen auf ein Teersträßchen, auf dem wir nach rechts gehend – an einem Wegkreuz mit Quelle vorbei – den bemerkenswerten Ort Queyrières vor uns im Blick haben.

***Tipp:*** *Man könnte auch ganz bequem und aussichtsreich auf dem Sträßchen zum Ort Queyrières hinabwandern.*

Die Wegmarkierer haben für uns Pilger jedoch eine andere Route vorgesehen: Gut 200 m nach dem Wegkreuz biegt beim letzten Gebüsch auf der linken Seite ganz unscheinbar ein Pfad links ab – den müssen wir nehmen. An der Gabelung der Graswege geht es rechts weiter (nur wer es sehr eilig hat, könnte auch geradeaus und dann links abwärts zur D 152 gehen und damit die »Ecke« der Route abkürzen). Wir kommen zum WC-Häuschen und dem Rastplatz in **Le Coudert** bei **Queyrières**. Der Jakobsweg setzt sich scharf nach links auf der Straße D 152 fort **(6)**.

*Es wäre jammerschade, wenn wir den Abstecher zum alten Ortskern mit den imposanten Basaltorgeln und zur Kirche von **Queyrières** nicht unternehmen würden. Dazu überqueren wir die D 18 (gehen also geradeaus weiter) und erreichen dann nach links das sehenswerte historische Ensemble am Fuß des Vulkankegels. In der Kirche **Saint-Jean Baptiste** sehen wir unter anderem den Erzengel Michael im Kirchenfenster rechts.*

Auf der Straße D 152 in Richtung Monedeyres gehen wir bis zur markanten Linkskurve abwärts, an dieser Stelle biegen wir rechts ab. Der Fußweg führt gut 100 m später überraschend links auf dem Grasweg weiter. Abwärts und mit einer Kehre steuern wir auf den Ort **Monedeyres** zu.

*In **Monedeyres** wird – wie in vielen Orten entlang der Via Gebennensis – der 15. August (Maria Himmelfahrt, der in Frankreich ein Feiertag ist) feierlich begangen. In der Kirche wird beispielsweise an diesem Tag eine festliche Tafel gerichtet.*

An der **Kirche (7)** vorbei, geradeaus weiter, dann rechts im Bogen hinab und daraufhin links verlassen wir den kleinen Weiler. Rechts weiter wandern wir an der Schilfkläranlage vorbei ins Tal. Geradeaus kommen wir im Wald zu einer Gabelung. Hier biegt der Jakobsweg rechts auf dem Sentier de Mont

*Sich eine Pause gönnen und die Schuhe ausziehen – das tut gut.*

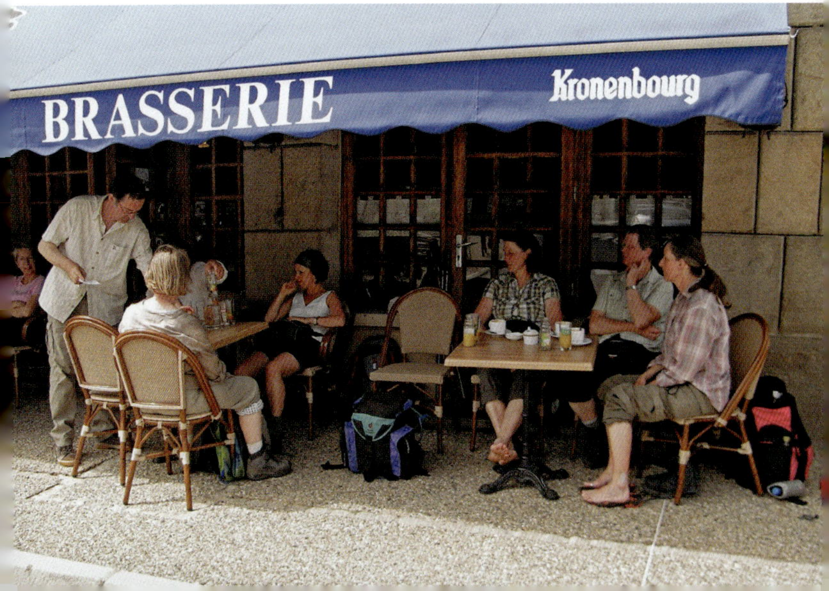

Rouge in Richtung Moulin de Guérin ab. Nochmals rechts hinab führen wenige Stufen zur ehemaligen Mühle **Moulin de Guérin** mit Rastplatz am Bach Sumène.

*i* *Diese kleine und aus Steinen errichtete sowie gedeckte Mühle* ***Moulin de Guérin*** *war eine Getreidemühle. Die Bauern mussten ihr Korn zum Mahlen zu dieser Mühle bringen, die umweltfreundlich und kostenlos von dem strömenden Wasser angetrieben wurde. Der Mechanismus wird auf einer Tafel erläutert.*

Es geht über die Steinbrücke, einige Naturstufen aufwärts und links weiter. Der schmale und im Sommer angenehm schattige Pfad führt immer geradeaus – einmal an einer kleinen Gabelung rechts haltend weiter – durch den Wald. Wir werden mal von Felsen, mal von Steinmäuerchen oder auch von Weidezäunen begleitet.
Ab dem Gehöft **Maison Jules Romains** haben wir einen geteerten Weg unter den Schuhsohlen sowie einen weiten Ausblick auf Saint-Julien-Chapteuil mit der den Ort überragenden Kirche.
Nach dem etwas unterhalb der Route befindlichen besonderen Haus mit dem Rundturm geht es im Weiler **La Chapuze** rechts haltend und oben dann links weiter **(8)**. Danach nehmen wir links abwärts den Feldweg und kommen an einem Gebäude mit Glocke und Kreuz vorbei. Unten auf dem Sträßchen links weiter treffen wir im Bogen nach rechts auf die Straße D 152.

*Auf solchen Wegen sind die Füße gerne unterwegs.*

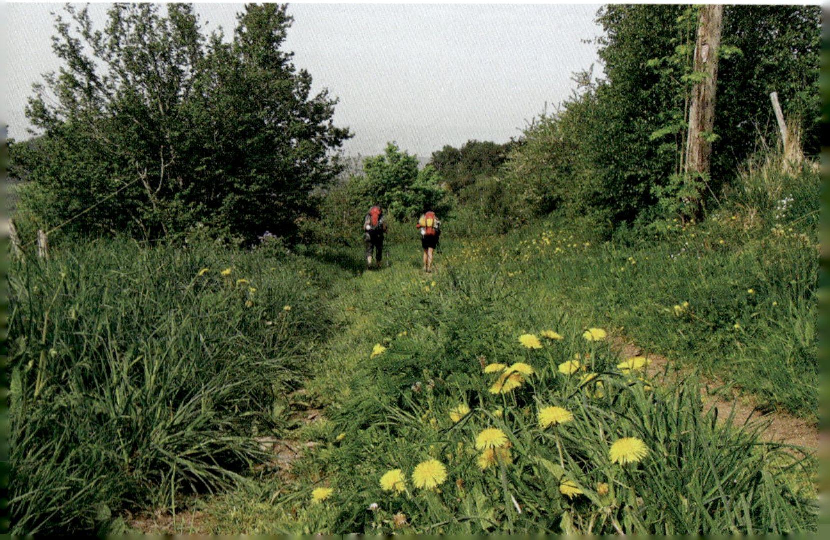

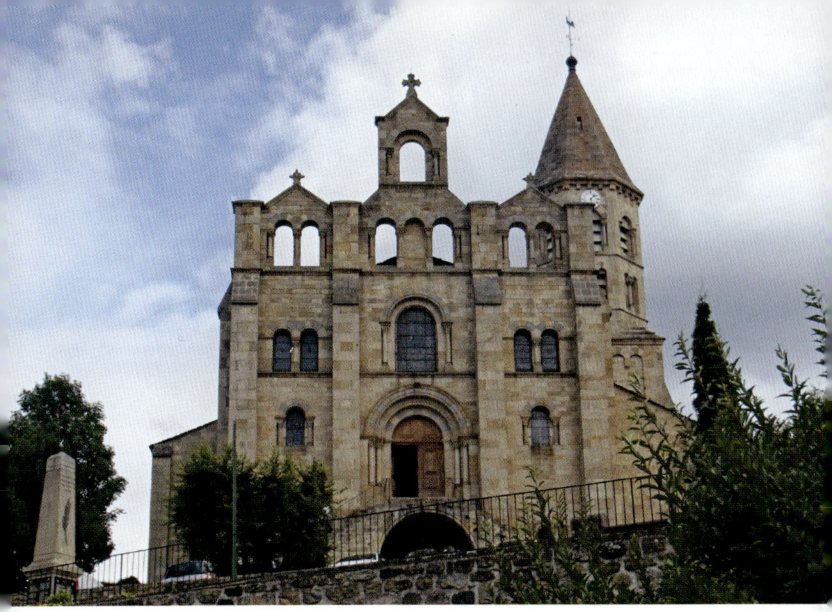

*Ganz markant ist die imposante Fassade der Kirche Saint-Julien.*

Das Flüsschen Neyzac wird überquert und der Blick fällt auf einen markanten Vulkanberg auf der rechten Seite. Am Ortseingang von **Saint-Julien-Chapteuil** nehmen wir links abzweigend den Chemin de la Croix Blanche. Wir haben nochmals einen schönen Blick auf die über dem Ort befindliche und verwinkelt gebaute Kirche Saint-Julien. Im Städtchen gelangen wir zum idyllischen Bachlauf Fraisse.
Der Jakobsweg führt hier nach rechts und an der Straße D 28 nach links zum großen Platz am Rathaus **(9)**.
***Tipp:*** *In Richtung Kirche Saint Julien könnten wir hier am Bach auch links gehen, dann auf der Brücke über den Bach nach rechts und aufwärts.*

*i* *Die Kirche **Saint-Julien** in **Saint-Julien-Chapteuil** hat wie die Kathedrale in Le Puy-en-Velay eine vorgesetzte und weit nach oben gezogene Fassade. Das Gebäude wurde im 12. Jahrhundert errichtet. Ebenfalls wie in Le Puy-en-Velay liegt sie auf einem Hügel, zu dem ein Stufenweg hinaufführt. In der Kirche entdecken wir eine Pilgerecke und auf einer Kommode eine Pilgerdarstellung. Hinter der Kirche haben wir einen wunderbaren Blick auf die zurückgelegte Route und finden ein WC. Einen Rastplatz und einen Wasserhahn gibt es etwas unterhalb der Kirche.*

# 18 Saint-Julien-Chapteuil – Le Puy-en-Velay

**5.15 Std.**
**19 km**

**Herbergen: Le Buissillon Gagne** (800 m abseits): Gîte rural, 1 Impasse du Suc, 12 B/Ü 15 €, Tel. +33 4 7103 5022, +33 6 75673144.
**Le Puy-en-Velay** (628 m, 18.500 EW): (1) Accueil Saint-Georges Grand Seminaire (hinter der Kathedrale), 4 Rue Saint-Georges, 200 B/ÜF EZ 24 €, DZ 43 €, Menü 12 €, Tel. +33 4 7109 9310. (2) Gîte d'Etape Saint-François (links von der Kathedrale), 6 Rue Saint-Mayol, 19 B/ÜF 25 €, HP 33 €, Tel. +33 4 7105 9886. (3) Gîte d'Etape Le Relais du Pèlerin Saint-Jacques (rechts unterhalb der Kathedrale), 1. April bis 15. Oktober geöffnet, 28 Rue Cardinal de Polignac, 30 B/ÜF Spende, Ankunft ab 15 Uhr, Schließzeit 22 Uhr, Tel. +33 6 3708 6583.
**Saint-Pierre-Eynac:** Gîte d'Etape La Fontaine, 1,5 km abseits, Abholservice, 12 B/Ü 17 €, F 6 €, HP 39 €, Tel. +33 4 7157 6436, +33 6 8252 4046.
**Unterkunft: Brives-Charensac** (608 m, 4050 EW): Chambre d'hôtes La Maison des Chartreux, 6 Rue Saint-Vozy, ÜF EZ 65 €, DZ 69 €, Tel. +33 4 7102 1811, +33 6 1749 3275.
**Marnhac:** Chambre d'Hôtes La Glycine, 2 Rue des Combes, 1.4.–31.10, HP 32 €, Tel. +33 4 7103 5239, +33 6 88749086.
**Die Strecke:** Das Finale ist hügelig, mehrere kleine Anstiege wollen erklommen werden, wie beispielsweise hoch zum Montjoie, jedoch haben wir nochmals genussvolle Weitblicke.
**Höhenunterschied:** 220 m im Aufstieg, 400 im Abstieg.
**Kritische Stellen:** Keine.
**Landschaft:** Wir wandern weiterhin auf dem bekannt »hohen Niveau« inmitten der Vulkanhügel und gelangen auf überraschend schönen Wegen in die Stadt Le Puy-en-Velay.
**Infrastruktur:** Marnhac (738 m)
Saint-Germain-Laprade (677 m, 3400 EW)
Brives-Charensac
Le Puy-en-Velay alles; (Place du Clauzel, Tel. +33 4 7109 3841).
**Anmerkung:** Die Bäckerei in Saint-Germain-Laprade direkt an der Route grüßt die Pilger mit einem Jakobus im Schaufenster.

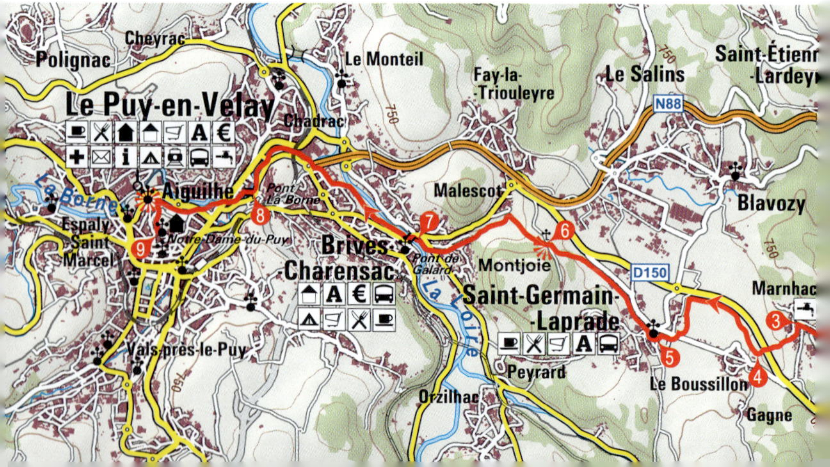

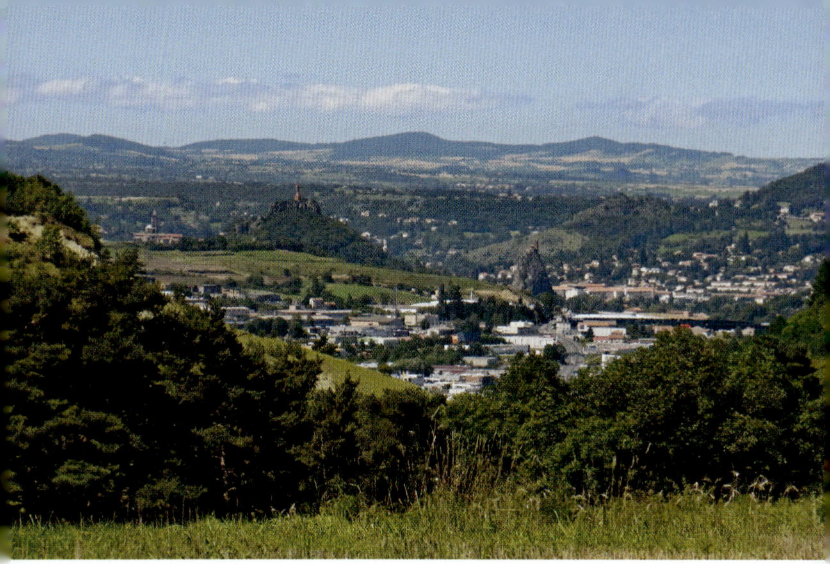

*Vom Montjoie, dem »Berg der Freude«, erkennen wir Le Puy-en-Velay.*

In **Saint-Julien-Chapteuil** wandern wir am Platz beim Rathaus **(1)** geradeaus an der Straße entlang aus dem Städtchen hinaus. Es geht lange an der Straße entlang; erst wenn sie einen leichten Linksbogen macht, nehmen wir den rechts davon abbiegenden Feldweg. Über die Felder geht es zum Bach Sumène, der nicht an der Furt, sondern kurz darauf auf der Brücke überquert wird. Nach links weiter sind wir in der herrlichen Vulkanlandschaft unterwegs und kommen nach **Eynac**.

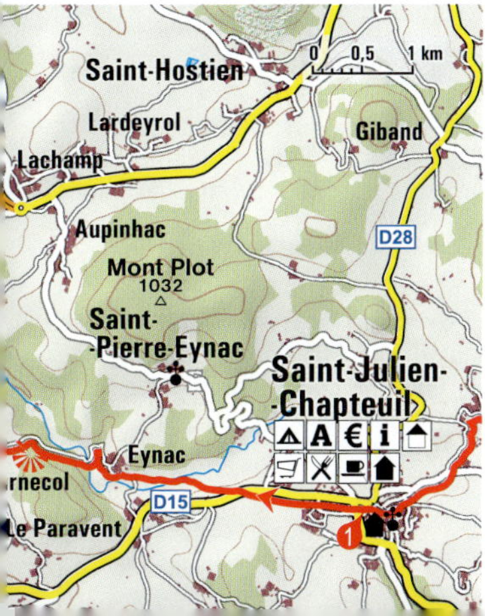


> *Die kleine Ansiedlung **Eynac** ist ebenfalls eine sehr alte Siedlung. Beachten wir die Hausdächer, die zum Teil mit Steinplatten gedeckt sind.*

Zuerst rechts, dann links haltend verlassen wir auf dem Landsträßchen den kleinen Weiler. Zweimal links weiter ist richtig, dann queren wir den Bach nochmals auf der Straßenbrücke. Sanft ansteigend durch

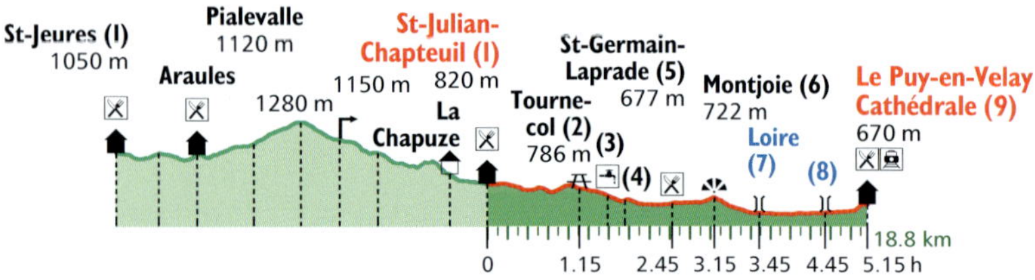


den Wald erreichen wir **Tournecol**. Genießen wir nochmals die weiten Ausblicke an unserem letzten Pilgerwandertag! Ein Rastplatz am Holzbackofen des Ortes lädt zu einem Aufenthalt ein **(2)**.

*i* *Der Ortsname **Tournecol** erinnert an das französische Wort für Sonnenblume. Diese Blume »tournesol« wird allerdings mit einem »s« anstelle des »c« geschrieben. Doch die Bezeichnung ist zutreffend, liegt doch diese kleine Ansiedlung in wunderbarer Lage.*

Wir wandern an der Gabelung links haltend weiter durch den lang gezogenen Weiler und gelangen auf dem wunderbar aussichtsreichen Landsträßchen nach **Marnhac**. An der Kreuzung geht es geradeaus auf der Route des Trois Fontaines abwärts, dann biegen wir scharf nach links auf das Sträßchen Chemin de la Chaud ab **(3)**.
Am Ortsende am steinernen Wegkreuz nehmen wir den Feldweg in Richtung Saint-German-Laprade rechts hinab. Wir durchqueren die Unterführung der Umgehungsstraße und biegen danach rechts ab **(4)**.
In der Ferne erkennen wir bereits den markanten Kirchturm von Saint-German-Laprade. Die Route führt auf die Umgehungsstraße zu und verläuft mit Abstand parallel zu ihr weiter. Dann biegen wir links ab, nähern uns nochmals links haltend und dann geradeaus einem Spiel- und Freizeitgelände mit Rastplatz.
Danach geht es rechts, und an der Straße D 150 wiederum rechts sind wir in **Saint-Germain-Laprade** angekommen. Vor dem Kreisverkehr biegt der Jakobsweg in den alten Ortskern auf die Gasse Passage du Lavoir links ab. Am Lavoir mit Brunnen rechts haltend und dann nochmals rechts die flachen Stufen aufwärts kommen wir zum Platz (mit WC) bei der Kirche Saint-Germain **(5)**.

*i* *Wie wir gerade gesehen haben, hat **Saint-Germain-Laprade** einen sehr alten Ortskern und lag bereits im römischen Reich an einer Handelsstraße. Früher besserten die Bewohner mit Klöppelarbeiten ihr Einkommen auf. Diese Klöppelarbeiten wurden nicht nur von Frauen, sondern auch von Männern ausgeführt. Die Kirche **Saint-Germain** stammt aus dem 12. Jahrhundert.*

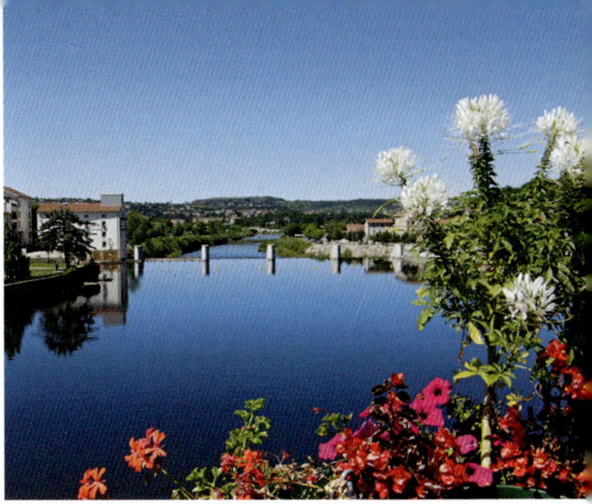

*Der Jakobsweg überquert die Loire.*

Über den Platz bei der Kirche, dann rechts auf der Rue du Château und links an der Straße D 150 entlang wandern wir aus dem Städtchen hinaus. Am Kreisverkehr Rond Point du Plaid geht es links haltend weiter zu den Häusern von **La Prade** und dem Friedhof Saint Régis.

Erst danach verlassen wir die Straße nach links und wandern auf dem Feldweg mit herrlich weiten Ausblicken sanft ansteigend auf den **Montjoie**, den »Berg der Freude« **(6)**. Oben auf dem Teersträßchen gehen wir wenige Meter nach rechts und haben den ersten Blick auf Le Puy – wenn das keine Freude ist!

*Dieser Platz hat in Anlehnung an den spanischen »Berg der Freude«, den Monte Gozo kurz vor Santiago de Compostela, seinen Namen bekommen. Von dieser besonderen Stelle* ***Montjoie*** *auf 722 m Höhe sehen wir die drei Wahrzeichen von Le Puy-en-Velay zum ersten Mal: links die Kathedrale Notre-Dame-du-Puy, dann die Statue Notre-Dame-de-France auf dem Felsen sowie rechts die uralte Kapelle Saint-Michel auf der fast 90 m hohen Vulkannadel inmitten der Stadt.*

Nach links auf dem Wiesenweg abwärts kommen wir zu den Häusern von **Malescot** und biegen links abwärts ab. An der Gabelung rechts haltend weiter und dann immer geradeaus spazieren wir durch das Tal auf **Brives-Charensac** zu.

*Mit* ***Brives-Charensac*** *haben wir eine historische Stadt am Oberlauf der Loire erreicht. Brives befand sich einst am rechten Loireufer, Charensac am linken. Die Stadt weist eine stattliche Anzahl von Brücken über den bekannten Flusslauf auf. Selbst im Namen spiegelt sich diese Bezeichnung wider: Schon in der keltischen Sprache bedeutete Brivas oder brig »Brücke«. Wir sehen Teile der einstigen Pont Vieux aus dem 12. Jahrhundert, von der noch einige Bögen ins Wasser ragen. Später kommen wir an der gallo-römischen Fußgängerbrücke* ***Pont de la Chartreuse*** *vorbei, die (beziehungsweise ihre Vorgängerbauten) den Menschen schon vor rund 2000 Jahren auf dem Handelsweg von Lyon nach Bordeaux ein trockenes Überqueren des Flusses ermöglichte.*

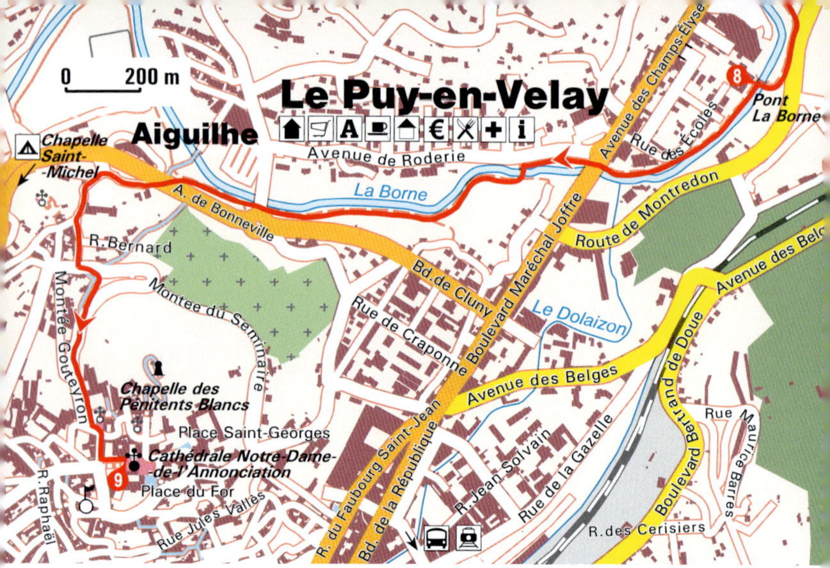


An den Straßen geht es zweimal rechts haltend weiter, dann links in Richtung Le Puy-en-Velay. Links überqueren wir auf der großen fünfbogigen Steinbrücke **Pont de Galard** den Fluss **Loire (7)**.

Danach geht es rechts und sofort rechts die Stufen hinab. Nach links spazieren wir neben der Loire durch die parkähnliche Anlage.

Immer geradeaus kommen wir an Bänken vorbei und zur Fußgängerbrücke. Hier biegen wir links haltend ab und gehen dann rechts auf die Rue Saint-Vosy. Am Kreisverkehr gehen wir durch die Unterführung der N 88 und gleich darauf unter dem Viadukt der Bahnlinie durch.

Die Route führt nahe dem Loire-Nebenfluss Borne entlang und unter der niedrigen Straßenbrücke durch. Wir wählen den geraden Weg durch den Park und überqueren die **Borne** auf der flachen Brücke **(8)**: **Le Puy-en-Velay** ist erreicht!

Nach links weiter rücken die Kathedrale Notre-Dame-du-Puy und die Statue Notre-Dame-de-France bildschön ins Blickfeld. Das großartige Finale unserer langen Wanderung wird eingeläutet!

Auf dem Promenadenweg durch das parkartige Gelände überqueren wir das Flüsschen Borne auf der Passage à Gué des Vignes nochmals. Nach rechts weiter haben wir einen wunderbaren Blick auf die hoch vor uns aufragende Vulkannadel mit der uralten Kirche Saint-Michel d'Aiguilhe auf der Spitze.

Die Straße D 13 wird überquert, dann wandern wir an einem WC-Häuschen (mit Trinkwasserhahn) vorbei durch die Stadt aufwärts. Von der Rue Crozatier biegen wir über die Straße hinweg links aufwärts zum Gefallenendenk-

mal ab und gehen rechts weiter in Richtung Ville-Haut.
Auf Stufen gewinnen wir an Höhe und genießen die faszinierenden Blicke zur Vulkannadel. Es geht rechts über den Parkplatz des Conseil General weiter und dann geradeaus auf der schmalen Rue Gouteyron, daraufhin links, und rechts um die Kurve nähern wir uns auf der engen gepflasterten Gasse der Kathedrale, die wir bisher nur aus der Ferne gesehen haben. Urplötzlich stehen wir an der Treppe, die zu ihr hinaufführt.
Mit Blick auf die imposante und eindrucksvolle Westfassade steigen wir diese 134 Stufen zur Kathedrale **Notre-Dame-du-Puy** aufwärts **(9)**. Die Treppe führt nicht nur außen aufwärts, nein, sie bringt uns bis mitten in den Kirchenraum hinein. Stufe für Stufe und Schritt für Schritt legen wir diese letzten Meter zurück. Das Herz geht auf – wir sind am Ziel unserer Via Gebennensis angekommen!

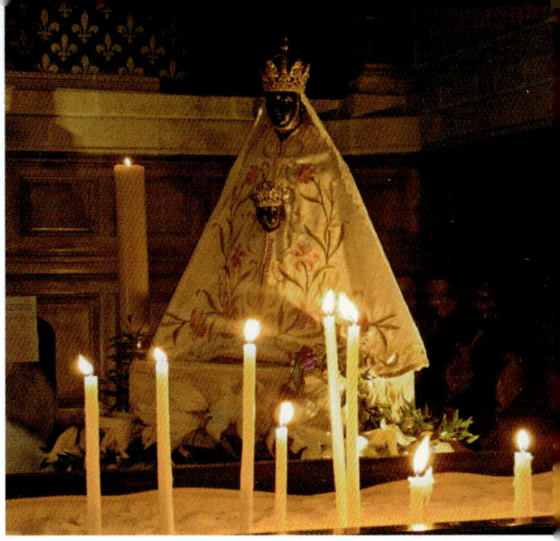

*Notre-Dame-du-Puy bei der Wallfahrt am 15. August (Mariä Himmelfahrt).*

i *Die romanische Kathedrale* ***Notre-Dame-du-Puy*** *ist nicht nur beim ersten Besuch überwältigend. Natürlich zieht die schwarze Madonna als erstes die Aufmerksamkeit auf sich. Unser Pilgerheiliger Jakobus empfängt uns an einem separaten Platz rechts vorne im Kirchenschiff. Viele brennende Kerzen und Lichter geben dem Kirchenraum eine feierlich-festliche Note. Holztüren aus Zedernholz aus dem 12. Jahrhundert, Malereien und Fresken sowie der Fieberstein, um den sich eine besondere Legende rankt, sind weitere beachtenswerte Details. In der Sakristei gibt es einen Teil des Kirchenschatzes zu sehen sowie den Verkauf von Literatur und Souvenirs, auch der Stempel für den Pilgerpass ist dort erhältlich. Von April bis Oktober findet jeden Morgen um 7 Uhr in der Kathedrale eine spezielle Pilgermesse statt. Die Kathedrale ist abends bis 18 Uhr, im Sommer bis 19 Uhr geöffnet. Der 15. August wird in der Stadt groß gefeiert, mit Gottesdiensten, einer kilometerlangen Prozession durch die Stadt und abendlichen Konzerten.*

**Die Legende des Fiebersteines**

*Eine fieberkranke Frau erhielt von der Jungfrau Maria im Traum die Botschaft, eine Nacht auf diesem besonderen Stein zu verbringen. Sie folgte dieser Anweisung und am nächsten Morgen war sie auf wundersame Art und Weise geheilt.*

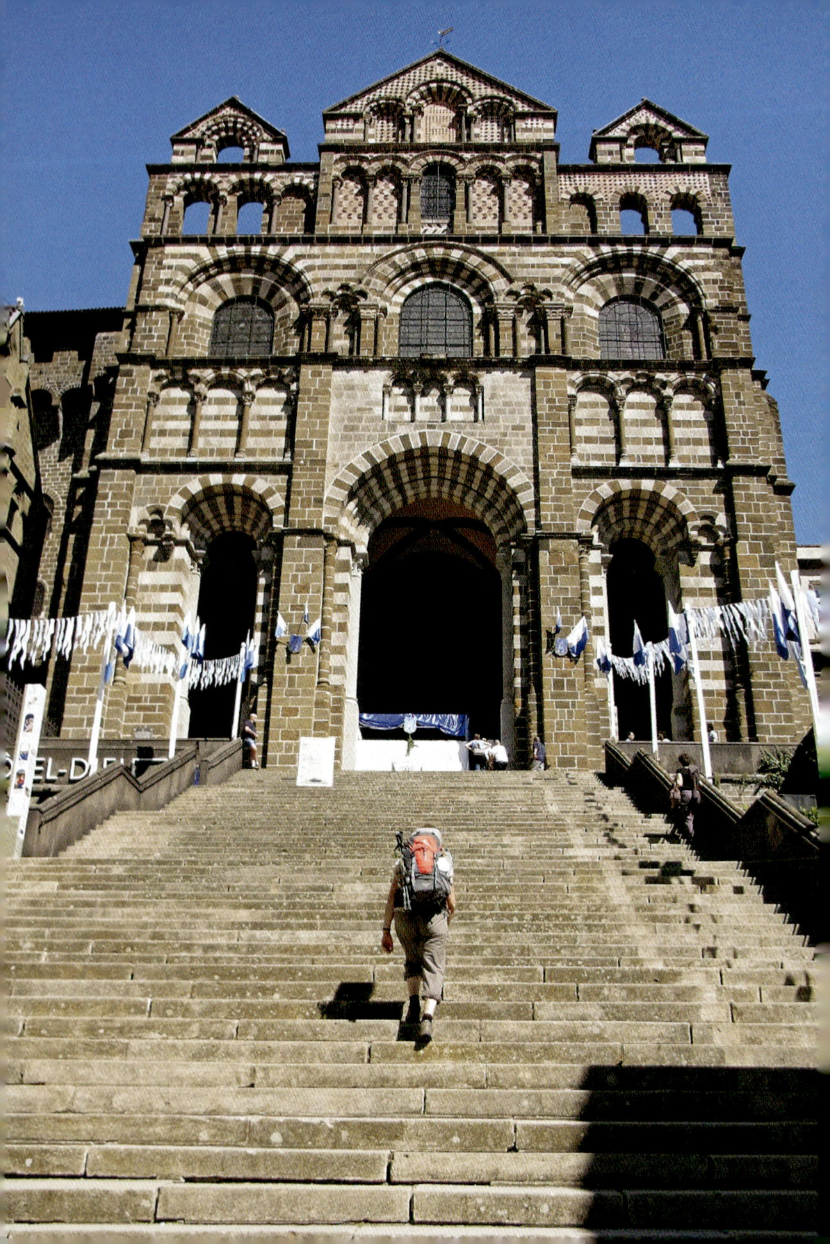

**Pilgertypische Sehenswürdigkeiten und Unternehmungen in Le Puy-en-Velay**

Wir haben in der großartigen Kathedrale Notre-Dame du Puy das Ziel unseres Jakobsweges von Genf nach Le Puy-en-Velay erreicht. Schon seit dem 10. Jahrhundert ist die Stadt einer der vier historisch belegten Ausgangspunkte in Frankreich.
Wer es sich einrichten kann und wer Interesse an weiteren Sehenswürdigkeiten dieser faszinierenden Stadt hat, sollte sich vorab bereits als Abschluss dieser Pilgerwanderung noch einen Tag – oder besser zwei Tage – für Besichtigungen einplanen. Nein, nicht nur für Besichtigungen, sondern auch zum Genießen dieses besonderen Flairs in der seit Jahrhunderten vom Pilgerweg Via Podiensis nach Santiago de Compostela bestimmten Stadt. Dazu gehören neben den großen Sehenswürdigkeiten, die unten aufgeführt sind, auch mehrere Kleinigkeiten.
Beispielsweise ist es schön, im Altstadtbereich die vielen verwinkelten Gässchen und Treppenwege mit den kleinen Eselstrittstufen zu erkunden. Diese Stufen wurden tatsächlich für diese damals meist schwer beladenen Tiere so niedrig angelegt. Oder man betrachtet die zahlreich angebotenen Klöppelarbeiten, für die die Stadt sehr bekannt ist. Oder man probiert einmal Linsen, die kleinen grünen, die so typisch für diese Region sind.
Im Straßenbild fallen von Frühjahr bis in den Herbst hinein zahlreiche Pilger aus allen Nationalitäten auf. An warmen Sommerabenden sitzt man gemeinsam ganz entspannt auf den Treppenstufen der Kathedrale. Ob man auf der Straße Rue des Tables, die tagsüber Pilgerweg ist und in der abends Tische aufgestellt werden, essen gehen möchte?
Zum Tagesabschluss bietet sich dann vielleicht noch ein kurzer Spaziergang wenige Minuten »rückwärts« auf dem Jakobsweg an: Von dort hat man nämlich den besten Blick auf die stimmungsvoll beleuchtete Felsnadel mit der Kapelle Saint-Michel-d'Aiguilhe. Die morgendliche Pilgermesse in der Kathedrale ist auch für ankommende Pilger ein beeindruckend-würdiger Schlusspunkt der Pilgerwanderung.

***Tipp:*** *In der Tourist-Info gibt es ein Faltblatt in deutscher Sprache für einen Stadtrundgang.*

■ Besondere Sehenswürdigkeiten sind:
1. Kreuzgang der Kathedrale Notre-Dame-du-Puy
2. Die steil aufragende Felsnadel mit der Kapelle Saint-Michel d'Aiguilhe
3. Die Statue Notre-Dame de la France auf dem Felsen Rocher Corneille
4. Spaziergang nach Espaly zur Kirche, Felsenkapelle und Statue Saint Joseph

*Gänsehautfeeling: Stufe um Stufe steigen wir zur Kathedrale hinauf.*

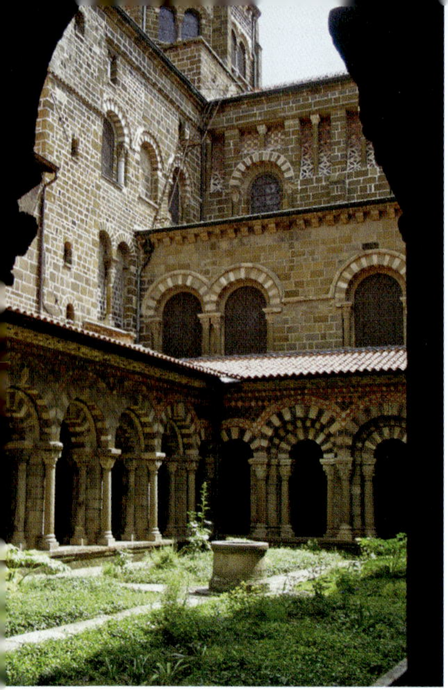

Kreuzgang der Kathedrale.

**1. Kreuzgang der Kathedrale Notre-Dame-du-Puy**
Die Kathedrale mit ihrem (eintrittspflichtigen) Kreuzgang auf der Nordseite liegt ebenfalls auf einer Basaltkuppe, dem Mont Anis. Die ältesten Teile des Kreuzgangs stammen aus der Mitte des 11. Jahrhunderts. Das Lavagestein, aus dem die Kathedrale und der Kreuzgang erbaut wurden, ergeben durch die Polychromie einen sehr malerischen, ja fast orientalischen Eindruck. Beachtenswert sind auch die teilweise original erhaltenen Kapitelle mit figürlichen Darstellungen. Bei einem Besuch gibt es ein Faltblatt in deutscher Sprache.

**2. Die steil aufragende Felsnadel mit der Kapelle Saint-Michel d'Aiguilhe**
Diese markante, 82 m hohe Felsnadel mit der Kapelle Saint-Michel d'Aiguilhe auf ihrer Spitze zählt zu den besonderen Wahrzeichen von Le Puy-en-Velay. Der Felsen war schon in römischer Zeit ein Heiligtum, seit dem 10. Jahrhundert krönt ihn eine Kapelle. Am Fuß des Felsens lohnt auch ein Blick in die kleine Erzengel-Gabriel-Kapelle. Beim Höhersteigen auf der Treppe und dann oben auf dem Rundgang eröffnet sich eine wunderbare Sicht auf die Stadt und ihre Umgebung. In den Sommermonaten findet oben in dem kleinen Kirchlein donnerstags abends um 18.30 Uhr eine Messe statt, zu diesem Anlass ist der Eintritt frei.

**3. Die Statue Notre-Dame de la France auf dem Felsen Rocher Corneille**
Die 16 m hohe rosafarbene Statue Notre-Dame de la France wurde in den Jahren 1856 bis 1860 errichtet. Sie besteht aus dem Material von 213 Kanonen, die während des Krimkrieges erbeutet worden waren. Die Marienfigur trägt das Jesuskind auf dem rechten Arm. Im Innern der Statue kann man hinauf steigen und aus kleinen Fenstern den Blick in die Umgebung schweifen lassen.

***Tipp:*** *Für diese drei genannten Sehenswürdigkeiten gibt es ein gemeinsames Eintrittsticket.*

## 4. Spaziergang nach Espaly zur Kirche, Felsenkapelle und Statue Saint-Joseph

Ein ganz besonderer Tipp ist der Spaziergang in Richtung Westen nach Espaly. Es erwarten uns dort die Kirche St. Joseph, darüber dann die einzigartige Felsenkapelle und dann nochmals eine Treppe höher die große Josephstatue. Auch in dieser Statue kann man innen ein Stück hinaufsteigen und den Blick auf die Puys (Basaltkuppen) genießen. Von der Aussichtsterrasse bietet sich ebenfalls das wundervolle Panorama, das man sich wirklich nicht entgehen lassen sollte. Man hat von dort wunderbar die ganze Stadt im Blick.

***Tipp:*** *Wer fotografieren möchte, wählt für diesen Spaziergang eher die Nachmittags- und Abendstunden – dann taucht die Sonne die Stadt in das richtige Licht (siehe Bild beim Inhaltsverzeichnis).*

*Beeindruckend: Die Felsnadel mit der Kapelle Saint-Michel d'Aiguilhe.*

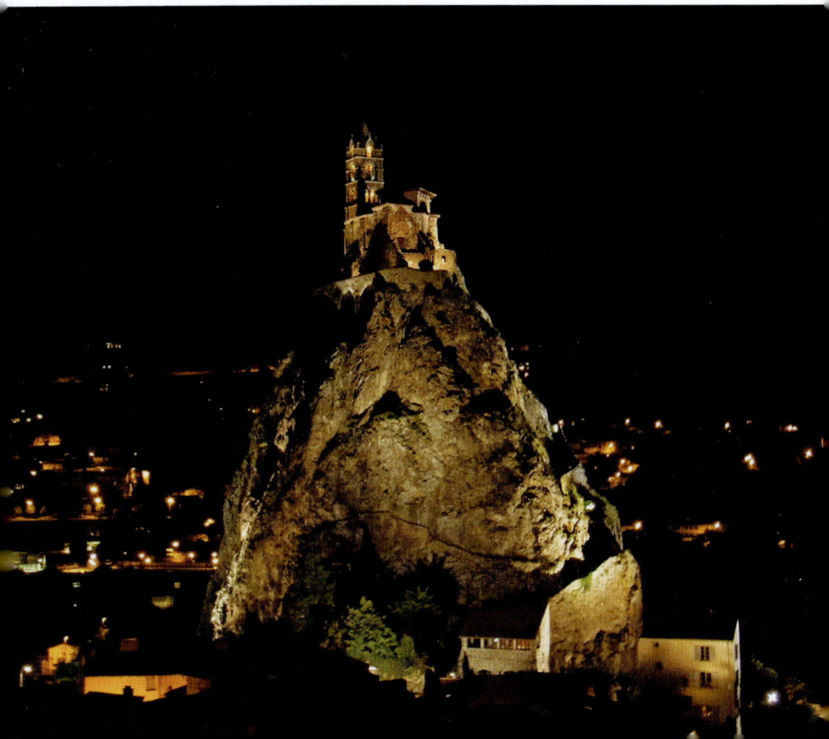

## Stichwortverzeichnis

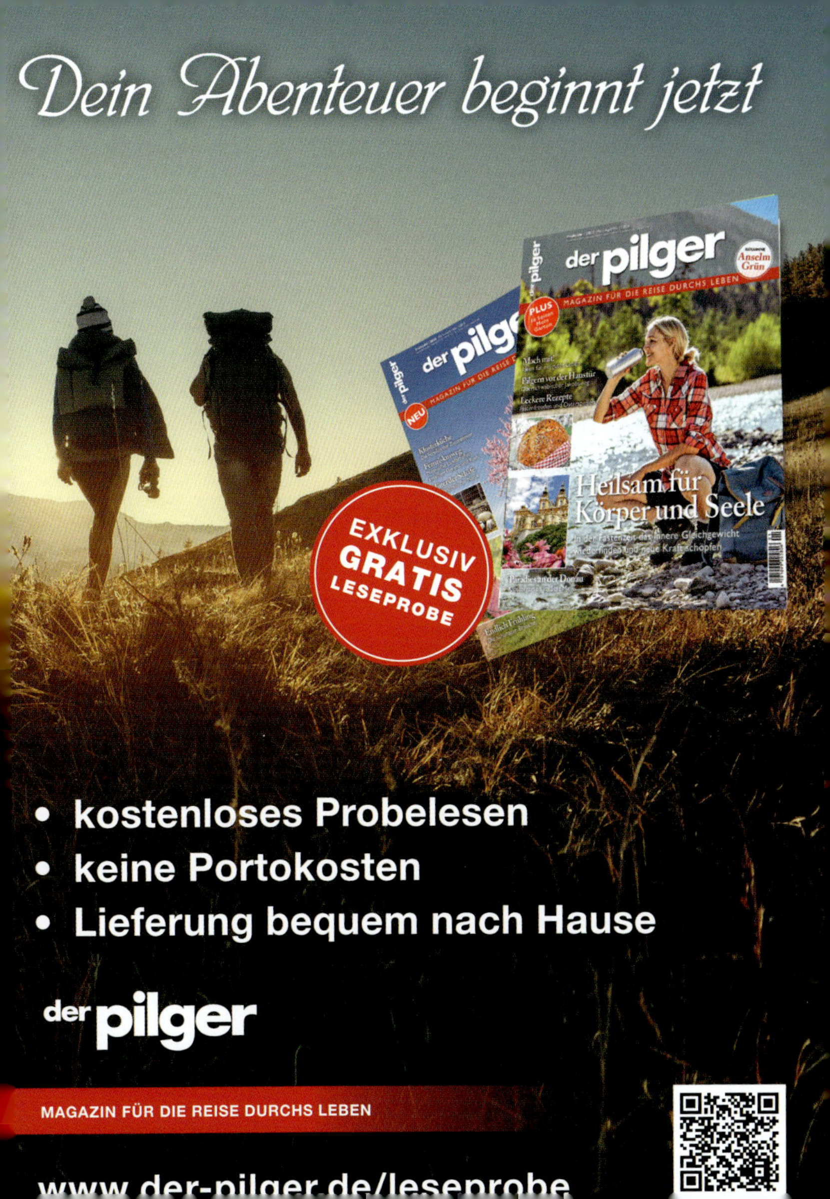
Dein Abenteuer beginnt jetzt
der pilger
MAGAZIN FÜR DIE REISE DURCHS LEBEN
Anselm Grün
PLUS
NEU
Heilsam für Körper und Seele
EXKLUSIV GRATIS LESEPROBE
• kostenloses Probelesen
• keine Portokosten
• Lieferung bequem nach Hause
der pilger
MAGAZIN FÜR DIE REISE DURCHS LEBEN
www.der-pilger.de/leseprobe

## Kleines Lexikon Französisch – Deutsch

| | |
|---|---|
| abri | Unterstand |
| accueil jacquaire (AJ) | private Pilgerunterkunft |
| à droite | nach rechts |
| à gauche | nach links |
| aider! | Hilfe! |
| alimentation | Lebensmittelgeschäft |
| altitude | Höhe |
| ampoule | Blase |
| ane | Esel |
| arrêt d'autobus | Bushaltestelle |
| au revoir | auf Wiedersehen |
| aujourd'hui | heute |
| autobus | Autobus |
| averse | Regenschauer |
| balisé | markiert |
| bas | niedrig |
| bifurcation | Gabelung |
| bois | Wald |
| bonjour | guten Morgen / guten Tag |
| bon soir | guten Abend |
| boucherie | Metzgerei |
| boulangerie | Bäckerei |
| camping | Campingplatz |
| carrière | Steinbruch |
| cascade | Wasserfall |
| centre | Ortszentrum, Stadtmitte |
| chambre d'hôtes | Privatzimmer |
| chapelle | Kapelle |
| château | Schloss, Burg |
| charcuterie | Wurstwaren |
| chaussettes | Socken |
| chaussures | Schuhe |
| chemin, sentier | Weg, Pfad |
| cheval, chevaux | Pferd, Pferde |
| chien | Hund |
| clé | Schlüssel |
| cloître | Kreuzgang |
| col | (Berg-)Pass |
| courbature | Muskelkater |
| credential | Pilgerausweis |
| crête | Grat, Bergkamm |
| croisement | Kreuzung |
| crudités | Rohkost, Salat |
| danger | Gefahr |
| danger d'incendie | Brandgefahr |
| déjeuner | Mittagessen |
| demain | morgen |
| demain matin | morgen früh |
| descente | Abstieg |
| direction | Richtung |
| distance | Entfernung |
| draps | Bettwäsche |
| droite | rechts |
| eau / eau potable | Wasser / Trinkwasser |
| écluse | Schleuse |
| église | Kirche |
| est | Osten |
| excusez-moi! | Entschuldigung! |
| fatigué | müde |
| fermé | geschlossen |
| feu | Feuer |
| fontaine | Brunnen, Quelle |
| forêt | Wald |
| gare | Bahnhof |
| gauche | links |
| gîte d'étape | Wanderunterkunft |
| gorge | Schlucht |
| GR (grande randonnée) | Weitwanderweg |
| grille | (Gitter-)Tor |
| grotte | Höhle, Grotte |
| hier | gestern |
| haut | hoch, oben |
| hostel | einfachere Unterkunft |
| hôtel, auberge | Hotel, Pension |
| ici | hier |
| inondation | Überflutung |
| interdit | verboten |
| itinéraire | Route |
| je suis / je ne suis pas | ich bin / ich bin nicht |
| lac, étang | See |
| lave-linge | Waschmaschine |
| loin | fern |
| maison | Haus |
| mairie | Rathaus |
| mal de tête | Kopfschmerzen |
| marché | Markt |

| | | | |
|---|---|---|---|
| médecin, docteur | Arzt | randonneur | Wanderer |
| merci / merci beaucoup | danke / vielen Dank | ravitaillement | Proviant |
| montagne, mont | Gebirge, Berg | renseignement | Auskunft |
| montée | Aufstieg | repas | Abendessen |
| mouillé | nass | rivière | Fluss |
| non | nein | rocher | Fels |
| nord | Norden | rue | Straße |
| orage | Gewitter | ruisseau | Bach |
| où est ...? | wo ist ...? | s'il vous plait | bitte |
| ouest | Westen | sac à dos | Rucksack |
| oui | ja | sac de couchage | Schlafsack |
| ouvert | offen, geöffnet | salle de bains | Badezimmer |
| passerelle | Fußgängerbrücke, Steg | sèche-linge | Wäschetrockner |
| pèlerin(e) | Pilger(in) | serviette | Handtuch |
| petit | klein | site | Sehenswürdigkeit |
| petit déjeuner | Frühstück | soleil | Sonne |
| pharmacie | Apotheke | sommet | Gipfel |
| pic | Gipfel | source | Quelle |
| place | Platz | suc | Gipfel |
| pluie | Regen | sud | Süden |
| pont | Brücke | temps | Wetter |
| PR (petite randonnée) | kurzer Wanderweg | toilettes | Toilette |
| près | nach | tout droit | geradeaus |
| proche | nah | train | Zug |
| profond | tief | vallée | Tal |
| puy | Gipfel | vent | Wind |
| | | village | Dorf |
| | | ville | Stadt |

Umschlagbild:
Blick auf das Ziel dieses Jakobswegabschnittes in Frankreich, die Kathedrale Notre-Dame-du-Puy in Le Puy-en-Velay.

Bild im Innentitel:
Pilger auf dem Jakobsweg in Richtung Saint-Germain-Laprade (Etappe 18).

Bild auf Seite 2:
Illusionistische Malerei in Perfektion in Le Puy-en-Velay

Bild unter dem Inhaltsverzeichnis:
Panoramablick auf Le Puy-en-Velay mit der markanten Felsnadel und Kapelle Saint-Michel d'Aiguilhe, Notre-Dame de la France und der Kathedrale Notre-Dame-du-Puy.

Bild auf den Seiten 34/35:
Pilger durchqueren auf dem Jakobsweg die Rhoneebene.

Alle 144 Fotos stammen von der Autorin.

Kartografie:
18 Wanderkärtchen im Maßstab 1:100.000
3 Stadtpläne im Maßstab 1:20.000 (Genf ca. 1:23.000)
Geodaten © OpenStreetMap und Mitwirkende
Kartografisches Design: Freytag & Berndt, freytagberndt.cz
2 Übersichtskarten im Maßstab 1:1.000.000 und 1:2.000.000
© Freytag & Berndt, Wien

Werk-Nr.: 4475



2. Auflage 2023


ISBN 978-3-7633-4670-7

**Wir freuen uns über jeden Korrekturhinweis zu diesem Wanderführer!**

**BERGVERLAG ROTHER · München**
**D-82041 Oberhaching · Keltenring 17 · Tel. (089) 608669-0**
**Internet rother.de · E-Mail leserzuschrift@rother.de**